John Dewey

Die Öffentlichkeit und ihre Probleme

John Dewey

Die Öffentlichkeit und ihre Probleme

Aus dem Amerikanischen
von Wolf-Dietrich Junghanns

Herausgegeben und mit einem Nachwort versehen
von Hans-Peter Krüger

PHILO

Titel der Originalausgabe: John Dewey, The Public and Its Problems
Swallow Press 1927, 1946, Ohio University Press, Athens 1991

Satz: Satzbüro Norbert Geldner, Frankfurt a. M.
Umschlaggestaltung: Gunter Rambow, Michael van de Sand
Druck und Bindung: WB Druck GmbH & Co. Buchproduktion KG, Rieden
Printed in Germany
ISBN 3-8257-0028-3

Inhalt

Zur Einführung: Praktische Demokratie

Rezension zu Walter Lippmanns *The Phantom Public*, New York: Harcourt, Brace and Co., 1925

Walter Lippmann ließ seiner Analyse *der* öffentlichen Meinung einen kürzeren und, sofern möglich, sogar noch prägnanteren Essay über *die* Öffentlichkeit selbst folgen – jenes Wesen oder Werkzeug, das die Meinung formt und ausdrückt und von dem es heißt, daß es den Staat regiert. Seine Beurteilung dieses Wesens hat sich im Titel niedergeschlagen: *Die Phantom-Öffentlichkeit.* Am Ende zeigt sich jedoch, daß die Öffentlichkeit der Demokratietheoretiker das Phantom ist und daß Mr. Lippmann glaubt, es gebe eine Öffentlichkeit oder eher viele Öffentlichkeiten, die, obwohl flüchtig, schwer faßbar, unwissend und scheu, mit geeigneten Mitteln eingefangen, fixiert, geformt und informiert und so dazu bewegt werden können, gelegentlich sozusagen öffentlich in Erscheinung zu treten. Und er ist überzeugt, diese Öffentlichkeiten können bei richtiger Behandlung und Umerziehung mit einem beachtlichen Maß an Wirksamkeit und Nutzen in die Klärung politischer Fragen, das heißt, in die Ausübung der Regierung, eingreifen. Obgleich man einige Passagen zitieren kann, die, wenn aus dem Zusammenhang gerissen, den Eindruck erweckten, daß Mr. Lippmann mit der Demokratie für immer „fertig" war, ist sein Essay in Wirklichkeit ein Bekenntnis zu einer gestutzten und gemäßigten Demokratietheorie und eine Vorstellung von Methoden, mit welchen ein vernünftiger Demokratiebegriff zum Funktionieren gebracht werden kann, nicht in Vollkommenheit, aber zumindest besser als die Demokratie unter einer übertriebenen und undisziplinierten Vorstellung von der Öffentlichkeit und ihrer Macht funktioniert.

So ist, wenigstens meiner Meinung nach, sein Beitrag ein konstruktiver. Der Maßstab für den Umfang, auf den der romantische Demokratiebegriff in seiner Beschreibung verringert wird, ist, daß selbst unter weit verbesserten Bedingungen die Öffentlichkeit nicht zu regieren, sondern zu intervenieren hat, und zwar nicht kontinuierlich, sondern nur an kritischen Punkten. Trotzdem kann ich mir ein Buch ähnlich dem von Mr. Lippmann vorstellen, das zu einer Zeit geschrieben wird, da die allgemeine Atmosphäre nicht von Ernüchterung, Angst vor Betrügereien, Protesten gegen Anmaßung und Pomp und von der Überfütterung mit unverdaulichen Fragen gekennzeichnet ist, und das dennoch als ein hervorragender positiver Beitrag zur Arbeitsweise demokratischer Regierungsformen angenommen werden würde. Kurzum, das Buch ist nicht Ausdruck einer Revolte gegen die Demokratie, sondern einer gegen jene Theorie der Demokratie, welche, um ein Bentham-Zitat am Ende des Buches abzuwandeln, den Verstand abgelenkt und die Leidenschaften aufgestachelt und dadurch die Schwierigkeiten demokratischen Regierens ungeheuer vermehrt hat. Denn um funktionieren zu können, braucht die Demokratie gezügelte Leidenschaften und klaren Verstand.

Wiewohl es fundamentale und kontroverse Fragen aufwirft, ist das Buch außerordentlich klar. Selbst wenn hier eine Zusammenfassung seiner Argumentation verlangt wäre – Mr. Lippmann hat bereits eine die Hauptpunkte umfassende gegeben, die besser ist als alles, was der Rezensent liefern könnte. Nachdem er bestimmte Tests vorstellt, von denen die öffentliche Meinung sich in der Ausübung der von ihm zugewiesenen Funktion leiten lassen kann, weist er darauf hin, daß, während er auf diese speziellen Tests wenig Wert legt, er der *Natur* dieser Tests große Bedeutung beimißt, denn diese hänge von den zugrundeliegenden Prinzipien ab. Die negativen Seiten dieser Tests werden zuerst behandelt; und in ihnen ist seine Kritik der enthusiastischen, ungezügelten Demokratietheorie zusammengefaßt. Weder exekutives Handeln noch die Beurteilung der entscheidungserheblichen Umstände einer Frage noch die intellektuelle Vorwegnahme eines Problems, seine Analyse und Lösung, steht der Öffentlichkeit zu. Auch die spezifisch technischen, inneren Kriterien, die für die Behandlung einer Frage erforderlich sind, gehören nicht zu ihren Angelegenheiten. Die Begründung dieser Schlußfolgerungen und eine Darstellung dessen, was der Öffentlichkeit in solch einer Situation noch zu tun übrig bleibt, nehmen die ersten zwei Drittel des Buches ein.

Die Beweisführung beruht im wesentlichen auf der Unterscheidung zwischen den wenigen Eingeweihten und den vielen Außenseitern, wobei erstere die aktiven Kräfte und letztere die Zuschauer, die danebenstehenden Augenzeugen sind. „Das eigentliche Regieren besteht aus einer Vielzahl von Abmachungen zu spezifischen Fragen zwischen einzelnen Individuen." So wird nicht nur regiert, sondern so muß regiert werden. Dinge werden nicht im allgemeinen getan, sondern von jemandem im besonderen. Die notwendigen Regierungsangelegenheiten sind zum größten Teil technischer und fachlicher Art. Sie sind hinreichend komplex, so daß sie der Hauptberuf bestimmter Personen sein müssen. Der moderne Staat ist so groß, daß die getroffenen Entscheidungen und die veranlaßten Durchführungen mit der Masse der Bürger notwendigerweise wenig zu tun haben; die moderne Gesellschaft ist nicht nur nicht sichtbar, sondern auch kontinuierlich und als ein Ganzes nicht zu verstehen. Und selbst gelegentlich kann die Mehrzahl ihrer spezifischen Probleme von einem Außenstehenden nicht begriffen werden, der schließlich sein eigenes Leben zu führen hat und mit seinen eigenen persönlichen und häuslichen Problemen zurechtkommen muß. Sogar im Stadtstaat zu Aristoteles' Zeit bestand das Problem, wie die Kluft zwischen den beschränkten Fähigkeiten des Bürgers und der Komplexität seiner Umwelt überbrückt werden sollte. Aristoteles' Antwort, „das Gemeinwesen muß einfach und klein gehalten werden", ist nicht mehr zu verwirklichen – und auch nicht der andere Teil von Aristoteles' Lösung, so hätte Mr. Lippmann gut ergänzen können, daß nämlich das effektive Bürgerrecht den Männern, die ein Leben der Muße führen können, vorbehalten bleiben soll. Das ältere demokratische Dogma ist eben deshalb zusammengebrochen, weil es den omnikompetenten Bürger und das unbegrenzte Einsichtsvermögen der öffentlichen Meinung voraussetzte. Das Ausmaß des Scheiterns dieser Doktrin ist an der Tatsache abzulesen, daß in den vergangenen dreißig Jahren das Verhältnis von Wählenden und Wahlberechtigten von acht zu zehn auf fünf zu zehn gesunken ist.

Der oft gezeichnete Gegensatz zwischen der Effizienz privaten Handelns im Geschäftlichen und der Laxheit und Trägheit des staatlichen Handelns ist in Wahrheit kein Gegensatz zwischen privaten und staatlichen Unternehmungen, sondern einer von „Menschen, die spezifische Dinge tun, und Menschen, die versuchen, allgemeine Ergebnisse zu verfügen". Letzteres ist in Wirklichkeit unmöglich; der Gesellschaft mangelt es an Einheit; es fehlt an ausreichendem gemeinsamen Wissen; und selbst wenn es vorhanden wäre – Handeln im allgemeinen ist Nonsens. Das Vortäuschen eines gemeinsamen Geistes und allgemeinen Handelns für Dinge im allgemeinen hat nur Fiktionen hervorgebracht, und diese Fiktionen haben die Verwirrung vermehrt, sie haben Betrug und Propaganda lohnenswert gemacht. „Die Verfertigung eines allgemeinen Willens aus einer Vielfalt allgemeiner Wünsche ist kein Hegelsches Mysterium [...], sondern eine Kunst, die Führern, Politikern und Lenkungsausschüssen gut vertraut ist. Sie besteht im wesentlichen in der Verwendung von Symbolen, die Emotionen auf sich vereinen, nachdem diese von ihren Ideen getrennt wurden." In der Folge wird das Handeln natürlich wie eh und je unter Ausschluß der Öffentlichkeit von einigen wenigen Eingeweihten bestimmt. Doch Verfälschungen haben sich eingeschlichen; während sie zum eigenen Nutzen handeln, behaupten sie, die Vertreter eines öffentlichen Willens zu sein und öffentliche Unterstützung und Zustimmung zu besitzen, und um letztere als Druckmittel zu gewinnen, wickeln sie die Öffentlichkeit ein.

Das Wachstum der Gemeinwesen in Größe und Komplexität hat Organisation in einem gewaltigen Ausmaß erzwungen. Die Folge war, „Entscheidungen in zentralen Regierungen zu konzentrieren, in entfernten Verwaltungsbehörden, in Wahlvorversammlungen und in Lenkungsausschüssen". Auf der einen Seite stehen also diejenigen, die tatsächlich Beschlüsse fassen, aber die Tatsache, daß sie Entscheidungen treffen, worin diese bestehen und wie sie gefällt werden, verbergen können und vorgeben, nur einen öffentlichen Auftrag auszuführen; auf der gegenüberliegenden Seite befindet sich die politisch verwirrte, schwankende, mehr oder weniger einflußlose und entmutigte Wählerschaft. „Die Vergrößerung des Abstands zwischen Verhalten und Erfahrung, zwischen Ursache und Wirkung, hat einen Kult des Selbstausdrucks genährt, bei dem jeder Denker über seine eigenen Gedanken nachdenkt und subtile Gefühle über seine Gefühle hat. Daß er in der Folge den Gang der Dinge nicht wesentlich beeinflußt, ist nicht überraschend."

Die positive Funktion der Öffentlichkeit ist dann, von Zeit zu Zeit in die Arbeit der Eingeweihten einzugreifen, indem sie Partei für einige der Eingeweihten gegen andere ergreift, gewöhnliche und offenliegende Handlungen zu berurteilen, und anhand einiger musterhafter Phasen von äußeren Handlungen zu lernen, ihren Einfluß für die eine oder die andere Eingeweihtengruppe geltend zu machen. Zur Bewältigung ihrer Aufgabe braucht die Öffentlichkeit Kriterien; diese sind in der Absicht entworfen, ihr die Unterscheidung zwischen der Gruppe, deren Politik wirklich das öffentliche Interesse befördert, und jenen, welche die Öffentlichkeit zur Werbung für eigennützige Ziele benutzen, zu ermöglichen. Um zu dieser Unterscheidung zu gelangen, ist es wesentlich herauszufinden, welche der Eingeweihtengruppen am wenigsten gewillt ist, ihre Ansprüche einer offenen Untersuchung auszusetzen, und am wenigsten gewillt ist, sich an das Ergebnis einer angemessenen Publizität zu halten. Denn der Weg der Vernunft ist der Weg der Bereitschaft, einer rechtmäßigen Regelung zu folgen; während ihr die Einsicht in den rationalen Kern der verschiedenen Anträge fehlt, kann die Öffentlichkeit wenigstens über deren Form, deren Methode und Geist urteilen. Der Unwillen, einen Fall der Untersuchung zu unterwerfen, ist ein sicheres Zeichen der Aversion gegen die Rechtmäßigkeit der Vernunft und des Gesetzes.

Das ist nur eine Zusammenfassung und dazu eine recht trockene, während Mr. Lippmanns vollständige, obgleich knappe Erörterung voller Saft ist. Ich hoffe jedoch, sie kann den Geist der Beschränkungen andeuten, die Mr. Lippmann der Öffentlichkeit zur Einhaltung auferlegen würde; zur Einhaltung, weil sie in der Natur der Sache liegen: namentlich in der spezifischen und vielschichtigen Natur der Probleme, der Entferntheit der Öffentlichkeit von diesen und dem Inanspruchgenommensein ihrer Einheiten durch eigene Arbeit und Vergnügungen. Um Mißverständnisse zu vermeiden ist der Zusammenfassung hinzuzufügen, daß Mr. Lippmann unter den „Eingeweihten“ noch etwas anderes als *politisch* Eingeweihte versteht; mehr als Staatsbeamte und Manager von Maschinen. Denn diese sind in vielerlei Hinsicht Außenseiter. In industriellen und wirtschaftlichen Fragen sind, wie ich es sehe, die aktiven Wirtschaftsführer, ob nun Kapitalisten oder Arbeiterführer, die Eingeweihten, und so fort. In Wirklichkeit ist also Mr. Lippmanns Argumentation ein aus einem neuen Blickwinkel vorgetragenes kraftvolles Plädoyer für die Dezentralisierung der Regierungsgeschäfte; ein Plädoyer für die Erkenntnis, daß die eigentliche Regierung, ob uns dies nun gefällt oder nicht, von nicht-politischen Behörden ausgeübt werden muß, von Organen, von denen wir gewöhnlich nicht meinen, daß sie mit dem Regieren zu tun haben.

Trotz einiger Verweise auf die sinkende Aktivität der Wählerschaft liegt die wirkliche Bedeutung von Mr. Lippmanns Kritik m. E. darin, daß die Wählerschaft insgesamt noch immer zu viel erreichen will; in der Sprache der alten Laissez-faire-Schule: sie gibt sich der Einmischung hin.

Man ist, en passant gesagt, erstaunt, daß Mr. Lippmann keinen Bezug zu den Theorien herstellt, die verschiedene gesellschaftliche Tätigkeiten funktional organisieren würden, nach Berufstätigkeiten und Interessen. Wahrscheinlich brächte das eine zu weite Abschweifung in entlegene und spekulative Materien mit sich, um ihn zu reizen. Es ist aber schwer einzusehen, wie selbst gelegentliches Intervenieren der allgemeinen Öffentlichkeit auf die von ihm geforderte Art Wirkung erzielen kann, solange nicht die Gruppenaktivitäten, welche sie beeinflussen soll, besser organisiert und offener für Nachforschungen sind, also mehr jener „Identifikation des Parteigängers" und seiner Absichten ausgesetzt sind, die das Ziel des demokratischen Verfahrens ist. Man kann durchaus die Meinung vertreten, Mr. Lippmanns Konzeption sei nicht durchführbar ohne etwas, das einer „Gilden-" oder „Sowjet-" – man beachte bitte, daß ich nicht sage „bolschewistischen" – Organisation nahekommt.

Man mag sich fragen, ob Mr. Lippmanns Kritiken nicht in einem gewissen Grade gegen eine Strohpuppe gerichtet sind. Ich würde nicht sagen, daß nie jemand die Demokratietheorie vertreten hat, welche er für die orthodoxe Theorie hält. Doch man kann mit Sicherheit behaupten, daß solche Vorstellungen zum größten Teil der Wirklichkeit nachgestellt sind; sie sind, in heutigem Jargon, „Rationalisierungen" eines erreichten Zustandes. Um eine Anleihe bei der Sprache James Harvey Robinsons aufzunehmen, die Demokratie entstand nicht als die Verwirklichung eines Ideals, eines guten oder schlechten. Was Volksherrschaft genannt wird, ist eher die Folge einer großen und gemischten Zahl einzelner Ereignisse. Es war Carlyle – kein Freund der Demokratie –, der sagte, daß mit der Existenz der Druckerpresse die Demokratie unvermeidlich ist.[1]

---

1 Wie schon im Essay „Education as Politics" von 1922 (*The Middle Works*, Vol. 13, S. 330) verändert Dewey hier und im 4. Kapitel von „The Public and Its Problems" Carlyles Aperçu: „Drucken, welches notwendig aus dem Schreiben folgt, sage ich oft, ist gleichgeltend mit Demokratie:

Es ist offen, ob die Wortführer der Demokratie sich deren Funktionen jemals sehr verschieden von Mr. Lippmanns Gedanken darüber vorstellten. Der Richter und der Schiedsrichter letzter Instanz zu sein, erzwingen zu können, daß wichtige Fragen dem öffentlichen Urteil unterworfen werden, die Regierenden von Zeit zu Zeit dazu zu nötigen, vor dem Gericht ihrer Wähler zu erscheinen, um Rechenschaft über ihre Amtsverwaltung abzulegen; solcher Art, denke ich, waren die hauptsächlichen, nicht unbescheidenen Ansprüche der Männer, die wirklich die Demokratisierung des Regierungswesens vorantrieben.

Zweifelsohne haben die Schwierigkeiten einer verständigen Ausführung selbst derart beschränkter Aufgaben in der letzten Zeit unendlich zugenommen. Und diese Veränderung macht genau solche Neuüberlegungen, wie Mr. Lippmann sie für uns anstellt, notwendig. Aber sie ist es auch, welche seine Revision (wenn man von der in logischer Hinsicht unerheblichen, offenkundigen Abneigung Mr. Lippmanns gegen einige der jüngsten fehlgeleiteten Aktivitäten der Öffentlichkeit – von ihm illustriert an der Prohibition und der Luxus-Gesetzgebung in Tennessee – absieht) eher zu einem Beitrag zur Technik demokratischen Regierens macht, denn zu einer weitreichenden Kritik dieser. Es wäre ebenso erhellend wie interessant, aus Mr. Lippmanns Feder eine eingehende Analyse der Beziehung der prohibitiven Gesetzgebung zur öffentlichen Meinung und zu Volksbefragungen zu erhalten. Eine Erörterung über die Eignung der Affäre für einen Volksentscheid würde den ganzen Gegenstand klären. Richtet sich der Einwand dagegen, daß die nationale Öffentlichkeit sich überhaupt mit der Frage befaßt, oder gegen die Art der getroffe-

---

erfinde das Schreiben, und die Demokratie ist unvermeidlich. Schreiben bringt Drucken [...]" Thomas Carlyle: *Über Helden, Heldenverehrung und das Heldentümliche in der Geschichte. Sechs Vorlesungen*. Deutsch von J. Neuberg. Weltgeist-Bücher, Berlin, 1927, S. 180. Bereits im „Sartor Resartus" (Manesse Verlag, Zürich, 1991, S. 57) heißt es bei Carlyle „Derjenige, der seinerzeit mit der Einführung beweglicher Lettern erstmals die Arbeit von Kopisten verknappte, löste Söldnerheere auf und kassierte die meisten Könige und Senate und schuf eine vollkommen neue demokratische Welt: Er hatte die Kunst des Buchdrucks erfunden." [A. d. Ü.]

nen Maßnahmen? Wahrscheinlich gegen das erstere, denn wenn er sich gegen letztere richtete, bestünde der naheliegende Ausweg in der fortgesetzten Aufforderung an die demokratische Praxis, ihre vorhergehende Entscheidung abzuändern. Wenn es aber das erstere ist, dann wäre interessant, welche Art von Schutz die einzelnen Theorien gegen extreme und pauschale Maßnahmen von seiten derer, die an der Macht sind, vorschlagen, wenn diese zu einer beliebigen Frage ausgesprochene Ansichten haben. Die Luxus-Gesetzgebung ist sicherlich keine Erfindung des demokratischen Staates; und es sind die nicht-politischen Merkmale der modernen Gesellschaft, Dinge wie die schnelle und komplexe wechselseitige Kommunikation durch Eisenbahnen und Tageszeitungen, welche die gegenwärtige ausgedehnte Art von Luxus-Gesetzgebung ermöglichen. Mr. Lippmann wäre bestimmt der letzte, der den Geboten und Ermahnungen der Regierenden bezüglich ihres eigenen Verhaltens den Schutz vor unkluger Gesetzgebung anvertraute. Doch welchen Ausweg gibt es? Ich sehe nicht, daß das Problem für die Demokratie eine größere Bedeutung besäße als für jede andere Regierungsform. Wenn es nun verschärft steht, so liegt das an der *Großen Gesellschaft*.[2]

Den Unverstand z.B. der Prohibition und der Gesetzgebung über den wissenschaftlichen Unterricht einmal vorausgesetzt, ist es kaum glaubhaft, daß das Vertrauen in die Allmacht des Wählers, in das Vorhandensein einer unfehlbaren öffentlichen Meinung und in das Gottesgnadentum der Mehrheit viel mit der Sache zu tun haben. Nicht eine bestimmte Theorie der Demokratie, sondern die Abneigung gegen den Schnapshandel bewegte die Prohibitionisten, eine Abneigung, die von dem einen Standpunkt aus durch die Moralisten genährt wurde, welche Karten, Trinken und Tanzen für eine Erfindung des Teufels halten; von einem anderen Standpunkt aus von jenen, deren Gott Sparsamkeit oder Reichtum heißt, von großen Arbeitgebern und von jenen, welche die politische Macht des Saloons fürchten – und auch von vielen anderen Standpunkten aus gehegt wurde. Und es

2 Deweys Verwendung des Ausdrucks *Great Society* geht zurück auf das gleichnamige, Walter Lippmann gewidmete Buch des britischen Politikwissenschaftlers Graham Wallas (New York, 1914). Vgl. John Dewey, *The Later Works*, Vol. 2, S. 404. [A. d. Ü.]

ist auch eine Art glühender theologischer Überzeugung, die jene beseelt, die Gesetze gegen die Evolutionstheorie verabschieden.

Wenn gesagt wird, die demokratischen Institutionen gäben den betreffenden Öffentlichkeiten die Möglichkeit, Gesetze durchzusetzen, so lautet die Erwiderung, daß diese Feststellung wahr ist, ihre Folgerungen jedoch den Zufall für das Wesen nehmen. Die katholische Kirche kann man kaum eine demokratische Körperschaft nennen und trotzdem steht Darwin auf dem Index; auch wenn die Kirche die vollständige Kontrolle über die Schulen besäße, wären ihre Beschlüsse nicht weniger übertrieben als die der Fundamentalisten in Tennessee. Für jene, die glauben, das Gottesgnadentum, welches einst die Ekklesiasten besaßen und dann von den Königen geerbt wurde, ist nun zu den Volksmassen heruntergestiegen, ist es zweifellos ein Gewinn zu erfahren, daß die Demokratie keinen automatischen Schutz gegen Machtmißbrauch gewährt. Aber in jedem Fall scheinen die Schwierigkeiten von Dummheit, Intoleranz, Starrköpfigkeit und schlechter Erziehung herzukommen, ob diese Züge nun einen Monarchen schmücken, eine Oligarchie zieren oder die moralischen Insignien der Volksmassen bilden.

Ich nehme auf keinen Fall an, daß diese Anmerkungen gegen den großen Wert von Mr. Lippmanns Untersuchung sprechen. Aber vielleicht verdeutlichen sie die Notwendigkeit weiterer Analysen; diese sollten dann hauptsächlich die der *Großen Gesellschaft* innewohnenden Probleme und Gefahren in Betracht ziehen, im Vergleich zu denen die Schwäche der Demokratie eher symptomatisch als kausal zu sein scheint. Sie wollen nahelegen, daß, so hilfreich die Verbesserung der gegenwärtigen Praktiken nach solchen Kriterien, wie sie Mr. Lippmann andeutet, auch sein mögen, dennoch der einzig sichere Ausweg in der weiteren Organisation der Gesellschaft selbst besteht. Sie verweisen außerdem auf die Notwendigkeit einer weiteren Erforschung der Publizität in ihrem Verhältnis zur Öffentlichkeit. Die ethische Besserung der Presse würde das Problem immer noch weit verfehlen. Die grundlegende Frage ist wissenschaftlicher und künstlerischer Art: nämlich, wie die Presse zu einer kontinuierlichen, systematischen und wirksamen Enthüllung der gesellschaftlichen Bewegungen werden kann, einschließlich der Wünsche und Absichten der verschiedenen Eingeweihtengruppen. Das ist ein künstlerisches und auch ein intellektuelles Problem, denn es setzt nicht allein eine wissenschaftliche Organisation für die Entdeckung, Aufzeichnung und Interpretation allen Verhaltens von öffentlicher Tragweite voraus, sondern auch Methoden, welche die Darstellung der Untersuchungsergebnisse fesselnd und gewichtig machten. Ich nehme nicht an, daß die meisten Menschen Zucker wegen des Glaubens an seinen Nährwert kaufen; sie kaufen ihn aus Gewohnheit und um den Gaumen zu erfreuen. So muß es auch mit dem Erwerb derjenigen Tatsachen sein, die verschiedene Öffentlichkeiten im besonderen und die größere Öffentlichkeit im allgemeinen darauf vorbereiten, private Handlungen in ihren öffentlichen Bezügen zu erkennen und mit diesen auf der Grundlage des öffentlichen Interesses umzugehen.

Ich habe jeden Verweis auf jenen Zug von Mr. Lippmanns Buch unterlassen, der den Rezensenten in seiner Eigenschaft als professioneller Philosoph am meisten ansprach. Mr. Lippmann macht nützlichen und eindringlichen Gebrauch von den pluralistischen Tendenzen des gegenwärtigen Denkens, einschließlich der Theorie, daß Intelligenz nicht aus eigenem Antrieb wirkt, sondern um Konflikte zu schlichten und spezifische Schwierigkeiten zu lösen. Dieser philosophische Hintergrund gibt seinem Buch eine Reichweite und Kraft, die es von fast aller anderen zeitgenössischen Literatur auf dem Gebiet der Politik unterscheidet und welche diese Besprechung angemessen zu betrachten versäumt. Aber diese Notiz ist bereits zu lang und mit Erlaubnis des Herausgebers hoffe ich, auf diesen Teil der Materie später zurückkommen zu dürfen.

Die Öffentlichkeit und ihre Probleme

Vorwort [1927]

Dieses Buch ist das Ergebnis von Vorlesungen, die im Januar 1926 mit Unterstützung der Larwill Foundation am Kenyon College, Ohio, gehalten wurden. Indem ich mich für die vielen empfangenen Ehrenbezeigungen bedanke, möchte ich auch gegenüber den Autoritäten der Hochschule meine Dankbarkeit dafür zum Ausdruck bringen, daß sie eine verspätete Veröffentlichung zugelassen haben. Die dazwischenliegende Zeit hat eine vollständige Überarbeitung und Erweiterung des ursprünglichen Vorlesungstextes gestattet. Dieser Umstand erklärt die gelegentliche Bezugnahme auf inzwischen erschienene Bücher.

J. D.

1. Die Suche nach der Öffentlichkeit

Wenn man sich den Abstand bewußtmachen möchte, der zwischen „Tatsachen“ und der Bedeutung von Tatsachen liegen kann, so betritt man das Feld der sozialen Diskussionen. Viele Menschen scheinen anzunehmen, daß Tatsachen ihre Bedeutung ins Gesicht geschrieben steht. Man sammle nur genug davon und ihre Deutung wird einem ins Auge springen. Von der Entwicklung der physikalischen Wissenschaft glaubt man, daß sie diese Vorstellung bestätigt. Doch die Macht physischer Tatsachen, Überzeugungen zu erzwingen, liegt nicht in den nackten Phänomenen. Sie entsteht aus der Methode, aus der Technik der Untersuchung und Berechnung. Niemand ist jemals durch das bloße Sammeln von Tatsachen gezwungen worden, eine bestimmte Theorie über ihre Bedeutung zu akzeptieren, solange man noch über eine andere intakte Theorie verfügt, mit der man sie ordnen kann. Nur wenn den Tatsachen zum Zwecke des Vorbringens neuer Gesichtspunkte freies Spiel gelassen wird, ist hinsichtlich ihrer Bedeutung ein signifikanter Überzeugungswandel möglich. Man nehme der physikalischen Wissenschaft ihren Laborapparat und ihre mathematischen Verfahren, und die menschliche Phantasie kann ihren Interpretationstheorien freien Lauf lassen, selbst wenn wir annehmen, daß die rohen Fakten dieselben blieben.

Auf jeden Fall weist die Sozialphilosophie eine ungeheure Kluft zwischen Tatsachen und Doktrinen auf. Man vergleiche zum Beispiel die Tatsachen der Politik mit den bestehenden Theorien über die Natur des Staates. Wenn Forscher sich auf die beobachteten Phänomene beschränken, auf das Verhalten von Königen, Präsidenten, Gesetzgebern, Richtern, Sheriffs, Assessoren und aller anderen öffentlichen Beamten, dann ist ein vernünftiger Konsens sicherlich nicht schwer zu erreichen. Man stelle dann diesem Einverständnis die Meinungsverschiedenheiten gegenüber, welche in bezug auf die Basis, das Wesen, die Funktionen und die Rechtfertigung des Staates bestehen, und beachte die scheinbar hoffnungslose Uneinigkeit. Wenn man nicht nach einer Aufzählung von Tatsachen, sondern nach einer Definition des Staates fragt, stürzt man gleich in Kontroversen, in ein Potpourri einander widersprechender Stimmen. Nach der einen Tradition, die von Aristoteles abzustammen behauptet, ist der Staat das vereinigte und harmonisierte Leben in seiner höchsten Potenz; der Staat ist zugleich der Grundpfeiler des sozialen Gewölbes und das Gewölbe in seiner Gänze selbst. Nach einer anderen Sicht ist er bloß eine unter vielen gesellschaftlichen Einrichtungen mit einer beschränkten, aber wichtigen Funktion – der des Schlichters in Konflikten zwischen anderen gesellschaftlichen Einheiten. Jede Gruppe tritt hervor und verwirklicht ein positives menschliches Interesse; die Kirche – religiöse Werte; die Innungen, die Gewerkschaften und die Korporationen – materielle wirtschaftliche Interessen usf. Der Staat hat dagegen keine eigenen Geschäfte; sein Zweck ist formal wie der des Orchesterleiters, der kein Instrument spielt und keine Musik macht, aber dazu dient, die anderen Spieler, die Musik erzeugen, miteinander in Gleichklang zu halten. Einer weiteren, dritten Ansicht zufolge ist der Staat die organisierte Unterdrückung, ein gesellschaftlicher Auswuchs, ein Parasit und ein Tyrann auf einmal. Eine vierte besagt, daß er ein mehr oder weniger schwerfälliges Instrument dafür ist, Individuen davon abzuhalten, zu sehr miteinander zu streiten.

Die Verwirrung wächst, wenn wir in die Unterabteilungen dieser verschiedenen Auffassungen und in die für sie angeführten Gründe eindringen. In der einen Philosophie ist der Staat die Spitze und die Vollendung menschlicher Assoziation und manifestiert die höchste Verwirklichung aller spezifisch menschlichen Fähigkeiten. Als sie erstmals formuliert wurde, besaß diese Sicht eine gewisse Berechtigung. Sie entwickelte sich in einem antiken Stadtstaat, wo ein völlig freier Mann und ein Bürger zu sein, der am Schauspiel, den Sportkämpfen, der Religion und an der Regierung der Gemeinschaft teilnimmt, gleichbedeutende Dinge waren. Aber die Ansicht hält sich und wird auch auf den heutigen Staat angewandt. Eine andere Auffassung stellt den Staat der Kirche bei (oder wie in einer ihrer Varianten, ordnet ihn dieser leicht unter) – als den weltlichen Arm Gottes, der die äußere Ordnung und den Anstand unter den Menschen bewahrt. Eine moderne Theorie idealisiert den Staat und seine Tätigkeiten, indem sie sich die Begriffe von Vernunft und Willen entleiht und sie soweit vergrößert, bis der Staat als die objektivierte Äußerung eines Willens und einer Vernunft erscheint, welche all die Wünsche und

Ziele, die unter Individuen und Vereinigungen von Individuen gefunden werden können, weit übersteigen.

Wir befassen uns hier jedoch nicht mit dem Schreiben einer Enzyklopädie oder einer Geschichte der politischen Theorien. Deshalb unterbrechen wir an dieser Stelle die willkürlichen Illustrationen der Behauptung, daß wenig Gemeinsames zwischen den Tatsachenerscheinungen des politischen Verhaltens und der Interpretation des Sinns dieser Erscheinungen entdeckt worden ist. Ein Ausweg aus dieser Sackgasse besteht nun darin, die ganze Materie von Bedeutung und Interpretation der politischen Philosophie – im Unterschied zur Politikwissenschaft – zu überantworten. Dann kann erklärt werden, daß vergebliche Spekulation alle Philosophie begleitet. Die Moral lautet, alle derartigen Lehren über Bord zu werfen und sich an auf nachprüfbare Weise ermittelte Fakten zu halten.

Die so nahegelegte Abhilfe ist einfach und anziehend. Sie kann aber nicht angewendet werden. Politische Tatsachen bestehen nicht unabhängig vom menschlichen Verlangen und Urteil. Man ändere der Menschen Einschätzung des *Wertes* bestehender politischer Ämter und Ordnungen, und auch diese werden sich mehr oder weniger verändern. Die verschiedenen Theorien, welche die politische Philosophie kennzeichnen, entstehen nicht außerhalb der Tatsachen, auf deren Interpretation sie gerichtet sind; sie sind Vergrößerungen von Faktoren, die unter diesen Tatsachen ausgewählt wurden. Veränderbare und sich verändernde menschliche Gewohnheiten erhalten und erzeugen politische Phänomene. Diese Gewohnheiten beruhen nicht gänzlich auf durchdachter Zielsetzung und bewußter Wahl – ganz im Gegenteil; aber sie sind diesen mehr oder weniger zugänglich. Ganze Menschenmassen sind ständig damit beschäftigt, irgendwelche politische Gewohnheiten anzugreifen und deren Änderung anzustreben, während andere diese aktiv unterstützen und rechtfertigen. Es ist also bloße Anmaßung, anzunehmen, daß wir uns an das *de facto* halten können, ohne an einigen Punkten die Frage des *de jure* zu stellen: die Frage nach dem Rechtsgrund, nach der Legitimität. Und eine solche Frage hat die Eigenschaft zu wachsen, bis sie zu einer Frage nach dem Wesen des Staates selbst geworden ist. Die vor uns stehenden Alternativen sind nicht eine durch Tatsachen begrenzte Wissenschaft einerseits und die unkontrollierte Spekulation andererseits. Die Wahl ist eine zwischen blinder, vernunftloser Attacke und Verteidigung auf der einen Seite und umsichtiger Kritik unter Anwendung intelligenter Methoden und eines bewußten Kriteriums auf der anderen Seite.

Das Prestige der mathematischen und physikalischen Wissenschaften ist zu Recht groß. Aber den Unterschied zwischen Tatsachen, welche unabhängig von menschlichem Begehren und Streben das sind, was sie sind, und Tatsachen, die in gewissem Grade auf Grund von menschlichem Interesse und Zweck das sind, was sie sind, und die sich mit Veränderungen in letzteren ebenfalls wandeln, kann man durch keine Methodologie loswerden. Je aufrichtiger wir uns auf Tatsachen berufen, desto wichtiger ist es zu unterscheiden zwischen den Tatsachen, die das menschliche Handeln bestimmen, und Tatsachen, die vom menschlichen Handeln bestimmt werden. In dem Maße, in dem wir diesen Unterschied vernachlässigen, wird die Sozialwissenschaft zur Scheinwissenschaft. Jeffersonsche und Hamiltonsche politische Ideen sind nicht bloß Theorien, die fern vom tatsächlichen politischen Verhalten der Amerikaner im menschlichen Geist wohnen. Sie sind Ausdruck von Phasen und Faktoren, die unter diesen Tatsachen ausgewählt wurden; sie sind aber noch etwas anderes: nämlich Kräfte, welche diese Tatsachen geformt haben und welche noch immer darum wetteifern, sie auch in der Zukunft auf diese und jene Art zu formen. Es besteht mehr als ein spekulativer Unterschied zwischen einer Theorie, die den Staat als ein Instrument zum Schutz der Individuen in den ihnen bereits gehörenden Rechten betrachtet, und einer, die als seine Funktion das Erwirken einer gerechteren Verteilung der Rechte zwischen den Individuen begreift. Denn die Theorien werden von Gesetzgebern im Kongreß und von Richtern im Gericht vertreten und angewendet und sie bewirken Unterschiede in den daraus folgenden Tatsachen selbst.

Ich bezweifle nicht, daß der praktische Einfluß der Philosophien des Aristoteles, der Stoiker, des Hl. Thomas, Lockes, Rousseaus, Kants und Hegels im Vergleich mit dem Einfluß der Umstände oft übertrieben worden ist. Doch ein gebührendes Maß an Wirkung kann ihnen nicht mit jener Begründung abgesprochen werden, die manchmal vorgetragen wird, nämlich, daß Ideen keine Macht besitzen. Denn Ideen gehören zu menschlichen Wesen mit Körpern, und es gibt keine Trennung zwischen den Strukturen und Prozessen desjenigen Körperteils, das die Gedanken hegt, und dem Teil, das Handlungen verrichtet. Hirn und Muskeln arbeiten zusammen, und die Gehirne der Menschen sind für die Sozialwissenschaft wichtigere Größen als ihr Muskelsystem und ihre Sinnesorgane.

Es ist nicht unsere Absicht, in eine Erörterung politischer Philosophien einzutreten. Der Begriff des Staates ist, wie die meisten Begriffe, die durch ein „*der*", „*die*" oder „*das*" eingeführt werden, zu starr und zu sehr an Kontroversen gebunden, um sofort verwendbar zu sein. Er gehört zu den Begriffen, denen leichter durch eine Flankenbewegung als durch einen Frontalangriff nähergekommen werden kann. In dem Augenblick, in dem wir die Worte „*der* Staat" aussprechen, steigt eine Unzahl von intellektuellen Gespenstern auf, um uns die Sicht zu verdunkeln. Ohne unsere Absicht und Kenntnis zieht uns der Gedanke „*des* Staates" unmerklich hinein in eine Betrachtung über das Verhältnis verschiedener Ideen zueinander und weg von den Tatsachen des menschlichen Handelns. Wenn möglich, so ist es besser, gerade mit den letzteren zu beginnen und zu sehen, ob wir dadurch nicht zu einer Idee von etwas geführt werden, von dem sich herausstellen wird, daß es diejenigen Merkmale und Zeichen einschließt, die das politische Verhalten charakterisieren.

An dieser Vorgehensweise ist nichts Neues. Sehr viel hängt indessen davon ab, welchen Anfang wir wählen, und sehr viel davon, ob wir unseren Startpunkt wählen, um am Endpunkt sagen zu können, was der Staat sein *soll* oder was er *ist*. Wenn wir uns zu sehr um ersteres kümmern, besteht die Wahrscheinlichkeit, daß wir unbewußt die ausgewählten Tatsachen zurechtgebogen haben werden, um an einem vorherbestimmten Punkt herauszukommmmen. Die Phase menschlichen Handelns, mit der wir *nicht* beginnen sollten, ist jene, der direkte kausative Kraft zugeschrieben wird. Wir sollten nicht nach staatsbildenden Kräften suchen. Wenn wir es doch tun, werden wir wahrscheinlich in Mythologie abgleiten. Den Ursprung des Staates damit zu erklären, daß man sagt, der Mensch ist ein politisches Tier, bedeutet, sich in einem verbalen Kreis zu bewegen. Das ist, als ob man die Religion einem religiösen Instinkt zuschreibt, die Familie der ehelichen und elterlichen Zuneigung, und die Sprache einer natürlichen Gabe, die den Menschen zum Sprechen nötigt. Solche Theorien verdoppeln bloß die zu erklärenden Wirkungen in eine sogenannte kausale Kraft. Sie ähneln der notorischen Macht von Opium, Menschen wegen seiner einschläfernden Kraft zum Einschlafen zu bringen.

Diese Warnung ist nicht gegen eine Strohpuppe gerichtet. Der Versuch, den Staat oder irgendeine andere gesellschaftliche Einrichtung aus streng „psychologischen" Werten abzuleiten, steht wirklich zur Diskussion. Die Berufung auf einen Herdeninstinkt, um soziale Arrangements zu erklären, ist das herausragende Beispiel dieses faulen Trugschlusses. Menschen laufen aber nicht zusammen und vereinigen sich zu größeren Massen wie Quecksilbertropfen, und wenn doch, dann wäre das Ergebnis kein Staat noch irgendeine andere Form menschlicher Assoziation. Die Instinkte, ob sie nun Herdentrieb, Sympathie, oder Gefühl gegenseitiger Abhängigkeit oder Herrschaft auf der einen Seite und Demütigung und Unterwerfung auf der anderen genannt werden, können bestenfalls alles im allgemeinen und nichts im besonderen erklären. Und schlimmstenfalls stellen der angebliche Instinkt und die natürliche Ausstattung, die für eine kausale Kraft herhalten sollen, selbst physiologische Neigungen dar, welche vorher durch genau die gesellschaftlichen Bedingungen, die sie erklären sollen, in Handlungs- und Erwartungsgewohnheiten umgeformt worden sind. Menschen, die in Herden gelebt haben, entwickeln eine Anhänglichkeit an die Horde, an die sie sich gewöhnt haben; Kinder, die gezwungenermaßen in Abhängigkeit lebten, wachsen in Gewohnheiten der Abhängigkeit und der Unterwerfung hinein. Der Minderwertigkeitskomplex ist sozial erworben und die „Instinkte" des Imponiergehabes und der Überlegenheit sind nur seine Kehrseite. Es gibt strukturelle Organe, die sich physiologisch in Vokalisierungen äußern, so, wie die Organe von Vögeln Gesang bewirken. Doch Hundegebell und Vogelzwitschern beweisen hinlänglich, daß diese angeborenen Neigungen keine Sprache hervorbringen. Um in Sprache umgewandelt zu werden, bedarf die angeborene Vokalisierung einer Umformung durch äußere Bedingungen, sowohl durch organische als auch außer-organische oder solche der Umwelt, – der Umformung, sei betont, nicht bloß der Stimulierung. Der Schrei des Säuglings kann zweifelsohne in rein organischen Begriffen beschrieben werden, aber das Wehgeschrei wird zum Substantiv oder Verb nur durch seine Folgen im Antwortverhalten anderer. Dieses Antwortverhalten nimmt die Form von Nahrungsgabe und Pflege an, die selbst von Tradition,

Brauch und sozialen Mustern abhängen. Warum postuliert man nicht einen „Instinkt" des Kindesmordes ebenso wie einen der Führung und Unterweisung? Oder einen „Instinkt", Mädchen auszusetzen und Jungen aufzuziehen?

Dennoch können wir die Argumentation auch in einer weniger mythologischen Form aufnehmen als in der verbreiteten Berufung auf soziale Instinkte dieser oder jener Art. Die Aktivitäten von Tieren, wie die von Mineralien und Pflanzen, stehen in Wechselbeziehung mit ihrer Struktur. Vierbeiner rennen, Würmer kriechen, Fische schwimmen, Vögel fliegen. Sie sind so gebaut; das ist „die Natur des Tiers". Durch das Einschieben von Instinkten des Rennens, Kriechens, Schwimmens und Fliegens zwischen die Struktur und den Akt gewinnen wir gar nichts. Aber die streng organischen Voraussetzungen, die Menschen dazu bringen, sich zu vereinigen, zu versammeln, miteinander zu verkehren, sich zu verbinden, sind genau jene, die andere Lebewesen dazu bringen, sich in Schwärmen und Rudeln und Herden zu vereinen. Indem wir das Gemeinsame in menschlichen und anderen tierischen Zusammenschlüssen und Vereinigungen beschreiben, verfehlen wir das spezifisch Menschliche in menschlichen Assoziationen. Diese strukturellen Bedingungen und Handlungen können *conditiones sine qua non* menschlicher Gesellschaften sein; aber das sind auch die Anziehungen und Abstoßungen, die an unbelebten Dingen zu beobachten sind. Physik und Chemie, ebenso die Zoologie können uns über einige der Bedingungen, ohne die menschliche Wesen sich nicht assoziieren würden, unterrichten. Sie liefern uns aber nicht das Wissen über die *hinreichenden* Bedingungen des Gemeinschaftslebens und der Formen, die es annimmt.

Wir müssen auf jeden Fall mit vollzogenen Handlungen beginnen, nicht mit hypothetischen Gründen für diese Handlungen, und ihre Folgen betrachten. Wir müssen auch Intelligenz einführen, oder die Beobachtung der Folgen *als* Folgen, das heißt, in Verbindung mit den Handlungen, aus denen sie hervorgehen. Da wir sie einführen müssen, ist es besser, es absichtlich zu tun, als sie auf eine Art und Weise einzuschmuggeln, die nicht nur den Zöllner – den Leser –, sondern auch uns selbst täuscht. Wir nehmen dann als unseren Ausgangspunkt die objektive Tatsache, daß menschliche Handlungen Folgen für andere haben, daß einige dieser Folgen wahrgenommen werden und daß ihre Wahrnehmung zu dem anschließenden Bestreben führt, die Handlung zu kontrollieren, um einige der Folgen zu sichern und andere zu vermeiden. Diesem Faden nachgehend werden wir zu der Beobachtung geführt, daß die Folgen von zweierlei Art sind: jene, welche die direkt mit einer Transaktion befaßten Personen beeinflussen und diejenigen, welche andere außer den unmittelbar Betroffenen beeinflussen. In dieser Unterscheidung finden wir den Keim der Unterscheidung zwischen dem Privaten und dem Öffentlichen. Wenn die indirekten Folgen anerkannt werden und versucht wird, sie zu regulieren, entsteht etwas, das die Merkmale eines Staates besitzt. Wenn die Folgen einer Handlung hauptsächlich auf die direkt in sie verwikkelten Personen beschränkt sind oder für auf sie beschränkt gehalten werden, ist die Transaktion eine private. Wenn A und B ein Gespräch miteinander führen, ist die Aktion eine Trans-Aktion: Beide sind an ihr beteiligt; ihre Ergebnisse gehen gewissermaßen von einer zur anderen über. Der einen oder der anderen oder beiden kann dadurch geholfen oder geschadet werden. Aber wahrscheinlich gehen die nützlichen oder schädlichen Folgen nicht über A und B hinaus, die Handlung liegt zwischen ihnen; sie ist privat. Wenn sich jedoch herausstellt, daß die Folgen der Unterhaltung über die zwei direkt Betroffenen hinausgehen, daß sie das Wohl vieler anderer beeinflussen, dann bekommt die Handlung einen öffentlichen Charakter, ob das Gespräch nun von einem König und seinem Premierminister oder von Catilina und einem Mitverschwörer geführt wird oder von Kaufleuten, die die Monopolisierung eines Marktes planen.

Die Unterscheidung zwischen Privatem und Öffentlichem entspricht demnach in keiner Beziehung der Unterscheidung von Individuellem und Sozialem, selbst wenn wir annehmen, daß letztere eine ganz bestimmte Bedeutung besitzt. Viele private Handlungen sind sozial; ihre Folgen tragen zum Wohl der Gemeinschaft bei oder beeinflussen ihren Zustand und ihre Aussichten. Im weitesten Sinn ist jede zwischen zwei oder mehreren Personen vorsätzlich vollzogene Transaktion von ihrer Qualität her sozial. Sie ist eine Form assoziierten Verhaltens und ihre Folgen können weitere Assoziationen beeinflussen. Ein Mensch kann anderen dienen, selbst der Gemeinschaft im ganzen, indem er sein privates Geschäft betreibt. Bis zu einem gewissen Grade ist es wahr, daß, wie Adam Smith behauptete, unser Frühstückstisch besser durch das konvergente Ergebnis der Tätigkeiten von Farmern, Händlern und Fleischern versorgt wird, die ihr privates Geschäft mit dem Ziel privaten Profits betreiben, als wenn wir auf der Basis von Philanthropie und Gemeinsinn bedient würden. Gemeinschaften sind mit Kunstwerken, mit wissenschaftlichen Entdeckungen versehen worden aufgrund des persönlichen Vergnügens, das Privatpersonen in der Beschäftigung mit diesen Tätigkeiten gefunden haben. Es gibt private Philanthropen, die so handeln, daß bedürftige Menschen oder die Gemeinschaft als Ganzes aus der Stiftung von Bibliotheken, Hospitälern und Bildungseinrichtungen profitieren. Kurz, privates Tun kann sowohl durch indirekte Folgen als auch durch direkten Vorsatz sozial wertvoll sein.

Es besteht daher keine notwendige Verbindung zwischen dem privaten Charakter einer Handlung und ihrem asozialen oder antisozialen Charakter. Überdies kann das Öffentliche nicht mit dem gesellschaftlich Nützlichen identifiziert werden. Eine der höchst regelmäßigen Aktivitäten der politisch organisierten Gemeinschaft war und ist das Kriegführen. Aber selbst der kriegerischste unter den Militaristen wird schwerlich behaupten, alle Kriege seien gesellschaftlich nützlich gewesen, oder leugnen, daß einige auf die gesellschaftlichen Werte so verheerend wirkten, daß es unendlich besser gewesen wäre, man hätte sie nicht geführt. Der Beweis für die Ungleichwertigkeit des Öffentlichen und des Sozialen, in jedem anerkennungswürdigen Sinn von „sozial", stützt sich nicht allein auf die Kriegsfrage. Es gibt niemanden, nehme ich an, der so in das politische Tun verliebt ist, daß er behauptete, es wäre nie kurzsichtig, töricht und schädlich gewesen. Es gibt sogar Leute, die grundsätzlich mutmaßen, daß gesellschaftlicher Schaden immer von Vertretern der Öffentlichkeit verursacht wird, indem diese Vertreter jegliches tun, was auch von Personen in ihrer Privateigenschaft getan werden könnte. Es gibt noch mehr, die behaupten, daß eine bestimmte öffentliche Handlung, ob nun die Prohibition, ein Schutzzoll oder die ausgedehnte Bedeutung, die der Monroe-Doktrin gegeben wird, der Gesellschaft Schaden zufügt. In der Tat dreht sich jede ernsthafte politische Debatte um die Frage, ob eine gegebene politische Maßnahme gesellschaftlich nützlich oder schädlich ist.

Genau wie ein Verhalten nicht wegen seines privaten Ursprungs antisozial oder asozial ist, ist es nicht deshalb gesellschaftlich wertvoll, weil es im Namen der Öffentlichkeit durch öffentliche Vertreter erfolgt. Diese Argumention hat uns nicht sehr weit gebracht, aber sie hat uns zumindest davor gewarnt, die Gemeinschaft und ihre Interessen mit dem Staat oder der politisch organisierten Gemeinschaft zu identifizieren. Und diese Unterscheidung kann uns dazu bewegen, mit größerem Wohlwollen auf die bereits aufgestellte Behauptung zu blicken: daß nämlich die Grenze zwischen Privatem und Öffentlichem auf der Grundlage der Reichweite und des Umfanges derjenigen Handlungsfolgen gezogen werden muß, die so wichtig sind, daß sie der Kontrolle bedürfen, entweder durch Unterbindung oder durch Förderung. Wir unterscheiden private und öffentliche Gebäude, private und öffentliche Schulen, private Wege und öffentliche Straßen, privaten Besitz und öffentliche Funds, Privatpersonen und Träger eines öffentlichen Amtes [public officials]. Unsere These lautet, daß wir in dieser Unterscheidung den Schlüssel zum Wesen und Amte [office] des Staates finden. Es ist nicht ohne Bedeutung, daß etymologisch „privat" im Gegensatz zu „amtlich" [official] definiert wird: einer Privatperson ist die öffentliche [public] Position depriviert. Die Öffentlichkeit besteht aus all denen, die von den indirekten Transaktionsfolgen in solch einem Ausmaß beeinflußt werden, daß es für notwendig gehalten wird, sich um diese Folgen systematisch zu kümmern. Die Amtspersonen [officials] sind diejenigen, die auf die Interessen der so Beeinflußten acht geben und sich um diese kümmern. Weil die indirekt Betroffenen nicht direkte Teilnehmer der in Frage stehenden Transaktionen sind, ist es notwendig, daß bestimmte Personen abgesondert werden, um sie zu vertreten und um darauf zu achten, daß ihre Interessen gewahrt und geschützt werden. Die Gebäude, der Besitz, die Fonds und andere materielle Ressourcen, die zur Ausübung dieses Amtes gehören, sind *res publica*, Gemein-Gut. Die Öffentlichkeit, sofern sie durch Amtspersonen und materielle Vertretungen organisiert ist, die sich um die weitreichenden und bleibenden Folgen der Transaktionen zwischen Personen kümmern, ist der *Populus*.

Es ist ein Gemeinplatz, daß Rechtsvertretungen zum Schutz von Personen und des Besitzes von Gemeinschaftsmitgliedern sowie für die Wiedergutmachung ihnen zugefügten Unrechts nicht immer existierten. Rechtsinstitute stammen aus einer früheren Zeit, als das

Recht auf Selbsthilfe herrschte. Wenn einer Person Schaden zugefügt wurde, so hing es ganz von ihr ab, wie sie Vergeltung erlangte. Einem anderen Unrecht zu tun und für ein erfahrenes Unrecht Bestrafung einzufordern, waren private Transaktionen. Es waren die Angelegenheiten der direkt Betroffenen und niemandes anderen direktes Geschäft. Die geschädigte Partei gewann jedoch leicht die Hilfe von Freunden und Verwandten, desgleichen der Angreifer. Daher blieben die Folgen des Streits nicht auf die unmittelbar Betroffenen beschränkt. Daraus entstanden Fehden und die blutigen Zwiste konnten große Menschenmengen einbeziehen und für Generationen andauern. Die Erkenntnis dieser ausgedehnten und anhaltenden Verwicklung und des Leides, das ganzen Familien durch sie zugefügt wurde, führte zum Entstehen einer Öffentlichkeit. Die Transaktionen hörten auf, nur die unmittelbaren Parteien zu betreffen. Die indirekt Berührten bildeten eine Öffentlichkeit, welche Schritte unternahm, um ihre Interessen durch das Schließen von Verträgen und durch andere Befriedungsmittel zur Eingrenzung der Konflikte zu wahren.

Diese Tatsachen sind einfach und bekannt. Sie scheinen aber in Keimform jene Merkmale darzustellen, die einen Staat definieren, seine Tätigkeiten und Amtspersonen. Der Fall illustriert, was gemeint war, als es hieß, es sei ein Trugschluß, das Wesen des Staates in Begriffen direkter kausaler Faktoren bestimmen zu wollen. Sein wesentlicher Zug hat mit den andauernden und weitreichenden Folgen des Verhaltens zu tun, das wie alles Verhalten letzten Endes von individuellen menschlichen Wesen ausgeht. Die Erkenntnis der schädlichen Folgen erzeugte ein gemeinsames Interesse, das zu seiner Aufrechterhaltung bestimmte Maßnahmen und Gesetze erforderte, zusammen mit der Auswahl bestimmter Personen als deren Hüter, Deuter und, wenn nötig, deren Vollstrecker.

Wenn die gegebene Darstellung überhaupt in die richtige Richtung geht, erklärt sie die bereits erwähnte Kluft zwischen den Tatsachen politischen Handelns und den Theorien des Staates. Die Menschen haben bisher an der falschen Stelle gesucht. Sie haben den Schlüssel zum Wesen des Staates auf dem Feld des Handelns gesucht, auf dem der Täter der Taten, oder in einem Willen oder einem Zweck hinter den Taten. Sie haben den Staat in Begriffen der Urheberschaft zu erklären gesucht. Letzten Endes kommt jede vorsätzliche Wahlentscheidung von jemandem im besonderen; Handlungen werden von jemandem ausgeführt und alle Arrangements und Pläne werden von jemandem im konkretesten Sinn von „jemand" gemacht. Irgendein John Doe und Richard Roe treten in jeder Transaktion auf. Also werden wir die Öffentlichkeit nicht finden, wenn wir auf seiten der Urheber willkürlicher Handlungen nach ihr suchen. Irgendein John Smith und seine Artgenossen entscheiden, ob sie Weizen anbauen oder nicht und wieviel, wo und wie sie Geld anlegen, welche Straßen sie bauen und befahren, ob sie Krieg führen und wenn ja, wie, welche Gesetze sie erlassen und welche sie beachten und welche sie mißachten. Die wirkliche Alternative zu den bewußten Handlungen von Individuen ist nicht das Handeln der Öffentlichkeit; es sind routinierte, impulsive und andere unreflektierte Handlungen, die ebenfalls von Individuen ausgeführt werden.

Individuelle menschliche Wesen können ihre Identität in einem Mob, in einer politischen Versammlung, in einer Aktiengesellschaft oder an der Wahlurne verlieren. Das heißt jedoch nicht, daß irgendeine geheimnisvolle kollektive Stelle Beschlüsse faßt, vielmehr, daß einige wenige Personen, die genau wissen, was sie vorhaben, konzentrierte Kräfte dazu mißbrauchen, den Mob in ihre Richtung zu führen, eine politische Maschinerie zu dirigieren und die Angelegenheiten des korporativen Unternehmertums zu betreiben. Wenn die Öffentlichkeit oder der Staat mit dem Treffen gesellschaftlicher Abmachungen befaßt ist, wie dem Verabschieden von Gesetzen, dem Durchsetzen eines Vertrages, dem Verleihen eines Bürgerrechts, handelt sie oder er dennoch durch konkrete Personen. Die Personen sind nun Amtspersonen, Vertreter eines öffentlichen und geteilten Interesses. Der Unterschied ist wichtig. Es ist aber nicht ein Unterschied zwischen einzelnen menschlichen Wesen und einem kollektiven unpersönlichen Willen. Es ist der zwischen Personen in ihrer privaten und in ihrer amtlichen oder repräsentativen Eigenschaft. Die vorgeführte Qualität ist nicht Autorschaft, sondern Autorität, die Autorität anerkannter Folgen, um das Verhalten zu kontrollieren, das weitreichende und dauerhafte Ergebnisse von Wohl und Wehe erzeugt und verhindert. Beamte sind in der Tat öffentliche Vertreter, aber Vertreter im Sinne von Verwaltern, welche die Geschäfte anderer betreiben, indem sie diese betreffende Folgen absichern oder abwenden.

Wenn wir an der falschen Stelle suchen, finden wir natürlich nicht, was wir suchen. Das Schlimmste daran aber ist, daß durch die Suche an der falschen Stelle – nach kausalen Kräften statt nach Folgen – das Ergebnis der Suche willkürlich wird. Es wird unkontrollierbar und die „Interpretation“ geht ins Blaue. Daher rührt die Verschiedenartigkeit widerstreitender Theorien und der Mangel an Übereinstimmung der Meinungen. Man kann *a priori* sagen: Der fortwährende Konflikt der Staatstheorien beweist selbst, daß das Problem falsch gestellt worden ist. Denn, wie wir vorher bemerkten, die Haupttatsachen politischen Handelns liegen, obgleich die Phänomene mit der Verschiedenheit von Ort und Zeit ungeheuer variieren, nicht im Verborgenen, selbst wenn sie sehr kompliziert sind. Es handelt sich um Tatsachen menschlichen Verhaltens, die menschlicher Beobachtung zugänglich sind. Das Vorhandensein einer Vielzahl einander widersprechender Staatstheorien, welches vom Standpunkt der Theorien selbst so verwirrend ist, läßt sich leicht erklären, sobald wir erkennen, daß diese Theorien trotz ihrer Abweichung voneinander in einem allen gemeinsamen Irrtum wurzeln: Sie halten eine ursächliche Tätigkeit statt der Folgen für den Kern des Problems.

Diese Einstellung und dieses Postulat vorausgesetzt, werden einige Menschen zu einer Zeit die ursächliche Tätigkeit in einem der Natur zugeschriebenen metaphysischen Trieb finden; und der Staat wird dann vermittels eines „Wesens“ des Menschen erklärt, das sich selbst im Ziel vollendeter *Gesellschaft* verwirklicht. Andere werden den verlangten Urheber unter dem Einfluß anderer Vorurteile und anderer Wünsche im Willen Gottes finden, der durch das Medium der gefallenen Menschheit soweit ein Bild göttlicher Ordnung und Gerechtigkeit reproduziert, wie es das korrupte Material gestattet. Andere suchen nach ihm in der Begegnung der Willen von Individuen, die zusammenkommen und durch Vertrag oder gegenseitige Loyalitätserklärungen einen Staat hervorbringen. Wieder andere finden ihn in dem autonomen und transzendenten Willen, der in allen Menschen verkörpert ist – als etwas Universales in ihrem einzelnen Sein –, einem Willen, der durch seine eigene innere Natur die Errichtung äußerer Bedingungen gebietet, in welchen es dem Willen möglich ist, seine

Freiheit nach außen hin auszudrücken. Andere finden ihn in dem Umstand, daß der Geist oder die Vernunft entweder ein Attribut der Wirklichkeit oder die Wirklichkeit selbst ist, während sie ihr Bedauern darüber ausdrücken, daß die Differenz und Pluralität der Geister, die Individualität, eine den Sinnen zuzuschreibende Illusion darstellt oder bloß eine im Gegensatz zur monistischen Wirklichkeit der Vernunft stehende Erscheinung ist. Wenn verschiedene Meinungen alle einem gemeinsamen und geteilten Irrtum entspringen, ist eine so gut wie die andere, und die Zufälle der Bildung, des Temperaments, des Klasseninteresses und der herrschenden Umstände des Zeitalters entscheiden darüber, welche angenommen wird. Vernunft wird nur ins Spiel gebracht, um für die angenommene Meinung eine Rechtfertigung zu finden, statt das menschliche Verhalten auf seine Folgen hin zu untersuchen und die politischen Gremien entsprechend zu gestalten. Es ist eine alte Geschichte, daß die Naturphilosophie erst nach einer intellektuellen Revolution gleichmäßig voranschritt. Diese bestand im Verzicht auf die Suche nach Ursachen und Kräften und in der Hinwendung zur Analyse dessen, was geschieht und wie es geschieht. Die politische Philosophie hat sich diese Lehre noch immer in einem großen Maße zu Herzen zu nehmen.

Das Versäumnis zu erkennen, daß das Problem darin besteht, die Folgen menschlichen Handelns (Fahrlässigkeit und Untätigkeit eingeschlossen) differenziert und gründlich wahrzunehmen und Mittel und Wege ins Werk zu setzen, diese Folgen zu beaufsichtigen, ist nicht begrenzt auf die Erzeugung widerstreitender und unversöhnlicher Staatstheorien. Das Versäumnis hat auch die Ansichten derjenigen verdreht, die, bis zu einem gewissen Grad, die Wahrheit erkannten. Wir haben erklärt, daß alle vorsätzlichen Beschlüsse und Pläne letztlich das Werk einzelner menschlicher Wesen sind. Aus dieser Beobachtung sind vollkommen falsche Schlüsse gezogen worden. Indem noch immer in Begriffen kausaler Kräfte gedacht wurde, ist aus dieser Tatsache geschlossen worden, daß der Staat, die Öffentlichkeit, eine Fiktion ist, eine Maske für das private Streben nach Macht und Stellung. Nicht nur der Staat, auch die Gesellschaft selbst ist zu einem Aggregat zusammenhangsloser Bedürfnisse und Willen pulverisiert worden. In der Folge wird der Staat logischerweise entweder als reine Unterdrückung begriffen – geboren aus willkürlicher Macht und aufrechterhalten durch Betrug –, oder als ein Zusammenschluß der Kräfte einzelner Menschen zu einer massiven Kraft, der die einzelnen Personen nicht widerstehen können, wobei der Zusammenschluß eine Verzweiflungsmaßnahme ist, denn seine einzige Alternative ist der Konflikt aller mit allen, welcher ein hilfloses und brutales Leben erzeugt. Der Staat erscheint also entweder als ein Monster, das zerstört, oder als ein Leviathan, der verehrt werden muß. Kurz, unter dem Einfluß des Grundirrtums, das Problem des Staates beträfe kausale Kräfte, ist der Individualismus, als ein Ismus, als eine Philosophie hervorgebracht worden.

Obgleich die Doktrin falsch ist, geht sie doch von einer Tatsache aus. Bedürfnisse, Wahlentscheidungen und Zwecke haben ihren Ort in einzelnen Wesen; Verhalten, das Wünsche, Absichten und Entschlossenheit offenbart, geht von ihnen in ihrer Einzigartigkeit aus. Aber nur intellektuelle Faulheit verführt uns zu dem Schluß, daß, weil die Form des Denkens und Entscheidens individuell ist, auch ihr Inhalt, ihr Stoff, etwas ganz persönliches ist. Selbst wenn „Bewußtsein" die gänzlich private Sache wäre, für die es die individualistische Tradition in der Philosophie und Psychologie hält, wäre immer noch wahr, daß es Bewußtsein *von* Gegenständen ist, nicht von sich selbst. Assoziation im Sinne von Verbindung und Verknüpfung ist ein „Gesetz" aller bekannten Existenz. Einzelne Dinge handeln, aber sie handeln im Zusammenhang. Bisher ist nichts entdeckt worden, das in völliger Isolation handelte. Das Handeln eines jeden Dinges hängt mit dem Handeln anderer Dinge zusammen. Das „zusammen mit" ist so beschaffen, daß das Verhalten von jedem einzelnen durch seine Verbindung mit anderen modifiziert wird. Es gibt Bäume, die nur in einem Wald wachsen können. Die Samen vieler Pflanzen können nur unter Bedingungen keimen und sich entwickeln, die durch das Vorhandensein anderer Pflanzen geschaffen werden. Die Reproduktion der Art hängt von der Aktivität der befruchtenden Insekten ab. Die Lebensgeschichte einer lebenden Zelle ist bedingt durch den Zusammenhang mit dem, was andere Zellen tun. Elektronen, Atome und Moleküle belegen die Allgegenwart vereinten Verhaltens.

Es steckt kein Mysterium in der Tatsache der Assoziation, eines wechselseitig verbundenen Handelns, das die Tätigkeit einzelner Elemente beeinflußt. Die Frage, wie Individuen dazu kommen, assoziiert zu sein, ist sinnlos. Sie existieren und operieren in Assoziation. Wenn es ein Rätsel um diese Sache gibt, dann ist es das Rätsel, daß das Universum die Art von Universum ist, die es ist. Ein derartiges Mysterium kann nicht ohne Verlassen des Universums aufgeklärt werden. Und wenn man zu einer äußeren Quelle griffe, um es zu erklären, würde ein Logiker, ohne übermäßige Inanspruchnahme seiner Einfallskraft, aufstehen und anmerken, daß der Außenstehende mit dem Universum verbunden sein müßte, um irgend etwas in ihm zu erklären. Wir werden dann noch immer dort stehen, wo wir begannen, – bei der Tatsache des Zusammenhanges als einer Tatsache, die akzeptiert werden muß.

Es gibt jedoch eine sinnvolle Frage zur menschlichen Assoziation: – Nicht die Frage, wie Individuen oder einzelne Wesen dazu kommen, verbunden zu sein, sondern wie sie dazu kommen, gerade auf eine Weise verbunden zu sein, welche menschlichen Gemeinschaften Merkmale verleihen, die so verschieden von denen sind, die Ansammlungen von Elektronen, Vereinigungen von Bäumen zu Wäldern, Schwärme von Insekten, Herden von Schafen und Konstellationen von Sternen kennzeichnen. Wenn wir diesen Unterschied berücksichtigen, stoßen wir sofort auf die Tatsache, daß die Folgen vereinten Handelns einen neuen Wert annehmen, wenn sie beobachtet werden. Denn die Beachtung der Folgen zusammenhängenden Handelns zwingt die Menschen dazu, über den Zusammenhang selbst nachzudenken; sie macht diesen zu einem Gegenstand der Aufmerksamkeit und des Interesses. Jeder handelt, soweit der Zusammenhang bekannt ist, im Hinblick auf den Zusammenhang. Es sind immer noch Individuen, die denken, wünschen und Zwecke setzen, aber *was* sie denken, ist die Folge ihres Verhaltens gegenüber dem Verhalten anderer und des Verhaltens anderer gegenüber ihnen.

Jedes menschliche Wesen kommt als Kind auf die Welt. Es ist unreif, hilflos und abhängig von den Tätigkeiten anderer. Daß viele von diesen abhängigen Wesen überleben, beweist, daß andere in einem gewissen Grade auf sie achtgeben, für sie sorgen. Reife und besser ausgestattete Wesen sind sich der Folgen ihres Tuns für das der Jungen bewußt. Sie handeln nicht nur zusammen mit ihnen, vielmehr handeln sie in dieser besonderen Form von Assoziation, welche das Interesse an den Folgen ihres Verhaltens auf das Leben und die Entwicklung der Jungen offenbart.

Die fortgesetzte physiologische Existenz der Jungen ist nur eine Seite des Interesses an den Folgen der Assoziation. Die Erwachsenen sind gleichermaßen daran interessiert, so zu handeln, daß die noch Unreifen lernen, auf eine bestimmte Art und Weise zu denken, zu begehren und sich gewohnheitsmäßig zu verhalten. Nicht die geringste der angestrebten Folgen ist, daß die Jungen selbst lernen sollen, vom Standpunkt des assoziierten Verhaltens und seiner Folgen zu urteilen, Ziele zu setzen und zu wählen. Tatsächlich nimmt dieses Interesse nur zu oft die Form des Bemühens an, die Jungen dazu zu bringen, genauso zu denken und zu planen wie die Erwachsenen. Allein dieses Beispiel zeigt zur Genüge: Während einzelne Wesen in ihrer Einzigartigkeit denken, bedürfen und entscheiden, ist *was* sie denken und erstreben, ist der Inhalt ihrer Überzeugungen und Absichten ein Stoff, den die Assoziation bereitstellt. Der Mensch ist also nicht bloß *de facto* assoziiert, sondern er *wird* zu einem gesellschaftlichen Tier in der Fasson seiner Ideen, Gefühle und seines bewußten Verhaltens. *Was* er glaubt, erhofft und erstrebt ist das Ergebnis von Assoziation und Verkehr. Dunkel und geheimnisvoll wird der Einfluß der Assoziation darauf, was individuelle Personen begehren und warum sie handeln, einzig durch den Versuch, angebliche spezielle, originäre gesellschaftserzeugende ursächliche Kräfte zu entdecken, seien es Instinkte, Willensmächte, eine persönliche oder eine immanente, universale praktische Vernunft, oder ein innewohnendes, metaphysisches soziales Wesen und eine ebensolche Natur. Diese Dinge erklären nichts, denn sie sind mysteriöser als die Tatsachen, zu deren Erklärung sie herbeigerufen wurden. Die Planeten einer Konstellation würden eine Gemeinschaft bilden, wenn sie um die Zusammenhänge der Aktivitäten eines jeden mit denen der anderen wüßten und dieses Wissen nutzen könnten, um das Verhalten zu lenken.

Wir sind von den Überlegungen über den Staat zum weiteren Thema der Gesellschaft abgeschweift. Der Ausflug ermöglicht uns jedoch, den Staat von anderen Formen des gesellschaftlichen Lebens zu unterscheiden. Es gibt eine alte Tradition, die den Staat und die vollständig organisierte Gesellschaft als dasselbe betrachtet. Vom Staat heißt es dann, daß er die vollendete und allumfassende Verwirklichung aller gesellschaftlichen Einrichtungen ist. Einerlei welche Werte aus jeglicher Art von gesellschaftlichem Arrangement hervorgehen, sie werden zusammengefaßt und zum Werk des Staates erklärt. Das Gegenstück dieser Methode ist jener philosophische Anarchismus, welcher alle Übel, die in allen Formen menschlicher Gruppierung entstehen, sammelt und sie *en masse* dem Staat zuschreibt, dessen Abschaffung dann zu einem Millenium freiwilliger brüderlicher Organisation führen würde. Daß der Staat den einen eine Gottheit und den anderen ein Teufel sein soll, ist ein weiteres Zeugnis für die Fehlerhaftigkeit der Prämissen, von denen die Diskussion ausging. Die eine Theorie ist so undifferenziert wie die andere.

Es gibt allerdings ein bestimmtes Kriterium, mit dem die organisierte Öffentlichkeit von anderen Formen des Gemeinschaftslebens abzugrenzen ist. Freundschaften, zum Beispiel, sind nicht-politische Formen der Assoziation. Sie zeichnen sich durch einen intimen und feinen Sinn für die Früchte menschlichen Umgangs aus. Sie bereichern die Erfahrung um einige ihrer kostbarsten Werte. Nur die Zwänge einer vorgefaßten Theorie würden dieses Gewebe von Freundschaften und Anhänglichkeiten, welches das Hauptband jeder Gemeinschaft ist, mit dem Staat vermengen oder darauf bestehen, daß dessen Existenz von jenem abhängt. Menschen gruppieren sich auch zur wissenschaftlichen Untersuchung, zu religiöser Andacht, zu künstlerischem Schaffen und seinem Genuß, zum Sport, zum Erteilen und Empfangen von Unterricht, zu industriellen und kommerziellen Unternehmungen. In jedem Fall führt eine verbundene oder vereinte Handlung, die den „natürlichen", das heißt, biologischen Bedingungen und jenen lokaler Nachbarschaft entwachsen ist, zur Hervorbringung spezifischer Folgen – nämlich Folgen, die sich in ihrer Art von denen isolierten Verhaltens unterscheiden.

Wenn diese Folgen intellektuell und emotional anerkannt sind, wird ein geteiltes Interesse erzeugt und die Natur des wechselseitig verbundenen Verhaltens wird dadurch transformiert. Jede Form der Assoziation besitzt ihre eigenen besonderen Qualitäten und Werte, und kein Mensch von Verstand verwechselt die eine mit der anderen. Das Kennzeichen der Öffentlichkeit als Staat entsteht aus dem Umstand, daß alle Formen assoziierten Verhaltens weitreichende und andauernde Folgen haben können, welche andere außer den direkt in sie Verwickelten einschließen. Wenn diese Folgen sich dann ihrerseits in Gedanken und Gefühlen verwirklichen, bewirkt ihre Erkenntnis eine

Erneuerung der Bedingungen, aus denen sie hervorgegangen sind. Auf Folgen muß acht gegeben, um sie muß sich gekümmert werden. Diese Aufsicht und Regulierung kann nicht von den Primärgruppierungen selbst besorgt werden. Denn das Wesen der Folgen, welche eine Öffentlichkeit ins Leben rufen, liegt in der Tatsache, daß sie über die direkt mit ihrer Hervorbringung Befaßten hinausreichen. Deshalb müssen, wenn sie beaufsichtigt werden sollen, dafür spezielle Ämter und Regeln geschaffen werden; oder aber eine der bestehenden Gruppen muß neue Funktionen übernehmen. Das deutliche äußere Zeichen der Organisation einer Öffentlichkeit oder eines Staates ist daher das Vorhandensein von Amtspersonen. Die Regierung ist nicht der Staat, denn dieser schließt die Öffentlichkeit ebenso ein wie die Regierenden, die mit besonderen Pflichten und Rechten ausgestattet sind. Die Öffentlichkeit ist jedoch in jenen und durch jene Amtspersonen organisiert, die im Namen ihres Interesses handeln.

Der Staat repräsentiert demnach ein wichtiges, wenn auch spezifisches und beschränktes gesellschaftliches Interesse. Von diesem Standpunkt aus ist nichts Außerordentliches am Vorrang der Forderungen der organisierten Öffentlichkeit gegenüber anderen Interessen, wenn sie einmal ins Spiel gebracht wurden, noch an der völligen Gleichgültigkeit und Bedeutungslosigkeit, die sie unter den meisten Umständen Freundschaften oder Vereinigungen für Wissenschaft, Kunst und Religion beimißt. Wenn die Folgen einer Freundschaft die Öffentlichkeit bedrohen, dann wird sie wie eine Verschwörung behandelt; doch für gewöhnlich ist das keine Angelegenheit oder Sorge des Staates. Menschen gehen mit Selbstverständlichkeit Teilhaberschaften ein, sei es um eine Arbeit rentabler zu erledigen oder zu gemeinsamer Verteidigung. Man lasse ihre Operationen eine bestimmte Grenze überschreiten, und schon werden andere, die daran nicht teilhaben, ihre Sicherheit und Wohlfahrt durch sie bedroht finden, und plötzlich werden sich die Räder des Staates zu drehen beginnen. So geschieht es, daß der Staat, anstatt alles umfassend und verschlingend zu sein, unter manchen Umständen die müßigste und hohlste gesellschaftliche Einrichtung ist. Trotzdem wird die Versuchung, diese Fälle zu verallgemeinern und aus ihnen zu schließen, daß der Staat allgemein ohne Bedeutung ist, sogleich durch den Umstand in Frage gestellt, daß, wenn ein Familienverband, eine Kirche, eine Gewerkschaft, eine Geschäftsvereinigung oder ein Bildungsinstitut sich so verhalten, daß sie außer sich selbst auch viele andere beeinflussen, die so Beeinflußten eine Öffentlichkeit bilden, welche danach strebt, durch geeignete Strukturen zu handeln und sich derart zum Zwecke der Aufsicht und Regulierung zu organisieren.

Ich weiß kein besseres Mittel, die Absurdität der Forderungen, die manchmal im Namen der politisch organisierten Gesellschaft vorgetragen werden, begreiflich zu machen, als den Einfluß von Sokrates, Buddha, Jesus, Aristoteles, Konfuzius, Homer, Vergil, Dante, des Hl. Thomas, von Shakespeare, Kopernikus, Galileo, Newton, Boyle, Locke, Rousseau und unzähligen anderen auf das Gemeinschaftsleben in Erinnerung zu rufen und uns dann zu fragen, ob wir diese Männer als Beauftragte des Staates betrachten. Jede Methode, die den Rahmen des Staates so erweitert, daß sie zu einem solchen Schluß führt, macht den Staat bloß zu einem Namen für die Gesamtheit aller Arten von Assoziationen. Sobald wir das Wort derart lose gebrauchen, ist es zugleich notwendig, innerhalb seiner den Staat in seinem gewöhnlichen politischen und rechtlichen Sinn zu unterscheiden. Wenn man andererseits versucht ist, den Staat abzuschaffen oder zu mißachten, darf man an Perikles, Alexander, Julius und Augustus Caesar, Elizabeth, Cromwell, Richelieu, Napoleon, Bismarck und Hunderte andere Namen dieser Art denken. Man fühlt dunkel, daß sie ein Privatleben gehabt haben müssen, doch wie unbedeutend ist dessen Größe im Vergleich zu ihrem Handeln als Vertreter eines Staates!

Diese Vorstellung von Staatlichkeit schließt nicht den Glauben an die Richtigkeit oder Vernünftigkeit irgendeiner besonderen politischen Handlung, Maßnahme oder eines bestimmten Systems ein. Die Beobachtungen von Folgen unterliegen zumindest ebenso dem Irrtum und der Illusion wie die Wahrnehmung von Naturobjekten. Urteile darüber, was zu ihrer Regulierung zu unternehmen und wie das zu tun ist, sind so fehlbar wie andere Pläne auch. Fehler häufen sich und verfestigen sich in Gesetzen und Verwaltungsmethoden, welche schädlicher sind als die Folgen, zu deren Kontrolle sie ursprünglich vorgesehen waren. Und wie die politische Geschichte zeigt: Macht und Ansehen, welche mit der Verfügung über politische Positionen einhergehen, machen die Herrschaft zu etwas, das um ihrer selbst willen ergriffen und ausgebeutet wird. Die Macht zu regieren ist nach dem Zufall der Geburt oder dem Besitz von Eigenschaften verteilt, die eine Person zur Erlangung eines Amtes befähigen, jedoch ziemlich belanglos für die Ausübung seiner repräsentativen Funktionen sind. Die dringende Notwendigkeit, welche die Organisation einer Öffentlichkeit durch Regierende und Regierungsbehörden hervorruft, bleibt aber dennoch bestehen und bis zu einem gewissen Grad ist sie auch in politischen Tatsachen verkörpert. Ein solcher Fortschritt, wie ihn die politische Geschichte verzeichnet, hängt ab von dem strahlenden Hervortreten der Idee aus einer Masse von Belanglosigkeiten, die sie verdunkeln und verwirren. Dann findet eine Rekonstruktion statt, welche die Funktion mit Organen versieht, die besser zu ihrer Erfüllung taugen. Der Fortschritt verläuft nicht gleichmäßig und ohne Unterbrechung. Der Rückschritt erfolgt ebenso periodisch wie der Fortschritt. Zum Beispiel bringen Industrie und technologische Erfindungen Mittel hervor, welche die Formen assoziierten Verhaltens wandeln und die Quantität, den Charakter und den Einflußbereich ihrer indirekten Folgen radikal verändern.

Diese Wandlungen sind den politischen Formen nicht wesentlich zugehörig, die, wenn einmal eingeführt, auf sich selbst beharren. Die neuerschaffene Öffentlichkeit bleibt lange unfertig, unorganisiert, weil sie keine der geerbten politischen Behörden nutzen kann. Letztere, wenn sie entwickelt und fest institutionalisiert sind, verhindern die Organisation einer neuen Öffentlichkeit. Sie verhüten die Entwicklung neuer Staatsformen, welche schneller wachsen würden, wenn das gesellschaftliche Leben flüssiger und weniger in starre politische und juristische Schablonen gezwängt wäre. Um sich selbst zu formieren, muß die Öffentlichkeit mit den bestehenden politischen Formen brechen. Das ist schwer, denn diese Formen stellen selbst reguläre Mittel zur Einleitung von Veränderungen dar. Die Öffentlichkeit, welche die politischen Formen hervorbrachte, verschwindet, aber die Macht und die Besitzgier bleiben auf seiten der Beamten und Behörden, die von der sterbenden Öffentlichkeit eingesetzt wurden. Deshalb wird der Wandel der Staatsformen so oft nur durch Revolution bewirkt. Die Erschaffung einer entsprechend beweglichen und leicht reagierenden politischen und juristischen Maschinerie ist bislang jenseits des menschlichen Verstandes geblieben. Eine Epoche, in der die etablierten Staatsformen den Notwendigkeiten einer sich neu formierenden Öffentlichkeit entgegenarbeiten, ist eine Epoche, in welcher der Staat zunehmend verächtlich gemacht und mißachtet wird. Allgemeine Apathie, Vernachlässigung und Verweigerung finden ihren Ausdruck in der Zuflucht zu verschiedenen Abkürzungen in Form direkter Aktionen. Und direkte Aktionen werden noch von ganz anderen Interessengruppen unternommen, als nur von denen, welche „direkte Aktion" als ein Schlagwort gebrauchen, – oft höchst energisch von den Vertretern eingegrabener Klasseninteressen, die den größten Respekt für die festgesetzte „Ruhe und Ordnung" des bestehenden Staates bekunden. Ein Staat ist aber schon von Natur aus immer etwas, das geprüft, erforscht und nach dem gesucht werden muß. Beinahe sobald seine Form stabilisiert ist, muß er erneuert werden.

Das Problem der Entdeckung des Staates ist demzufolge kein Problem für Theoretiker, die allein mit der Prüfung bereits existierender Einrichtungen befaßt sind. Es ist das praktische Problem von Menschen, die in Verbindung miteinander leben, eines der Menschheit allgemein. Und es ist ein komplexes Problem. Es verlangt die Fähigkeit, die Folgen des Verhaltens von in Gruppen vereinten Individuen wahrzunehmen und anzuerkennen und sie auf ihre Quelle und ihren Ursprung zurückzuführen. Es schließt die Auswahl von Personen ein, die als Vertreter derjenigen Interessen dienen sollen, welche durch die wahrgenommenen Folgen erzeugt werden, und die Bestimmung der Funktionen, die sie innehaben und ausüben sollen. Es erfordert die Einsetzung einer Regierung, die so beschaffen ist, daß jene, die den Ruf und die Fähigkeiten haben, die zur Ausübung dieser Funktionen gehören, diese für die Öffentlichkeit einsetzen werden und nicht zu ihrem eigenen Vorteil. In Anbetracht dessen ist es kein Wunder, daß es so viele Staaten, nicht nur der Zahl, sondern auch dem Typ und der Art nach, gegeben hat. Denn es hat unzählige Formen vereinter Tätigkeit mit entsprechend verschiedenartigen Folgen gegeben. Das Vermögen, Folgen zu entdecken, hat sich besonders mit den jeweils zur Verfügung stehenden Erkenntnismitteln verändert. Regierende sind aus den verschiedensten Gründen ausgewählt worden. Ihre Funktionen haben sich geändert und auch ihr Wille und ihr Eifer, gemeinschaftliche Interessen zu vertreten. Nur die Zwänge einer starren Philosophie können uns zu der Annahme verleiten, daß es eine einzige Form oder Idee *des* Staates gibt, welche diese proteusgleichen historischen Staaten in verschiedenen Stufen von Vollkommenheit verwirklicht haben. Die einzige Feststellung, die getroffen werden kann, ist rein formal: Der Staat ist die Organisation der Öffentlichkeit, die durch Amtspersonen zum Schutz der von ihren Mitgliedern geteilten Interessen bewerkstelligt wird. Was aber die Öffentlichkeit sein kann, was die Amtspersonen sind, wie angemessen sie ihre Funktion ausüben, sind Dinge, zu deren Entdeckung wir uns an die Geschichte wenden müssen.

Trotzdem enthält unsere Auffassung ein Kriterium für die Bestimmung dessen, wie gut ein einzelner Staat ist, nämlich: den Grad an Organisation, den die Öffentlichkeit erreicht hat, und den Grad, in welchem die Amtspersonen so eingesetzt sind, daß sie ihre Funktion der Obhut über die öffentlichen Interessen ausüben. Es gibt aber keine *a priori* Regel, die aufgestellt werden kann und deren Befolgung dann einen guten Staat hervorbringen würde. In jedem Zeitalter und an jedem Ort ist die Öffentlichkeit eine andere. Die Bedingungen bewirken Unterschiede in den Folgen assoziierten Handelns und im Wissen über sie. Außerdem variieren die Mittel, mit denen eine Öffentlichkeit die Regierung veranlassen kann, ihren Interessen zu dienen. Nur formal können wir sagen, welcher der beste Staat wäre. Von den konkreten Tatsachen, von der wirklichen und konkreten Organisation und Struktur her gibt es keine Staatsform, von der behauptet werden kann, daß sie die beste ist: zumindest nicht bis die Geschichte zu Ende ist und man alle ihre mannigfaltigen Formen übersehen kann. Die Bildung von Staaten muß ein experimenteller Prozeß sein. Dieser Versuchsprozeß kann mit verschiedenen Graden von Blindheit und Zufall vonstatten gehen, und mit den Kosten ungeregelter Verfahren der Erprobung, des Umhertastens und Herumtappens, ohne Einsicht in das, worauf die Menschen hinauswollen, ohne klare Kenntnis dessen, was einen guten Staat ausmacht, selbst dann, wenn er erreicht ist. Oder er verläuft intelligenter, weil er von dem Wissen über die Bedingungen, die erfüllt sein müssen, geleitet wird. Aber auch dann ist er noch immer experimentell. Und weil die Bedingungen des Handelns und der Untersuchung und des Wissens immer wechseln, muß das Experiment immer wieder aufgenommen werden; der Staat muß immer wieder neu entdeckt werden. Daher, noch einmal: Außer der formalen Festlegung der zu erfüllenden Bedingungen haben wir keine Vorstellung davon, was die Geschichte noch bringen kann. Es ist nicht die Aufgabe von politischer Philosophie und Wissenschaft zu bestimmen, was der Staat im allgemeinen sein soll oder sein muß. Was sie tun können, ist die Schaffung solcher Methoden zu unterstützen, durch die das Experimentieren weniger blind, weniger von der Gnade des Zufalls abhängig, sondern intelligenter verlaufen kann, so daß die Menschen aus ihren Fehlern lernen und aus ihren Erfolgen Nutzen ziehen können. Der Glauben an politische Beständigkeit, an die Heiligkeit einer durch die Anstrengungen unserer Väter gesegneten und durch Tradition geweihten Staatsform ist einer der Stolpersteine auf dem Weg zu einem geregelten und gerichteten Wandel; er ist eine Einladung zu Revolte und Revolution.

Da die Erörterung hin und her ging, wird es der Klarheit dienen, ihre Schritte zusammenzufassen. Vereintes, kombiniertes, assoziiertes Handeln ist ein universelles Verhaltensmerkmal von Dingen. Solches Handeln hat Resultate. Einige der Resultate kollektiven menschlichen Handelns werden wahrgenommen, das heißt, sie werden auf solche Art und Weise bemerkt, daß ihnen Rechnung getragen wird. Dann entstehen daraus Zwecke, Pläne, Maßnahmen und Mittel zur Sicherstellung der Folgen, die als genehm, und zum Ausschluß jener, die als unangenehm empfunden werden. Auf diese Weise erzeugt die Wahrnehmung ein gemeinsames Interesse; das heißt, diejenigen, die von den Folgen betroffen werden, sind gezwungenermaßen mit dem Verhalten all jener beschäftigt, die zusammen mit ihnen selbst an der Herbeiführung der Resultate beteiligt sind. Manchmal sind die Folgen auf diejenigen begrenzt, die direkt an der Transaktion, welche sie hervorbringt, teilnehmen. In anderen Fällen gehen sie weit über die unmittelbar mit ihrer Hervorbringung Befaßten hinaus. Zwei Arten von Interessen und von Maßnahmen zur Regulierung der Handlungen werden also in Hinblick auf die Folgen erzeugt. Bei der ersten sind das Interesse und die Kontrolle auf die beschränkt, die direkt engagiert sind; bei der zweiten reichen sie bis zu denjenigen, die nicht direkt an der Ausübung der Handlungen teilnehmen. Wenn also das aus dem Betroffensein durch die fraglichen Handlungen gebildete Interesse eine praktische Wirkung haben soll, muß die Kontrolle der sie hervorbringenden Handlungen durch bestimmte indirekte Mittel erfolgen.

Bis hierher wurden, so darf behauptet werden, konkrete und feststellbare Tatsachen auseinandergesetzt. Nun folgt die Hypothese: Die indirekt und ernstlich – zum Guten oder zum Schlechten – Beeinflußten bilden eine Gruppe, die hinreichend unterschieden ist, um Anerkennung und einen Namen zu fordern. Der gewählte Name ist *die Öffentlichkeit*. Diese Öffentlichkeit wird von Repräsentanten organisiert und zur Wirkung gebracht, die als Hüter der Sitten, als Gesetzgeber, Angestellte, Richter usw. sich um ihre besonderen Interessen kümmern, – mit Methoden, die dazu bestimmt sind, die vereinigten Handlungen von Individuen und Gruppen zu regulieren. Dann und insofern verbindet die Assoziation sich mit einer politischen Organisation und etwas, das eine Regierung sein kann, entsteht: die Öffentlichkeit ist ein politischer Staat.

Die direkte Bestätigung der Hypothese findet sich in der Darlegung einer Reihe beobachtbarer und nachprüfbarer Tatsachen. Diese bilden Voraussetzungen, die ich für hinreichend halte, um die charakteristischen Erscheinungen des politischen Lebens oder des staatlichen Handelns zu erklären. Wenn sie dies tun, dann ist die Suche nach anderen Erklärungen überflüssig. Zum Schluß sollten zwei Einschränkungen hinzugefügt werden. Die soeben gegebene Erklärung soll eine generische sein; sie ist folglich schematisch und läßt viele besondere Voraussetzungen aus, von denen einige in den folgenden Kapiteln Beachtung finden. Die andere betrifft den negativen Teil der Argumentation. Der Angriff auf die Theorien, welche den Staat durch spezielle kausale Kräfte und Einrichtungen erklären würden, bedeutet nicht die Leugnung von kausalen Beziehungen oder Verbindungen unter den Phänomenen selbst. Das wird an jedem Punkt deutlich vorausgesetzt. Ohne Kausalnexus gibt es keine Folgen und Maßnahmen zur Regulierung der Art und Weise und der Qualität ihres Eintretens. Was verneint wird, ist die Berufung auf *spezielle* Kräfte, die außerhalb der Reihe der beobachtbaren zusammenhängenden Phänomene stehen. Solche Kausalmächte unterscheiden sich in ihrer Art nicht von den okkulten Kräften, von denen die physikalische Wissenschaft sich einst emanzipieren mußte. Im günstigsten Falle sind sie bloß Phasen der miteinander verbundenen Phänomene selbst, die dann für die Erklärung der Tatsachen verwendet werden. Für die Anleitung und Durchführung fruchtbarer sozialer Untersuchungen bedarf es einer

Methode, die auf der Grundlage der Wechselbeziehungen beobachtbarer Handlungen und deren Resultate vorgeht. Das ist der Kern der Methode, der zu folgen wir vorschlagen.

2. Die Entdeckung des Staates

Wenn wir an der falschen Stelle nach der Öffentlichkeit suchen, werden wir den Platz des Staates niemals bestimmen. Wenn wir nicht nach den Bedingungen fragen, welche die Organisation der Öffentlichkeit in eine gesellschaftliche Gruppe mit festgelegten Funktionen befördern oder behindern, werden wir das in der Entwicklung und Transformation von Staaten liegende Problem nie begreifen. Wenn wir nicht erkennen, daß diese Organisation nichts anderes bedeutet als die Ausstattung der Öffentlichkeit mit offiziellen Vertretern, die für die Interessen der Öffentlichkeit Sorge tragen, fehlt uns der Schlüssel zum Wesen der Regierung. Dies sind die Schlußfolgerungen, zu denen wir durch die Diskussion in der ersten Lektion gelangt oder zumindest angeregt worden sind. Die falsche Stelle liegt, wie wir sahen, im Reich angeblicher kausaler Wirksamkeit, der Urheberschaft, der Kräfte, die einen Staat durch eine innere *vis genetrix* hervorbringen sollen. Die Erschaffung des Staates ist nicht das direkte Resultat organischer Berührungen, wie die Empfängnis des Nachwuchses im Mutterleib, er wird auch nicht aus bewußter Absicht heraus erzeugt – wie eine Maschine erfunden wird –, noch durch einen brütenden innewohnenden Geist, sei es nun eine persönliche Gottheit oder ein metaphysischer absoluter Wille. Wenn wir nach dem Ursprung von Staaten in Quellen wie diesen suchen, zwingt uns eine realistische Betrachtung der Tatsachen schließlich zu der Einsicht, daß wir nichts außer einzelnen Personen finden, dich, sie und mich. Wir werden uns dann zu dem Schluß gedrängt sehen, sofern wir nicht im Mystizismus Zuflucht finden, daß die Öffentlichkeit in einem Mythos geboren und von Aberglauben erhalten wird.

Es gibt viele Antworten auf die Frage: Was ist die Öffentlichkeit? Unglücklicherweise sind viele unter ihnen nur Neuformulierungen der Frage. So wird uns gesagt, daß die Öffentlichkeit die Gemeinschaft als Ganzes ist, und eine Gemeinschaft-als-Ganzes hält man dann für ein selbstevidentes und sich selbst erklärendes Phänomen. Zu einer Gemeinschaft als *Ganzes* gehören aber nicht bloß mannigfaltige assoziative Bindungen, die Menschen auf verschiedene Weisen zusammenhalten, sondern eine Organisation aller ihrer Elemente durch ein einheitliches Prinzip. Und genau das ist es, wonach wir suchen. Warum sollte es etwas Derartiges wie eine alles einschließende und regulierende Einheit geben? Wenn wir so etwas voraussetzen, wäre die einzige Einrichtung, die dem entsprechen würde, sicher die Menschheit, nicht jene Angelegenheiten, welche die Geschichte als Staaten zeigt. Die Vorstellung einer der assoziativen Kraft innewohnenden Universalität zerbricht sofort an der augenfälligen Tatsache einer Pluralität von Staaten, von denen jeder seinen Ort besitzt, sein Gebiet, seine Begrenzungen, seine Gleichgültigkeit und sogar seine Feindschaft gegen andere Staaten. Das Beste, was metaphysische monistische Philosophien mit dieser Tatsache anfangen können, ist sie zu ignorieren. Oder, wie im Falle Hegels und seiner Nachfolger, die Konstruktion einer mythischen Geschichtsphilosophie, um die Lükken der mythischen Staatsdoktrin zu füllen. Der universelle Geist bemächtigt sich einer zeitlich und örtlich begrenzten Nation nach der anderen als eines Vehikels seiner Objektivierung von Vernunft und Willen.

Erwägungen wie diese bekräftigen unsere Behauptung, daß die Wahrnehmung von Folgen, welche wesentlich über die direkt mit ihnen befaßten Personen und Assoziationen hinauswirken, die Quelle einer Öffentlichkeit ist; und daß ihre Organisation zu einem Staat durch die Errichtung spezieller Behörden zur Beaufsichtigung und Regulierung dieser Folgen bewirkt wird. Sie legen aber auch nahe, daß wirkliche Staaten Eigenarten aufweisen, welche die behauptete Funktion ausüben und auch als Kennzeichen von allem dienen, was als ein Staat zu bezeichnen ist. Die Erörterung dieser Eigenarten wird das Wesen der Öffentlichkeit und das Problem seiner politischen Organisation bestimmen und auch der Prüfung unserer Theorie dienen.

Als ein Merkmal und Zeichen für die Natur eines Staates können wir kaum ein besseres Charakteristikum auswählen als einen der soeben erwähnten Punkte – die zeitliche und geographische Eingrenzung. Es gibt Assoziationen, die von ihrem Umfang her zu eng und beschränkt sind, um eine Öffentlichkeit hevorzubringen, genau wie es Assoziationen gibt, die zu sehr voneinander isoliert sind, um zu derselben Öffentlichkeit zu gehören. Ein Teil des Problems der Entdeckung einer Öffentlichkeit, die zu staatlicher Organisation fähig ist, besteht darin, eine Linie zwischen dem zu Nahen und Intimen und dem zu Entfernten und Unverbundenen zu ziehen. Unmittelbare Nähe, Beziehungen von Angesicht zu Angesicht haben Folgen, die eine Gemeinschaft der Interessen erzeugen, ein Teilen von Werten, die zu direkt und lebensnotwendig sind, um das Bedürfnis nach politischer Organisation zu bewirken. Die Verbindungen innerhalb einer Familie sind vertraulich; sie sind Angelegenheiten unmittelbarer Bekanntschaft und Anteilnahme. Die sogenannten Blutsbande, welche eine so bedeutende Rolle in der Abgrenzung sozialer Einheiten gespielt haben, werden größtenteils auf der Grundlage unmittelbarer Teilhabe an den Ergebnissen vereinten Verhaltens zugeschrieben. Was man im Haushalt tut, beeinflußt andere direkt und die Folgen werden sofort und auf eine intime Weise wahrgenommen. Wie wir sagen, sie „fallen auf uns zurück". Eine besondere Organisation, um für sie Sorge zu tragen, ist hier überflüssig. Erst wenn das Band sich zu einer Vereinigung von Familien zu einem Clan und von Clans zu einem Stamm erweitert hat, werden die Folgen so indirekt, daß besondere Maßregeln notwendig werden. Die Nachbarschaft ist im großen und ganzen nach dem gleichen Assoziationsmuster angelegt wie jenes, welches in der Familie zum Ausdruck kommt. Bräuche und Maßnahmen, die jeweils zur Bewältigung besonderer Notfälle improvisiert werden, wenn diese auftreten, reichen für ihre Regulierung aus.

Man betrachte das Dorf in Wiltshire, das von Hudson so vortrefflich beschrieben wurde: „Jedes Haus hatte seinen eigenen Mittelpunkt menschlichen Lebens, zusammen mit dem Leben von Vogel und Vieh, und diese Zentren standen miteinander in Verbindung, sie hingen zusammen wie eine Reihe von Kindern, die einander an den Händen halten; alle zusammen bildeten einen Organismus, sie waren von einem Leben erfüllt, bewegt von einem Geist, wie eine buntschillernde Schlange, die voll ausgestreckt auf der Erde ruht. Ich stellte mir vor, wie ein Hüttenbewohner an einem Ende des Dorfes sich beim Zerhacken eines Stückes harten Holzes oder eines Stumpen aus Versehen seine schwere, scharfe Axt auf den Fuß fallen läßt und sich dabei eine tief schmerzende Wunde zufügt. Die Nachricht von dem Unglück würde von Mund zu Mund zum entgegengesetzten, eine Meile entfernt liegenden Ende des Dorfes getragen werden; jeder Dorfbewohner würde nicht nur schnell davon erfahren, er hätte auch ein lebhaftes geistiges Bild von seinem Dorfgenossen im Augenblick des Mißgeschickes, – wie die scharf glänzende Axt auf seinen Fuß fällt, das rote Blut aus der Wunde strömt; und im selben Augenblick würde er die Wunde auch in seinem eigenen Fuß spüren und den Schock. Auf ähnliche Weise würden alle Gedanken und Gefühle frei von einem zum anderen weitergegeben, obgleich sie nicht notwendig durch Sprache mitgeteilt werden brauchten, und alle würden teilhaben durch jenes Mitgefühl und jene Solidarität, welche die Mitglieder der kleinen abgeschiedenen Gemeinschaft vereint. Keiner wäre einer Emotion oder eines Gedanken fähig, die den anderen fremd erschiene. Das Temperament, die Stimmung, die Anschauungen der einzelnen Menschen und des Dorfes wären dieselben."[3] Angesichts solcher Intimität ist der Staat eine Unverschämtheit.

Für große Epochen der menschlichen Geschichte, besonders im Orient, ist der Staat kaum mehr als ein Schatten, der von entfernten Standespersonen auf Familie und Nachbarschaft geworfen und durch religiösen Glauben zu riesenhafter Gestalt aufgebläht wird. Er regiert, aber er reguliert nicht; denn seine Herrschaft beschränkt sich auf das Empfangen von Tribut und zeremonielle Unterwerfung. Die Pflichten bleiben in der Familie; das Eigentum ist Besitz der Familie. Persönliche Loyalitäten gegenüber den Alten treten an die Stelle politischen Gehorsams. Die Beziehungen zwischen Ehemann und Ehefrau, Eltern und Kindern, älteren und jüngeren Kindern und unter Freunden sind die Bande, aus denen Autorität entsteht. Politik ist kein Zweig der Moral; sie ist in Moral getaucht. Alle Tugenden sind in kindlicher Liebe zusammengefaßt. Vergehen werden geahndet, weil sie auf die eigenen Vorfahren und Verwandten zurückfallen. Amtspersonen sind bekannt, aber nur um gemieden zu werden. Ihnen einen Streitfall zu unterbreiten, gilt als Schande. Das Wertmaß des entfernten und theokratischen Staates liegt in dem, was er *nicht* tut. Seine Vollendung findet er in seiner Identifikation mit den Naturprozessen, infolge derer die Jahreszeiten ihre unveränderlichen Kreise

3 W. H. Hudson, *A Traveller in Little Things*, New York, E. P. Dutton and Co., 1921, S. 110-112.

ziehen, so daß die Felder unter der wohltätigen Herrschaft von Sonne und Regen ihre Ernte geben und die Nachbarschaft in Frieden gedeiht. Die intime und vertrauliche Verwandtschaftsgruppe ist keine soziale Einheit innerhalb eines umfassenden Ganzen. Sie ist, für nahezu alle Zwecke, die Gesellschaft selbst.

Das andere Extrem bilden gesellschaftliche Gruppen, die durch Flüsse, Seen und Berge, durch fremde Sprachen und Götter so sehr voneinander getrennt sind, daß, was die eine tut – außer im Krieg – keine merklichen Folgen für die andere hat. Hier gibt es kein gemeinsames Interesse, keine Öffentlichkeit und weder eine Notwendigkeit noch eine Möglichkeit für einen inklusiven Staat. Die Pluralität der Staaten ist solch ein universelles und offenkundiges Phänomen, daß sie für selbstverständlich gehalten wird. Sie scheint keiner Erklärung zu bedürfen. Sie stellt jedoch, wie wir bemerkt haben, einen Test dar, den zu bestehen einigen Theorien Schwierigkeiten bereitet. Die Schwierigkeiten sind unüberwindbar, es sei denn, der allgemeine Wille und die allgemeine Vernunft, welche angeblich das Fundament des Staates sein sollen, werden auf groteske Weise beschränkt. Es ist, gelinde gesagt, sonderbar, daß die universelle Vernunft nicht in der Lage sein soll, eine Gebirgskette zu überqueren und der objektive Wille von einem Fluß aufgehalten werden soll. Für viele andere Theorien ist die Schwierigkeit nicht so groß. Aber nur die Theorie, welche die Erkenntnis von Folgen zum entscheidenden Faktor erhebt, kann in der Tatsache der Staatenvielheit ein sie bestätigendes Merkmal finden. Was immer eine Barriere für die Ausbreitung der Folgen assoziierten Verhaltens bildet, allein durch diese Tatsache bewirkt es die Errichtung politischer Grenzen. Diese Erklärung ist ein ebensolcher Gemeinplatz wie der zu erklärende Sachverhalt.

Irgendwo zwischen den Assoziationen, die eng, nah und intim sind, und solchen, die so weit voneinander entfernt sind, daß sie nur selten und unregelmäßig miteinander in Berührung kommen, liegt dann das Gebiet des Staates. Wir finden hier keine scharfen und festen Abgrenzungen und sollten dies auch nicht erwarten. Dörfer und Nachbarschaften gehen unmerklich in eine politische Öffentlichkeit über. Verschiedene Staaten können durch Föderationen und Allianzen in ein größeres Ganzes eingehen, welches einige der Zeichen von Staatlichkeit trägt. Diese Bedingung, die wir auf Grund der Theorie erwarten sollten, wird von historischen Tatsachen bestätigt. Die unstete und sich verschiebende Unterscheidungslinie zwischen einem Staat und anderen Formen sozialen Zusammenschlusses ist, noch einmal, ein Hindernis für Staatstheorien, die als ihr konkretes Gegenstück etwas so scharf Konturiertes wie den Begriff selbst unterstellen. Auf Grund der empirischen Folgen soll genau diese Unbestimmtheit eintreten. Es gibt auf Eroberung beruhende Imperien, wo die Herrschaft bloß in der erzwungenen Erhebung von Steuern und der Aushebung von Soldaten existiert, und in denen, obgleich das Wort „Staat“ gebräuchlich sein kann, die charakteristischen Zeichen einer Öffentlichkeit sich nur durch ihr Fehlen bemerkbar machen. Es gibt politische Gemeinschaften wie die Stadtstaaten des alten Griechenland, in denen die Fiktion gemeinsamer Abstammung ein lebensspendender Faktor ist, in welchen Hausgötter und häuslicher Gottesdienst durch Gottheiten, Altäre und Kulte der Gemeinschaft ersetzt sind: Staaten, in denen viel von der Intimität des lebendigen und direkten Umgangs der Familie bewahrt ist, während ihnen die transformierende Inspiration eines abwechslungsreichen, freieren und volleren Lebens hinzugefügt wurde, dessen Angelegenheiten so bedeutend sind, daß im Vergleich mit ihnen das Leben der Nachbarschaft eng und das des Haushaltes stumpfsinnig ist.

Die Vielfältigkeit und die beständige Wandlung in den Formen, die der Staat annimmt, ist mit der vorgeschlagenen Hypothese ebenso verständlich wie die zahlenmäßige Verschiedenheit unabhängiger Staaten. Die Folgen vereinten Verhaltens unterscheiden sich der Art und der Ausdehnung nach mit den Veränderungen in der „materiellen Kultur“, besonders jene, die mit dem Austausch von Rohstoffen, Endprodukten und vor allem mit der Technologie, mit Werkzeugen, Waffen und Gerätschaften zusammenhängen. Diese wiederum werden unmittelbar durch Erfindungen von Mitteln des Transits, des Transportes und der wechselseitigen Kommunikation beeinflußt. Ein Volk, das vom Hüten von Schafen und Rindern lebt, paßt sich anderen Bedingungen an als ein Volk, das zu Pferde frei umherzieht. Die eine Form des Nomadismus ist gewöhnlich friedlich, die andere kriegerisch. Grob gesagt, Werkzeuge und Geräte bestimmen die Berufe, und die Berufe bestimmen die Folgen assoziierter Tätigkeit. Indem sie die Folgen determinieren, stiften sie Öffentlichkeiten mit verschiedenen Interessen, die verschiedene Typen politischen Verhaltens zu ihrer Obhut verlangen.

Trotz der Tatsache, daß eher die Verschiedenheit der politischen Formen denn ihre Gleichförmigkeit die Regel ist, hält sich in der politischen Philosophie und Wissenschaft der Glauben an den Staat als eine archetypische Wesenheit. Viel dialektische Erfindungskraft ist verausgabt worden für die Konstruktion eines Wesens oder einer inneren Natur, auf Grund derer jede einzelne Assoziation für sich in Anspruch nehmen kann, daß der Begriff der Staatlichkeit auf sie angewendet wird. Ebensoviel Erfindungskraft ist aufgewendet worden, um alle Abweichungen von diesem morphologischen Typus wegzuerklären und (ein bevorzugter Kunstgriff) die Staaten in einer hierarchischen Wertordnung aufzustellen, abhängig davon, inwieweit sie an das bestimmende Wesen heranreichen. Die Idee eines vorbildlichen Musters, das einen Staat zu einem *guten* oder einem wahren Staat macht, hat sowohl die Praxis als auch die Theorie beeinflußt. Mehr als alles andere ist sie für den Versuch verantwortlich, Verfassungen aus dem Stegreif zu bilden und sie den Menschen fertig aufzuerlegen. Nachdem die Falschheit dieser Ansicht erkannt worden war, wurde sie zu allem Unglück durch die Idee ersetzt, daß Staaten „wachsen“ oder sich entwickeln, statt geschaffen zu werden. Dieses „Wachstum“ bedeutete nicht einfach, daß Staaten sich ändern. Wachstum bezeichnete eine Evolution über reguläre Stufen hin zu einem vorbestimmten Ziel, die auf Grund eines inneren Strebens oder Prinzips erfolgt. Diese Theorie verhinderte die Hinwendung zu der einzigen Methode, mit der die Erneuerung politischer Formen gelenkt werden kann, nämlich dem Einsatz von Intelligenz zur Beurteilung von Folgen. Genau wie die Theorie, welche sie verdrängte, setzte sie die Existenz eines einzigen Standards voraus, nach dem *der* Staat als der wesentliche und wahre Artikel definiert wird. Nach einer falschen Analogie mit der physikalischen Wissenschaft wurde erklärt, daß nur die Annahme einer solchen Einheitlichkeit in der Methode eine „wissenschaftliche“ Behandlung der Gesellschaft ermöglicht. Nebenher schmeichelte die Theorie auch der Eitelkeit jener Nationen, welche, da sie politisch „fortgeschrittene“ waren, annahmen, daß sie dem Gipfel der Evolution nahe genug wären, um die Krone der Staatlichkeit tragen zu können.

Die vorgestellte Hypothese ermöglicht dagegen eine durchgehende empirische oder *historische* Behandlung der Wandlungen in den politischen Formen und Verhältnissen, frei von jeder erdrückenden begrifflichen Vorherrschaft, wie sie unvermeidlich ist, wenn ein „wahrer" Staat postuliert wird, gleich, ob dieser als ein bewußt erzeugter oder als ein nach eigenem inneren Gesetz sich entwickelnder gedacht wird. Die Einwirkungen nicht-politischer innerer Vorgänge – industrieller und technologischer – und äußerer Ereignisse – Kreditgeschäfte, Reisen, Migrationen, Erkundungen, Kriege – modifizieren die Folgen der bereits existierenden Assoziationen in einem solchen Grad, daß neue Behörden und Funktionen notwendig werden. Politische Formen unterliegen aber auch Veränderungen einer indirekteren Art. Die Entwicklung besserer Denkmethoden führt zu Beobachtungen von Folgen, welche bis dahin dem mit gröberen intellektuellen Werkzeugen gerüsteten Blick verborgen blieben. Auch eine beschleunigte intellektuelle Wahrnehmung ermöglicht die Erfindung neuer politischer Einrichtungen. Die Wissenschaft hat bisher nicht wirklich eine große Rolle gespielt. Aber die Intuitionen von Staatsmännern und politischen Theoretikern sind hin und wieder so in das Wirken gesellschaftlicher Kräfte eingedrungen, daß Gesetzgebung und Verwaltung eine neue Wendung erfuhren. Genau wie der organische Körper besitzt auch der Staatskörper einen Toleranzspielraum. Maßregeln, die in keiner Beziehung unvermeidlich sind, werden, nachdem sie einmal ergriffen wurden, mit ihm in Übereinstimmung gebracht; und dadurch wird die Verschiedenheit der politischen Sitten weiter vermehrt.

Kurz, die Hypothese, der zufolge Öffentlichkeiten durch die Erkenntnis weitreichender und dauerhafter indirekter Handlungsfolgen konstituiert werden, erklärt die Relativität der Staaten, während die Theorien, welche sie in Begriffen spezifischer kausaler Urheberschaft definieren, eine Absolutheit unterstellen, der die Tatsachen widersprechen. Der Versuch, durch die „komparative Methode" Strukturen zu finden, welche den antiken und den modernen, den okzidentalen und den orientalischen Staaten gemeinsam sind, hat eine große Verschwendung von Fleiß zur Folge gehabt. Die einzige Konstante ist die Funktion des Schutzes und der Regulierung von Interessen, welche als Ergebnis der komplexen indirekten Ausbreitung und Ausstrahlung vereinten Verhaltens entstehen.

Wir schließen also, daß zeitliche und lokale Mannigfaltigkeit ein Hauptmerkmal politischer Organisation ist, und eines, dessen Analyse einen Prüfstein zur Bestätigung unserer Theorie bereitstellt. Ein zweites Merkmal und Zeichen findet sich in der sonst unerklärlichen Tatsache, daß das quantitative Ausmaß der Resultate vereinten Verhaltens eine Öffentlichkeit mit dem Bedürfnis nach Organisation erzeugt. Wie wir bereits bemerkten: Was heute Verbrechen sind, die der öffentlichen Untersuchung und Rechtsprechung unterliegen, waren einst private Ausbrüche mit einem Status, den heute eine persönliche Beleidigung besitzt. Eine interessante Phase des Übergangs vom verhältnismäßig Privaten zum Öffentlichen, zumindest von einer beschränkten Öffentlichkeit zu einer größeren, wird in der Entwicklung des englischen Landfriedens gesehen. Bis zum zwölften Jahrhundert wurde das Recht in der Hauptsache von Feudalen und Grafschaftsgerichten, von den Gerichten der Hundert usw. verwaltet. Jeder Lord, der eine hinreichende Anzahl von Untertanen und Einwohnern hatte, entschied Streitfälle und sprach Strafen aus. Das Gericht und das Recht des Königs waren nur eines unter vielen, und sie waren vorwiegend mit den königlichen Pächtern, Bediensteten, Besitztümern und Würdenträgern befaßt. Die Monarchen wünschten jedoch, ihre Einkünfte zu erhöhen und ihre Macht und ihr Prestige auszuweiten. So ersann man verschiedenste Kunstgriffe und errichtete einige Fiktionen, durch welche die Rechtssprechung der königlichen Gerichte ausgedehnt wurde. Die Methode bestand darin zu erklären, daß verschiedene Vergehen, mit denen sich vormals die örtlichen Gerichte befaßten, Verletzungen des Landfriedens waren. Die Zentralisierungsbewegung setzte sich fort, bis das Gericht des Königs ein Monopol besaß. Das Beispiel ist bezeichnend. Eine Maßnahme, die von dem Verlangen nach mehr Macht und Gewinn für die königliche Herrscherfamilie angestiftet worden war, wurde durch bloße Ausweitung zu einer unpersönlichen öffentlichen Funktion. Gleiches hat sich wiederholt ereignet, wenn persönliche Vorrechte zu normalen politischen Verfahren wurden. Etwas Derartiges zeigt sich auch im heutigen Leben, wenn verschiedenste Privatangelegenheiten auf Grund quantitativer Ausweitung „vom öffentlichen Interesse affiziert" werden.

Einen umgekehrten Fall stellt der Übergang von der öffentlichen zur privaten Sphäre religiöser Riten und Glaubensbekenntnisse dar. Solange die Mentalität vorherrschte, daß die Folgen von Frömmigkeit und Unglaube die gesamte Gemeinschaft beeinflußten, war Religion notwendigerweise eine öffentliche Angelegenheit. Das gewissenhafte Festhalten am überlieferten Kult besaß höchste politische Bedeutung. Die Götter waren die Stammesvorfahren oder die Gründer der Gemeinschaft. Sie bürgten für das Gedeihen der Gemeinschaft, wenn sie ordnungsgemäß anerkannt wurden, und sie waren die Urheber von Hungersnot, Pestilenz und Kriegsniederlagen, wenn ihre Interessen nicht mit Eifer beachtet wurden. Als religiöse Handlungen solche weitreichenden Folgen hatten, waren die Tempel naturgemäß öffentliche Gebäude, wie die Agora und das Forum; die Riten besaßen zivile Funktionen und die Priester waren öffentliche Amtspersonen. Noch lange nach dem Verschwinden der Theokratie stellte die Theurgie eine politische Institution dar. Selbst als der Unglauben sich ausbreitete, riskierten es nur wenige, die Zeremonien zu vernachlässigen.

Die Revolution, durch die Frömmigkeit und Gottesdienst in die Privatsphäre verbannt wurden, wird oft dem Aufkommen des persönlichen Gewissens und dem Geltendmachen seiner Rechte zugeschrieben. Aber dieses Aufkommen ist gerade das, was erklärt werden muß. Die Annahme, daß es schon immer in einem unterdrückten Zustand vorhanden war und sich nun endlich zu zeigen wagte, stellt die Reihenfolge der Ereignisse auf den Kopf. Gesellschaftliche Veränderungen, sowohl intellektuelle als auch solche in der inneren Beschaffenheit und in den äußeren Beziehungen der Menschen, vollzogen sich dergestalt, daß die Menschen ihre Haltung der Verehrung oder der Geringschätzung gegenüber den Göttern nicht mehr mit dem Wohl und Wehe der Gemeinschaft verbanden. Glaube und Unglaube hatten noch immer ernste Folgen, aber man meinte nun, daß sie auf das zeitliche und das ewige Glück der direkt betroffenen Personen beschränkt sind. Setzt man die andere Überzeugung voraus, so sind Verfolgung und Intoleranz genauso gerechtfertigt wie organisierte Feindschaft gegen irgendein anderes Verbrechen; Gottlosigkeit erscheint dann als die gefährlichste aller Bedrohungen der öffentlichen Sicherheit und Wohlfahrt. Aber gesellschaftliche Veränderungen brachten allmählich als eine der neuen Funktionen des Gemeinschaftslebens die Rechte des privaten Gewissens und Glaubens hervor.

Im allgemeinen hat sich das Verhalten in intellektuellen Dingen von der öffentlichen zur privaten Sphäre bewegt. Dieser radikale Wandel wurde natürlich auf der Grundlage innerer und geheiligter privater Rechte betrieben und gerechtfertigt. Aber wie auch im speziellen Fall der religiösen Glaubensbekenntnisse ist es seltsam, diesen Grund einmal angenommen, daß die Menschheit so lange in völliger Unkenntnis der Existenz dieses Rechtes gelebt haben soll. Die Idee von einem rein privaten Bereich des Bewußtseins, wo, was immer dort vor sich geht, keine äußeren Folgen hat, war in Wirklichkeit zuerst das Produkt eines – politischen und geistlichen – institutionellen Wandels, obgleich sie, wie andere Glaubensbekenntnisse, nachdem sie einmal eingeführt war, auch politische Folgen zeitigte. Die Beobachtung, daß den Interessen der Gemeinschaft besser gedient ist, wenn bei der Bildung intellektueller Schlußfolgerungen ein hohes Maß an persönlichem Urteil und persönlicher Wahl zugelassen wird, ist eine Beobachtung, die schwerlich gemacht werden konnte, bevor soziale Mobilität und Heterogenität in Technologie und Industrie Anstoß und Erfindung herbeiführten, und bevor die eher weltlichen Geschäfte zu bedrohlichen Rivalen von Kirche und Staat wurden. Aber selbst heute ist Toleranz in Fragen von Urteil und Glauben eine weitestgehend negative Sache. Wir sind einverstanden, daß wir einander in Ruhe lassen (in bestimmten Grenzen), aber mehr auf Grund des Einsehens der bösen Folgen, die sich aus der entgegengesetzten Verfahrensweise ergaben, denn aus irgendeiner tiefergehenden Überzeugung in die positive gesellschaftliche Wirkung der Toleranz. Solange diese letzte Folge nicht allgemein verstanden ist, wird das sogenannte natürliche Recht auf eigene Meinung eine einigermaßen prekäre Rationalisierung des bescheidenen Maßes an Toleranz bleiben, das sich bisher durchgesetzt hat. Solche Erscheinungen wie der Ku-Klux-Klan und gesetzgeberische Aktivitäten zur Regulierung der Wissenschaft zeigen, daß der Glaube an die Freiheit des Denkens immer noch oberflächlich ist.

Wenn ich eine Verabredung mit dem Zahnarzt oder einem allgemeinen Arzt treffe, ist das in erster Linie eine Transaktion zwischen uns. Es ist meine Gesundheit, um die es geht, und seine Brieftasche, seine Fähigkeit und Reputation. Aber die Ausübung der Berufe hat so weitreichende Folgen, daß die Prüfung und Lizensierung der sie praktizierenden Personen eine öffentliche Angelegenheit wird. John Smith kauft oder verkauft Grundeigentum. Die Transaktion wird von ihm und einer anderen Person vollzogen. Grund und Boden sind jedoch für die Gesellschaft von höchster Bedeutung und die private Transaktion ist durch Rechtsvorschriften eingeengt; ein Nachweis für die Übertragung und das Besitzrecht muß mit einem öffentlichen Angestellten in öffentlich vorgeschriebenen Formen registriert werden. Die Wahl eines Gatten oder einer Gattin und der Akt der sexuellen Vereinigung sind zutiefst persönlich. Aber der Akt ist die Bedingung für das Gebären des Nachwuchses, der das Mittel zum Fortbestehen der Gemeinschaft ist. Das öffentliche Interesse ist in Formalitäten niedergelegt, die für die Legalisierung einer ehelichen Verbindung und ihre rechtsgültige Lösung notwendig sind. Mit einem Wort, die Folgen beeinflussen eine große Anzahl von Menschen über die unmittelbar mit der Transaktion Befaßten hinaus. Es wird oft angenommen, daß in einem sozialistischen Staat das Schließen und Lösen von Ehen aufhören würde, eine offentliche Form zu besitzen. Das ist möglich. Es ist aber auch möglich, daß ein solcher Staat den Folgen der Vereinigung von Mann und Frau sogar noch größere Aufmerksamkeit als die gegenwärtige Gemeinschaft schenkt, nicht nur wegen der Kinder, sondern auch wegen seiner eigenen Wohlfahrt und Stabilität. In diesem Fall würden bestimmte Vorschriften gelockert, dafür könnten aber strenge Regeln hinsichtlich der Gesundheit, der wirtschaftlichen Stellung und der psychologischen Verträglichkeit als Vorbedingungen der Ehe festgelegt werden.

Niemand kann alle Folgen der von ihm begangenen Handlungen berücksichtigen. In der Regel ist er dazu gezwungen, seine Aufmerksamkeit und Voraussicht auf Dinge zu beschränken, die, wie es heißt, ausschließlich seine eigene Sache sind. Jeder, der in bezug auf das Ergebnis dessen, was er vorhat, zu weit hinausschaut, würde, wenn es keine Regeln gäbe, sich bald in einem hoffnungslos komplizierten Wirrwar von Überlegungen verlieren. Auch der Mensch mit dem weitesten Horizont muß irgendwo eine Grenze ziehen, und er muß sie zwangsläufig bei all dem ziehen, was die ihm selbst am engsten Verbundenen betrifft. Im Falle des Fehlens einer objektiven Regelung sind die Auswirkungen auf sie das einzige, dessen er sich in einem vernüftigen Maß sicher sein kann. Vieles von dem, was Selbstsucht genannt wird, ist nur die Folge begrenzter Beobachtung und Vorstellungskraft. Wenn daher die Folgen eine große Zahl von Menschen betreffen, eine Menge, die so mittelbar einbezogen ist, daß ein Mensch nicht ohne weiteres voraussagen kann, wie sie betroffen sein werden, dann bildet diese Menge eine Öffentlichkeit, die interveniert. Es geht nicht allein darum, daß die vereinigten Beobachtungen einer Menge mehr erfassen als die einer einzelnen Person. Eher darum, daß die Öffentlichkeit selbst, indem sie nicht in der Lage ist, alle Folgen vorherzusagen und abzuschätzen, bestimmte Dämme und Kanäle errichtet, damit die Handlungen innerhalb der vorgeschriebenen Grenzen bleiben und insofern mäßig voraussagbare Folgen tragen.

Die Vorschriften und Gesetze des Staates werden deshalb mißverstanden, wenn sie als Befehle betrachtet werden. Die „Kommando"-Theorie des geschriebenen Rechtes und des Gewohnheitsrechtes ist in Wirklichkeit eine dialektische Folge der oben kritisierten Theorien, welche den Staat in Begriffen einer vorangehenden Verursachung definieren, speziell jener Theorie, welche den „Willen" für die kausale Kraft hält, die den Staat erzeugt. Wenn der Wille die Quelle des Staates ist, dann drückt das staatliche Handeln sich selbst in Verfügungen und Verboten aus, die durch seinen Willen dem Willen der Untertanen auferlegt werden. Früher oder später erhebt sich jedoch die Frage nach der Rechtfertigung des Befehle erteilenden Willens. Warum sollte der Wille der Regierenden mehr Autorität als der anderer besitzen? Warum sollten sich die letzteren fügen? Daraus folgt logischerweise, daß der Grund für den Gehorsam letzten Endes in der überlegenen Kraft liegt. Aber dieser Schluß ist eine klare Einladung zur Kraftprobe, um zu sehen, wo die überlegene Kraft liegt. Damit ist die Idee der Autorität in Wirklichkeit aufgegeben und ersetzt worden durch die der Gewalt. Der nächste dialektische Schluß lautet, daß der fragliche Wille etwas weit über jedem privaten Willen oder jeder Versammlung solcher Willen Stehendes ist: ein alles beherrschender „allgemeiner Wille". Dieser Schluß ist von Rousseau gezogen und unter dem Einfluß deutscher Metaphysiker zu dem Dogma eines mystischen und transzendenten absoluten Willens erhoben worden, der wiederum nicht bloß ein anderer Name für Macht war, denn er wurde mit der absoluten Vernunft identifiziert. Die Alternative zu der einen oder der anderen dieser Folgerungen ist, auf die Theorie der kausalen Ur-

Herzlichen Dank

für Ihr Interesse an diesem Buch. Gerne informieren wir Sie über unser weiteres Programm. Bitte geben Sie Ihre Wünsche an:

Politik/Zeitgeschichte/ Sozialwissenschaften	4	Geschichte/Kultur- geschichte/Ethnologie	1	Musik/Theater/ Literatur	8
Kunst/ Architektur	8	Theologie/ Judaica	7	Philosophie	8
Psychologie/ Pädagogik	3	Literatur- und Sprachwissenschaft	2	Altertums- wissenschaft	9

Name, Vorname

Straße, PLZ/Ort

Beruf

Datum

(Bitte in Druckbuchstaben schreiben!)

Ich entnahm diese Karte dem Buch:

Hier ist Platz für Mitteilungen und Anregungen:

Bitte ausreichend frankieren

Antwortkarte

PHILO Verlagsgesellschaft
und Verlag Anton Hain

Wormser Straße 99
55294 Bodenheim

heberschaft zu verzichten und jene der weit verteilten Folgen anzunehmen, welche, wenn sie wahrgenommen werden, ein gemeinsames Interesse erzeugen, und die Notwendigkeit spezieller Behörden, die sich um dieses kümmern.

Rechtsvorschriften bedeuten in Wirklichkeit die Einsetzung von Bedingungen, unter denen Personen ihre gegenseitigen Verabredungen treffen. Sie sind Strukturen, die das Handeln kanalisieren; aktive Kräfte sind sie nur soweit, wie die Ufer den Fluß eines Stromes begrenzen, und Befehle sind sie nur in dem Sinn, in dem die Ufer die Strömung beherrschen. Wenn die Individuen keine festgesetzten Bedingungen hätten, unter denen sie miteinander zu Vereinbarungen kommen, würde jede Vereinbarung entweder im Zwielicht der Unbestimmtheit enden oder eine solche Unzahl von Einzelheiten behandeln müssen, daß sie unhandlich und unkontrollierbar würde. Jede Vereinbarung kann darüber hinaus so sehr von jeder anderen abweichen, daß von einer Vereinbarung nichts über die wahrscheinlichen Folgen irgend einer anderen geschlossen werden könnte. Rechtsnormen legen bestimmte Bedingungen fest, die, wenn sie erfüllt werden, eine Vereinbarung zu einem Vertrag machen. Die Bedingungen der Übereinkunft werden dadurch in leichter zu handhabenden Grenzen kanalisiert, und es ist möglich, Verallgemeinerungen und Vorhersagen von einer auf die andere zu treffen. Nur die Zwänge einer Theorie verführen zu der Annahme, es gäbe ein Kommando, nach dem eine Vereinbarung in dieser oder jener Form abgeschlossen werden muß.[4] Tatsächlich sind aber bestimmte Bedingungen so festgesetzt, daß, *wenn* eine Person sich nach ihnen richtet, sie mit bestimmten Folgen rechnen kann, während, wenn sie das nicht tut, sie keine Folgen voraussagen kann. Sie setzt sich dann der Gefahr und dem Risiko aus, daß die ganze Transaktion zu ihrem Nachteil ungültig wird. Es gibt keinen Grund, selbst die „Verbote" des Strafrechts auf irgendeine andere Art und Weise zu interpretieren. Bedingungen werden in bezug auf Folgen aufgestellt, die man erleiden kann, wenn gegen sie verstoßen wird oder sie übertreten werden. In ähnlicher Weise können wir die uner-

4 Richter verfassen Rechtsvorschriften. Nach der „Willens"-Theorie ist das ein Eingriff in die legislative Funktion. Das ist nicht der Fall, wenn die Richter darüber hinaus auch die Handlungsbedingungen definieren.

wünschten Resultate angeben, welche eintreten werden, wenn ein Fluß seine Dämme bricht; wenn der Fluß fähig wäre, diese Folgen vorauszusehen und sein Verhalten nach der Voraussicht zu richten, könnten wir die Dämme metaphorisch als Erlasser von Verboten deuten.

Diese Darstellung erklärt sowohl das beträchtlich willkürliche und zufällige Element in Gesetzen als auch deren plausible Identifizierung mit der Vernunft, so verschieden die zwei Überlegungen auch sind. Es gibt viele Transaktionen, in welchen es von höchster Bedeutung ist, daß die Folgen in *irgendeiner* Form bestimmt werden, statt von einem inhärenten Prinzip bestimmt zu werden, nach dem sie so und so sein müssen. Mit anderen Worten, innerhalb bestimmter Grenzen ist es gleichgültig, welche Resultate durch die vereinbarten Bedingungen festgelegt werden; viel wichtiger ist, daß die Folgen mit genügender Sicherheit vorhersagbar sind. Die Regeln des Straßenverkehrs sind hierin typisch für eine große Zahl von Regeln, so auch die Festlegung des Sonnenuntergangs oder einer besonderen Stunde als der genauen Zeit, zu der das kriminelle Eindringen in das Grundstück eines anderen eine ernstere Qualität erhält. Andererseits sind Rechtsvorschriften vernünftig, so daß manche aus dem von Hume bedeuteten Grund sich auf die „Vernunft" als ihre Quelle und ihren Ursprung berufen.[5] Die Menschen sind von Natur aus kurzsichtig, und diese Kurzsichtigkeit wird unter dem Einfluß von Begierden und Leidenschaft verstärkt und pervertiert. „Das Gesetz" formuliert entfernte und langfristige Folgen. Es wirkt dann wie eine in komprimierter Form verfügbare Kontrolle der Entscheidung, die sonst natürlich maßlos vom unmittelbaren Verlangen und Interesse beeinflußt würde. Es ist ein Mittel, das für einen Menschen tut, was sonst nur dessen eigene Voraussicht, wenn diese überlegt genug ist, leisten könnte. Denn eine Rechtsvorschrift, obwohl sie aus Anlaß einer besonderen Handlung aufgestellt worden sein kann, ist mit Blick auf die unbestimmte Verschiedenheit anderer möglicher Handlungen formuliert worden. Sie stellt notwendigerweise eine Verallgemeinerung dar;

5 David Hume, *Ein Traktat über die menschliche Natur*, Bd. 2, Buch II und III, Zweiter Teil, Siebenter Abschnitt, Hamburg, Felix Meiner Verlag, 1978.

denn sie ist allgemein für die vorhersagbaren Folgen einer *Klasse* von Tatsachen. Wenn die Umstände eines besonderen Ereignisses einen übermäßigen Einfluß auf den Inhalt einer Rechtsvorschrift ausüben, wird sie bald verworfen werden, entweder ausdrücklich oder durch Vernachlässigung. Nach dieser Theorie bedeutet das Gesetz als „verkörperte Vernunft" eine formulierte Verallgemeinerung von Mitteln und Verhaltensweisen, die angepaßt sind, um das Erwünschte zu garantieren. Vernunft drückt eine Funktion aus, nicht einen kausalen Ursprung. Ein Gesetz ist so vernünftig, wie ein Mensch Vernunft besitzt, der Bedingungen auswählt und anordnet, die geeignet sind, um die von ihm als erwünscht betrachteten Zwecke hervorzubringen. Ein neuerer Verfasser, der meint, daß die „Vernunft" die Gesetze erzeugt, schreibt: „Eine Schuld hört nach der Vernunft nicht deshalb auf, eine Schuld zu sein, weil Zeit vergangen ist, aber das Gesetz setzt eine Grenze. Eine Übertretung hört nach der Vernunft nicht deshalb auf, eine Übertretung zu sein, weil sie unendliche Male wiederholt wird, trotzdem besitzt das Gesetz die Neigung, einer unwidersprochenen Übertretung mit der Zeit den Status eines Rechts zu geben. Zeit, Entfernung und Zufall sind gegenüber der reinen Vernunft gleichgültig, dennoch spielen sie in der Rechtsordnung ihre Rolle."[6] Wenn aber Vernünftigkeit eine Sache der Anpassung von Mitteln an Folgen ist, müssen Zeit und Entfernung großes Gewicht erhalten; denn sie wirken sowohl auf die Folgen als auch auf die Fähigkeit, diese vorauszusehen und auf sie einzuwirken. Tatsächlich können wir die Verjährungsgesetze als ein ausgezeichnetes Beispiel für die Art von Rationalität wählen, welche das Recht enthält. Nur wenn die Vernunft als „rein" betrachtet wird, das heißt, als eine Sache der formalen Logik, stellen die zitierten Umstände eine Begrenzung der Vernunft dar.

Ein drittes Merkmal für die als Staat organisierte Öffentlichkeit, eines, mit dem unsere Hypothese ebenfalls geprüft werden kann, besteht darin, daß sie mit Verhaltensformen befaßt ist, die alt und daher alteingesessen und verwurzelt sind. Das Erfinden ist ein auf eine besondere Weise persönlicher Akt, selbst wenn sich mehrere

---

6 W. E. Hocking, *Man and the State*, New Haven, Yale University Press, 1926, S. 51.

Personen zusammenschließen, um etwas Neues zu schaffen. Eine neuartige Idee gehört zu jenen Dingen, auf die ein einzelner kommen muß. Ein neues Projekt ist etwas, daß durch private Initiative unternommen und zum Laufen gebracht werden muß. Je neuer die Idee oder der Plan, desto mehr weicht es von dem in der Praxis bereits Anerkannten und Festgesetzten ab. Eine Erfindung stellt der Sache nach ein Abgehen vom Gewohnten dar. Daher der Widerstand, auf den sie mit Wahrscheinlichkeit trifft. Wir leben sicherlich in einer Zeit der Entdeckungen und Erfindungen. Generell gesprochen ist die Innovation selbst zu einer Gewohnheit geworden. Die Einbildung ist an sie gewohnt; sie wird erwartet. Wenn Neuheiten die Form mechanischer Vorrichtungen annehmen, sind wir geneigt, sie zu begrüßen. Das war aber bei weitem nicht immer der Fall. Die Regel war, dem Erscheinen von allem Neuen, selbst einem Werkzeug oder einem Gerät, mit Argwohn und Feindseligkeit zu begegnen. Denn eine Neuerung *ist* eine Abwendung, und zwar eine, die eine unberechenbare Störung desjenigen Verhaltens mit sich bringt, an welches wir uns gewöhnt haben und das uns „natürlich" erscheint. Wie ein Autor vor kurzem deutlich gezeigt hat, Neuerungen haben sich hinterrücks durchgesetzt; und das auf Grund einer gewissen unmittelbaren Bequemlichkeit. Wenn ihre Wirkungen, ihre langfristigen Folgen für die Veränderung von Verhaltensgewohnheiten vorhergesehen worden wären, hätte man die meisten mit Sicherheit als gottlos zerstört, genauso wie viele nur mit Verzögerung angenommen worden sind, weil man sie als frevelhaft empfand.[7] In jedem Fall können wir uns ihre Erfindung nicht als das Werk des Staates vorstellen.[8]

Gegenüber neuen Ideen nicht-technischer und nicht-technologischer Art ist die organisierte Gemeinschaft noch immer zögerlich. Sie werden als eine Störung des sozialen Verhaltens empfunden: und zwar zu Recht, sofern alte und eingefahrene Verhaltensweisen betrof-

7 C. E. Ayres, *Science: The False Messiah*, Indianapolis, Bobbs-Merril Co., 1927.

8 Die eine offenkundige Ausnahme betrifft die Instrumente der Kriegführung. In bezug auf diese hat der Staat sich als so habgierig erwiesen wie hinsichtlich anderer Erfindungen als widerwillig und rückständig.

fen sind. Die meisten Menschen wehren sich gegen eine Störung ihrer Gewohnheiten, der Gewohnheiten des Glaubens nicht weniger als des äußeren Handelns. Eine neue Idee *ist* eine Verunsicherung allgemein anerkannter Überzeugungen; anders wäre es keine neue Idee. Damit ist nur gesagt, daß die Erzeugung neuer Ideen eine ausgesprochen private Leistung darstellt. Ungefähr das Höchste, was man vom Staat verlangen kann – wenn man die bisher existierenden Staaten zum Maßstab nimmt – ist, daß er sich mit ihrer Hervorbringung ohne unzulässige Einmischung abfindet. Eines Tages mag es einen Staat geben, der die Erzeugung und Verbreitung neuer Ideen und Denkweisen organisieren wird, aber ein solcher Staat ist ein Ding des Glaubens, nicht der Einsicht. Wenn er kommt, wird er auch Erfolg haben, weil die nützlichen Folgen neuer Ideen dann ein Artikel allgemeinen Glaubens und Ansehens geworden sein werden. Es kann in der Tat gesagt werden, daß der Staat sogar heute jene Sicherheitsbedingungen gewährt, welche notwendig sind, wenn Privatpersonen sich erfolgreich mit dem Entdecken und Erfinden befassen sollen. Dieser Dienst ist jedoch nur ein Nebenprodukt; er ist den Gründen fremd, mit denen die betreffenden Bedingungen von der Öffentlichkeit aufrechterhalten werden. Und er muß relativiert werden durch die Erwähnung des Ausmaßes, in dem der Stand jener Dinge, an denen das Herz der Öffentlichkeit am meisten hängt, dem Denken in anderen als technischen Bahnen ungünstig ist. Es ist jedenfalls absurd, von der Öffentlichkeit zu erwarten, weil sie, in welch lobpreisendem Sinne auch immer, der Staat genannt wird, daß sie sich über das intellektuelle Niveau ihrer durchschnittlichen Wählerschaft erhebt.

Wenn aber eine Verhaltensweise alt und vertraut und die Verwendung eines Instrumentes zu einer Selbstverständlichkeit geworden ist – vorausgesetzt, es ist eine Vorbedingung anderer üblicher Betätigungen –, dann wird es für gewöhnlich in den Gesichtskreis des Staates geraten. In einem Wald mag ein Individuum seine eigenen Wege gehen, Straßen aber sind in der Regel öffentliche Angelegenheiten. Ohne Straßen, die jeder nach Belieben benutzen kann, könnten die Menschen auch fast wie Schiffbrüchige auf einer verlassenen Insel sein. Transport- und Kommunikationsmittel beeinflussen nicht nur ihre Benutzer, sondern alle, die auf irgendeine Weise von dem abhängen, was befördert wird, ob nun als Erzeuger oder Verbraucher. Die

Zunahme bequemen und schnellen Verkehrs bedeutet, daß mehr und mehr für entfernte Märkte produziert und die Massenproduktion gefördert wird. Ob nicht die Eisenbahnen wie auch die Straßen von öffentlichen Beamten verwaltet werden sollen, wird deshalb zu einer umstrittenen Frage; und irgendeine Maßnahme zu ihrer amtlichen Regelung wird in jedem Fall eingeleitet, da sie zu einer beständigen Grundlage des gesellschaftlichen Lebens werden.

Die Tendenz, das, was alt und etabliert ist, mit einheitlichen Richtlinien unter staatlicher Regulierung zu versehen, hat psychologischen Rückhalt. Gewohnheiten sparen sowohl intellektuelle als auch muskuläre Energie. Sie nehmen dem Geist das Nachdenken über Bekanntes ab, sie befreien also das Denken für die Beschäftigung mit neuen Bedingungen und Zielen. Außerdem ist die Störung einer festen Gewohnheit mit Unbehagen und Antipathie verbunden. Die Wirkung, die aus der Entlastung der Aufmerksamkeit von allem regelmäßig Wiederkehrenden folgt, wird verstärkt durch die gefühlsbedingte Neigung, alles Beunruhigende wegzuschieben. Deshalb gibt es eine allgemeine Disposition, Tätigkeiten, die sehr standardisiert und gleichförmig geworden sind, an Vertreter der Öffentlichkeit abzutreten. Es ist möglich, daß eines Tages nicht nur der Betrieb und die Verwaltung von Eisenbahnen Routine werden, sondern auch die bestehenden Formen maschineller Produktion, so daß die Geschäftsleute, statt öffentliches Eigentum abzulehnen, nach ihm rufen werden, damit sie ihre Energien Geschäften widmen dürfen, die mehr Neuheit, Abwechslung und Möglichkeiten für Risiko und Gewinn beinhalten. Es ist denkbar, daß sie, selbst unter einem Régime fortgesetzten Privateigentums im allgemeinen, ebensowenig wünschten, mit routinemäßigen Tätigkeiten belästigt zu werden, als sie die Pflege der öffentlichen Straßen würden übernehmen wollen. Selbst heute ist die Frage einer Übernahme des Apparates der Güterproduktion durch das Volk weniger die Frage eines pauschalen „Individualismus" versus „Sozialismus" als eine des Verhältnisses des Neuen und Experimentellen in ihrem Management zum Gewohnheitsmäßigen und Selbstverständlichen; des Verhältnisses zwischen dem, was als eine selbstverständliche Bedingung für andere Dinge betrachtet wird, und dem, was als Tätigkeit selbst wichtig ist.

Auf ein viertes Merkmal der Öffentlichkeit deutet die Vorstellung, daß Kinder und andere Abhängige (wie die Geisteskranken, die dauerhaft Unselbständigen) ihre besonderen Schützlinge sind. Wenn die an einer Transaktion beteiligten Parteien von ungleicher Stellung sind, ist es wahrscheinlich, daß die Beziehung einseitig ist und die Interessen einer Partei leiden. Wenn die Folgen sich als schwerwiegend erweisen, besonders wenn sie irreparabel scheinen, setzt die Öffentlichkeit ein Gewicht ein, das die Bedingungen ausgleicht. Gesetzgeber sind eher bereit, die Arbeitszeit von Kindern als die von Erwachsenen und die von Frauen eher als die von Männern zu regulieren. Im allgemeinen ist die Arbeitsgesetzgebung gegen den Vorwurf geschützt, sie verletze die Vertragsfreiheit, und zwar deshalb, weil die wirtschaftlichen Mittel der Vertragsparteien so ungleich sind, daß die Bedingungen für einen echten Vertrag fehlen; der Eingriff des Staates erfolgt, um den Verhandlungen einen Boden zu bereiten. Die Gewerkschaften protestieren jedoch oft gegen diese Art „paternalistischer" Gesetzgebung mit der Begründung, freiwillige Vereinigungen zur Sicherstellung kollektiver Verhandlungen seien für die Betroffenen besser als Maßnahmen, die ohne die aktive Beteiligung der Arbeiter ergriffen werden. Der allgemeine Einwand, daß der Paternalismus dazu tendiert, die Betroffenen dauerhaft in der Lage von Kindern zu halten, ohne sie zur Selbsthilfe zu veranlassen, beruht ebenfalls darauf. Die Meinungsverschiedenheit bezieht sich hier dennoch nicht auf das Prinzip, daß Ungleichheiten im Status öffentliche Vermittlung erfordlich machen können, sondern auf die jeweils besten Mittel zur Gewährleistung von Gleichheit.

Trotz der Tatsache, daß Kinder in erster Linie unter der Obhut der Familie stehen, gab es hinsichtlich ihrer Erziehung immer die Neigung, diese als eine der eigentlichen Verpflichtungen des Staates zu betrachten. Aber die Zeit, in der Erziehung in einem wirksamen Grad möglich ist, ist die der Kindheit; wenn diese Zeit nicht genutzt wird, sind die Folgen nicht wiedergutzumachen. Das Versäumte kann später nur selten nachgeholt werden. Also werden entsprechend dem Umfang, in dem man glaubt, daß ein bestimmtes Maß an Unterricht und Übung bedeutende Folgen für die Gesellschaft im ganzen hat, Regeln festgelegt, die das Handeln der Eltern gegenüber ihren Kindern beeinflussen, und diejenigen, die keine Eltern sind, werden – ungeachtet Herbert Spencers Einspruch – mit Steuern belegt, um die Schulen zu erhalten. Auch die Folgen der Vernachlässigung von Sicherheitsvorkehrungen in Industrien, die gefährliche Maschinen betreiben oder unhygienische Bedingungen mit sich bringen, sind so schwerwiegend und unumkehrbar, daß die moderne Öffentlichkeit eingegriffen hat, um Bedingungen zu wahren, die der Sicherheit und Gesundheit förderlich sind. Bewegungen, die eine Kranken- und Altersversicherung unter dem Schutz der Regierung anstreben, veranschaulichen dasselbe Prinzip. Während die öffentliche Festlegung eines Mindesteinkommens noch immer umstritten ist, bezieht ihre Begründung sich ebenfalls auf das erwähnte Kriterium. Das Argument lautet im wesentlichen: Ein Existenzminimum ist eine Angelegenheit von so schwerwiegenden indirekten Folgen für die Gesellschaft, daß sie nicht gut den direkt betroffenen Parteien überlassen werden kann, denn unmittelbare Not kann eine Partei der Transaktion am erfolgreichen Verhandeln hindern.

Das Gesagte soll kein Versuch zur Festlegung von Kriterien sein, die auf vorbestimmte Weise angewendet werden, um nur solche und solche Resultate zu garantieren. Es geht uns nicht darum, die besonderen Formen vorauszusagen, die staatliches Handeln in der Zukunft annehmen wird. Wir haben nur einfach auf die Merkmale hingewiesen, durch die öffentliches Handeln sich im Unterschied zum privaten auszeichnet. Transaktionen zwischen einzelnen Personen bringen eine Öffentlichkeit hervor, wenn ihre indirekten Folgen – ihre über die unmittelbar an ihnen Beteiligten hinausgehenden Wirkungen – von Wichtigkeit sind. Die Idee der Wichtigkeit ist noch nicht frei von Unbestimmtheit. Aber zumindest haben wir einige der Faktoren hervorgehoben, welche die Wichtigkeit ausmachen: nämlich den weitreichenden Charakter der Folgen, ob nun im Raum oder in der Zeit, ihre bestimmte, gleichförmige und wiederkehrende Natur und ihre Irreparabilität. Jedes dieser Dinge wirft die Frage nach dem Grad auf. Es gibt keine scharfe und klare Grenze, die sich von selbst zieht und über das Ungefähre hinausweist, wie etwa die Linie, die eine zurückgehende Flut hinterläßt. Gerade da nicht, wo eine Öffentlichkeit entsteht, die so bedeutsame Interessen besitzt, daß sie beaufsichtigt und von speziellen Behörden oder Regierungsbeamten verwaltet werden müssen. Deshalb ist hier oft Raum für Auseinandersetzungen. Die Scheidelinie zwischen Tätigkeiten, die der privaten Initiative und Verwaltung überlassen sind und solchen, die vom Staat reguliert werden, muß experimentell entdeckt werden.

Wie wir später sehen werden, gibt es angebbare Gründe dafür, warum sie für verschiedene Orte und Zeiten verschieden gezogen werden muß. Schon die Tatsache, daß die Öffentlichkeit von Handlungsfolgen und der Wahrnehmung von Folgen abhängt, während ihre Organisation in einem Staat von der Fähigkeit abhängt, spezielle Instrumentarien zu erfinden und einzusetzen, zeigt, wie und warum Öffentlichkeiten und politische Institutionen von Epoche zu Epoche und von Ort zu Ort weit voneinander abweichen. Anzunehmen, daß ein Apriori-Begriff von der inneren Natur und den inneren Grenzen des Individuums auf der einen Seite und des Staates auf der anderen Seite ein für allemal gute Ergebnisse bringen wird, ist absurd. Wenn aber der Staat eine definitive Natur besitzt, wie er sie besitzen müßte, wenn er von fixen kausalen Agenzien gebildet würde, oder wenn die Individuen über eine Natur verfügen, die ein für allemal feststeht, unabhängig von den Bedingungen ihrer Assoziation, dann ist eine endgültige und allgemeine Trennung der Bereiche individueller und staatlicher Tätigkeit die logische Folge. Das Scheitern einer derartigen Theorie beim Erzielen praktischer Lösungen ist deshalb eine weitere Bestätigung der Theorie, welche die Folgen der Tätigkeit als das Wesentliche hervorhebt.

Zum Abschluß sollten wir noch deutlich erklären, was in bezug auf das gegenseitige Verhältnis von Öffentlichkeit, Regierung und Staat unterstellt wurde.[9] Zu diesem Punkt hat es zwei extreme Auffassun-

9 Das ist die geeignete Stelle, um eine Voraussetzung zu verdeutlichen, die durchgehend mitzuverstehen ist, aber im Text nicht weiter beachtet wird. Die Wörter „Regierung“ und „Amtsträger“ werden funktional gebraucht, nicht im Sinne einer besonderen Struktur, die uns so vertraut ist, daß sie uns gleich in den Sinn kommt, wenn diese Wörter verwendet werden. In ihrer funktionalen Bedeutung haben beide Wörter eine viel weitere Anwendung als in dem, was gemeint ist, wenn wir, zum Beispiel, von der Regierung und den Beamten Großbritanniens oder der Vereinigten Staaten sprechen. Zum Beispiel gab es in den Haushalten für gewöhnlich ein Regiment und „Oberhäupter“; die Eltern, für die meisten Zwecke der Vater, waren die Amtsträger der Familieninteressen. Die „patriarchalische Familie“ zeigt, wegen der vergleichsweisen Isolierung

gen gegeben. Auf der einen Seite ist der Staat mit der Regierung identifiziert worden. Auf der anderen heißt es, daß der Staat, wenn er einmal, *per se*, seine eigene notwendige Existenz besitzt, fortfährt, bestimmte Ämter zu formieren und in Dienst zu stellen, die eine Regierung bilden, etwa wie jemand Diener einstellt und ihnen Pflichten zuweist. Diese letzte Sicht ist angemessen, wenn auf die Theorie der kausalen Wirksamkeit vertraut wird. Irgendeine Kraft, entweder ein allgemeiner Wille oder die einzelnen Willen versammelter Individuen, bringen den Staat hervor. Letzterer sucht dann in einem zweiten Gang bestimmte Personen aus, um durch sie zu handeln. Eine derartige Theorie hilft ihren Anhängern, die Idee von der inneren Heiligkeit des Staates zu bewahren. Konkrete politische Übel, wie sie die Geschichte im Überfluß aufweist, können dann fehlbaren und korrupten Regierungen in die Schuhe geschoben werden, während die Ehre des Staates unbeschmutzt bleibt. Die Identifikation des Staates mit der Regierung hat den Vorteil, daß sie das geistige Auge fest auf die konkreten und beobachtbaren Tatsachen richtet; sie zieht aber eine unerklärliche Trennung von Regierenden und Volk nach sich. Wenn eine Regierung von allein und aus eigener Kraft existiert, warum sollte es dann eine Regierung geben? Warum sollten dann die Gewohnheiten der Loyalität und des Gehorsams fortbestehen, die ihr zu regieren gestatten?

Die vorgetragene Hypothese befreit uns von den Schwierigkeiten, die sich an beide dieser Vorstellungen hängen. Die bleibenden, weitreichenden und bedeutenden Folgen assoziierter Tätigkeit bringen eine Öffentlichkeit hervor. In sich selbst ist sie unorganisiert und

---

des Haushaltes von anderen sozialen Formen, in emphatischer Steigerung, was in geringerem Grade in fast allen Familien vorkommt. Die gleiche Anmerkung gilt auch für die Verwendung des Terminus „Staaten" in Verbindung mit Öffentlichkeiten. Der Text beschäftigt sich mit den modernen Verhältnissen, aber die vorgetragene Hypothese soll ausreichende Allgemeingültigkeit besitzen. So sei auf den patenten Einwand, der Staat sei eine sehr moderne Institution, erwidert, daß, während Modernität eine Eigenschaft dieser *Strukturen* ist, die als Staaten bekannt sind, dennoch die ganze Geschichte, oder doch fast die ganze, die Ausübung analoger *Funktionen* verzeichnet. Die Argumentation bezieht sich auf diese Funktionen und die Art ihrer Wirkung, gleich, welches Wort gebraucht wird, obschon der Kürze wegen das Wort „Staat", wie auch „Regierung" und „Amtsträger", oft verwendet worden ist.

formlos. Durch Beamte und ihre besonderen Machtbefugnisse wird sie ein Staat. Eine Öffentlichkeit, die durch repräsentative Amtsträger verbunden ist und wirkt, ist ein Staat; es gibt keinen Staat ohne Regierung, aber es gibt auch keinen ohne Öffentlichkeit. Die Amtsträger bleiben einzelne Wesen, sie besitzen aber neue und besondere Machtbefugnisse. Diese können auch zu deren eigenem Nutzen gewendet werden. Dann ist die Regierung korrupt und willkürlich. Ganz abgesehen von vorsätzlicher Schiebung, von der Verwendung außergewöhnlicher Machtbefugnisse für die private Verherrlichung und Bereicherung, werden geistige Beschränktheit und pompöses Verhalten, das Festhalten am Klasseninteresse und seinen Vorurteilen durch die Stellung verstärkt. „Macht ist Gift" lautete die Bemerkung eines der besten, scharfsinnigsten und erfahrendsten Beobachter der Washingtoner Politiker. Andererseits kann das Innehaben eines Amtes den Horizont eines Mannes erweitern und sein soziales Interesse stimulieren, so daß er als Staatsmann Eigenschaften beweist, die seinem Privatleben fremd sind.

Weil aber die Öffentlichkeit nur durch Amtspersonen und ihre Handlungen einen Staat bildet und da das Bekleiden einer offiziellen Stellung keine Wunder der Transsubstantation bewirkt, ist nichts Verwirrendes oder gar Entmutigendes an dem Spektakel der Dummheiten und Irrtümer des politischen Verhaltens. Die Umstände, welche zu dem Schauspiel Anlaß geben, sollten uns jedoch vor der Illusion bewahren, aus einem bloßen Wechsel in den politischen Ämtern und Methoden außerordentliche Veränderungen zu erwarten. Manchmal ereignet sich ein solcher Wandel, wenn er aber eintritt, dann deshalb, weil die gesellschaftlichen Bedingungen durch die Erzeugung einer neuen Öffentlichkeit dafür den Weg bereitet haben; der Staat drückt den bereits wirkenden Kräften ein förmliches Siegel auf, indem er ihnen einen bestimmten Kanal gibt, durch den sie handeln können. Vorstellungen von *dem* Staat als etwas *per se*, etwas an sich einen allgemeinen Willen oder allgemeine Vernunft offenbarend, sind illusionär. Sie ziehen eine derart scharfe Unterscheidung zwischen *dem* Staat und *einer* Regierung, daß, vom Standpunkt der Theorien, eine Regierung korrupt und schädlich sein kann und dennoch *der* Staat nach derselben Idee die ihm eigene Würde und Vornehmheit bewahren kann. Die Beamten mögen gemein, störrig, stolz und dumm sein und trotzdem bleibt die Natur des Staates, dem sie dienen, im wesentlichen unbeeinträchtigt. Da eine Öffentlichkeit jedoch durch ihre Regierung zu einem Staat organisiert wird, ist der Staat so, wie seine Beamten sind. Nur durch ständige Wachsamkeit und Kritik der öffentlichen Beamten durch die Bürger kann ein Staat in seiner Unversehrtheit und Nützlichkeit erhalten werden.

Die Erörterung wirft nun auch etwas zusätzliches Licht auf das Problem des Verhältnisses von Staat und Gesellschaft. Das Problem des Verhältnisses der Individuen zu den Assoziationen – manchmal wird es als Verhältnis *des* Individuums zur Gesellschaft gefaßt – ist bedeutungslos. Wir könnten ebenso aus der Beziehung der Buchstaben des Alphabets zum Alphabet ein Problem machen. Ein Alphabet sind die Buchstaben und „Gesellschaft" sind Individuen in ihren Verbindungen miteinander. Die Form, in der Buchstaben miteinander verknüpft werden, ist offensichtlich eine wichtige Sache; Buchstaben bilden, wenn sie verknüpft werden, Wörter und Sätze und haben außerhalb der Verknüpfung weder Zweck noch Sinn. Ich würde nicht sagen, daß diese Aussage wörtlich für Individuen gilt, aber es kann nicht geleugnet werden, daß einzelne menschliche Wesen in beständiger und verschiedenartiger Assoziation miteinander existieren und sich verhalten. Diese Formen vereinten Handelns und ihre Folgen beeinflussen nicht nur zutiefst die äußeren Gewohnheiten einzelner Menschen, sondern auch ihre Fähigkeit zu fühlen, zu begehren, zu planen und zu bewerten.

„Gesellschaft" ist jedoch entweder ein abstraktes oder ein kollektives Substantiv. Im konkreten gibt es Gesellschaften, Assoziationen, Gruppen in einer Unzahl von Arten, die alle verschiedene Bindungen besitzen und verschiedene Interessen vertreten. Das können Gangs, kriminelle Banden; Vereine für Sport, Geselligkeit und Essen; wissenschaftliche und berufliche Organisationen; politische Parteien und Vereinigungen innerhalb dieser; Familien, religiöse Konfessionen, geschäftliche Partnerschaften und Verbände sein und so weiter in unendlicher Reihe. Die Assoziationen können lokal, national oder transnational sein. Da es nicht das eine *Ding*, das Gesellschaft genannt werden kann, gibt, nur ihre unbestimmte Überlappung, gibt es auch keine uneingeschränkte lobpreisende Konnotation des Terminus „Gesellschaft". In Anbetracht ihrer Folgen auf den Charakter und das Verhalten der in sie Eingebundenen und wegen ihrer entfernteren Folgen für andere sind manche Gesellschaften in der Hauptsache zu bejahen, manche zu verurteilen. Sie alle sind, wie alles Menschliche, von gemischter Qualität; „Gesellschaft" ist etwas, das kritisch und differenziert befragt und beurteilt werden muß. „Sozialisierung" irgendeiner Art – das heißt, die rückwirkende Modifizierung von Bedürfnissen, Überzeugungen und Betätigungen auf Grund der Beteiligung an einer vereinten Tätigkeit – ist unvermeidlich. Aber sie ist in der Formung von leichtsinnigen, ausschweifenden, fanatischen, engstirnigen und kriminellen Personen ebenso erkennbar wie in der von kompetenten Forschern, erfahrenen Gelehrten, kreativen Künstlern und guten Nachbarn.

Wenn wir unsere Aufmerksamkeit auf die wünschenswerten Resultate beschränken, scheint es keinen Grund zu geben, alle Werte, die durch menschliche Assoziation erzeugt und aufrechterhalten werden, dem Werk von Staaten zuzuweisen. Dennoch ist dieselbe ungezügelte verallgemeinernde und fixierende Neigung des Geistes, welche zu einer monistischen Fixierung der Gesellschaft führt, über die Hypostasierung der „Gesellschaft" noch hinausgegangen und hat das vergrößernde Ideal *des* Staates erzeugt. Von einer bestimmten Schule von Sozialphilosophen werden alle Werte, die aus irgendeiner Art von Assoziation hervorgehen, gewohnheitsmäßig dem Staat zugeschrieben. Danach steht der Staat natürlich über jeder Kritik und der Aufruhr gegen den Staat wird für die eine unverzeihliche gesellschaftliche Sünde gehalten. Manchmal rührt die Vergöttlichung von einem besonderen Bedürfnis der Zeit her, wie im Falle von Spinoza und Hegel. Manchmal entspringt sie dem vorausgehenden Glauben an einen universalen Willen und eine universelle Vernunft und der daraus folgenden Notwendigkeit, ein empirisches Phänomen zu finden, das mit der Entäußerung des absoluten Geistes gleichgesetzt werden kann. Dieses wird dann mit Hilfe eines Zirkelschlusses als Beweis für die Existenz eines solchen Geistes angeführt. Der Reinertrag unserer Erörterung ist, daß der Staat eine spezifische und sekundäre Form der Assoziation ist, die eine spezifizierbare Aufgabe zu erfüllen hat und spezialisierte Funktionsorgane besitzt.

Es ist völlig richtig, daß die meisten Staaten, nachdem sie erschaffen worden sind, auf ihre ursprünglichen Gruppierungen zurückwirken. Wenn ein Staat gut ist, wenn die Amtsträger der Öffentlichkeit wahrhaft den öffentlichen Interessen dienen, ist diese Rückwirkung von größter Bedeutung. Sie macht die wünschenswerten Assoziationen stabiler und kohärenter; indirekt klärt sie ihre Ziele und Tätigkeiten. Sie verringert das Ansehen schädlicher Gruppierungen und macht ihr Leben unsicher. Indem sie diese Dienste leistet, gibt sie den einzelnen Mitgliedern geachteter Assoziationen größere Freiheit und Sicherheit: Sie befreit sie von hinderlichen Bedingungen, welche, müßten sie selbst, als einzelne, mit ihnen fertigwerden, ihre Energien im bloß negativen Kampf gegen Mißstände verbrauchen würden. Sie versetzt ihre einzelnen Mitglieder in den Stand, sich mit vernünftiger Gewißheit auf das verlassen zu können, was andere tun; und befördert so gegenseitig nützliche Kooperationen. Sie schafft Achtung vor anderen und vor einem selbst. Ein Maß für die Güte eines Staates besteht darin, in welchem Grad er die Individuen der Verschwendung in negativen Kämpfen und nutzlosen Konflikten enthebt und ihnen eine positive Sicherheit und Bestärkung in ihren Unternehmungen gewährt. Das ist ein großer Dienst, und es besteht kein Anlaß, in der Anerkennung der Veränderungen, die Staaten im Handeln von Individuen und Gruppen historisch bewirkt haben, kleinlich zu sein.

Aber diese Anerkennung rechtfertigt nicht, daß sie in eine monopolistische Einverleibung aller Assoziationen in *den* Staat verkehrt wird, und auch nicht die Verwandlung aller gesellschaftlichen Werte in politische Werte. Die alles einschließende Natur des Staates bedeutet nur, daß die Amtsträger der Öffentlichkeit (die Gesetzgeber selbstverständlich eingeschlossen) so handeln können, daß sie die Bedingungen festlegen, unter denen *jede* Form von Assoziation wirken kann; sein umfassender Charakter betrifft nur die Wirkung seines Verhaltens. Ein Krieg, genau wie ein Erdbeben, kann in seinen Folgen alle Elemente eines gegebenen Territoriums „einschließen", aber der Einschluß erfolgt durch Wirkungen, nicht durch eine ihm innewohnende Natur oder ein ihm eigenes Recht. Ein nützliches Gesetz kann wie ein Zustand allgemeiner wirtschaftlicher Prosperität alle Interessen einer besonderen Region günstig beeinflussen, es kann aber nicht ein Ganzes genannt werden, dessen so beeinflußte Elemente Teile von ihm sind. Noch können die befreienden und bestätigenden Resultate öffentlichen Handelns so gedeutet werden, daß dabei eine allgemeine Idealisierung von Staaten im Gegensatz zu anderen Assoziationen herauskommt. Denn die

Staatstätigkeit ist für die letzteren oft schädlich. Eine der Hauptbeschäftigungen von Staaten ist das Kriegführen und die Unterdrückung abweichender Minderheiten. Außerdem setzt ihr Handeln, selbst wenn es günstig ist, Werte voraus, die auf nicht-politischen Formen des Zusammenlebens beruhen und von der Öffentlichkeit durch ihre Vertreter nur ausgedehnt und verstärkt werden.

Die von uns begründete Hypothese weist offensichtliche Berührungspunkte mit dem auf, was als die pluralistische Staatskonzeption bekannt ist. Sie beschreibt aber auch einen deutlichen Unterschied. Unsere Lehre der pluralen Formen ist die Feststellung einer Tatsache: daß es eine Pluralität gesellschaftlicher Gruppierungen – guter, schlechter und durchschnittlicher – gibt. Es ist keine Doktrin, die dem staatlichen Handeln inhärente Grenzen vorschreibt. Sie bedeutet nicht, daß die Funktion des Staates sich auf die Beilegung von Konflikten zwischen anderen Gruppen beschränkt, so, als ob jede von ihnen einen eigenen Handlungsspielraum besäße. Denn träfe das zu, wäre der Staat bloß ein Schiedsrichter, um die Übergriffe einer Gruppe auf die andere abzuwenden und zu ahnden. Unsere Hypothese ist neutral gegenüber allen allgemeinen, weittragenden Folgerungen darüber, wie weit die Staatstätigkeit sich ausdehnen kann. Sie bezeichnet keine besondere Verfaßtheit des politischen Handelns. Manchmal können die Folgen des vereinten Verhaltens einiger Menschen so beschaffen sein, daß ein großes öffentliches Interesse ensteht, welches nur durch die Festlegung von Bedingungen verwirklicht werden kann, die ein hohes Maß an Rekonstruktion innerhalb dieser Gruppe erfordern. Eine Kirche, eine Gewerkschaft, ein Unternehmensverband oder eine Familieninstitution sind in sich nicht heiliger als es der Staat ist. Auch ihr Wert ist an ihren Folgen zu messen. Die Folgen wechseln mit den konkreten Bedingungen; deshalb kann zu einer Zeit an einem Ort ein hohes Maß an staatlicher Aktivität angezeigt sein und zu anderer Zeit eine Politik der Beruhigung und des *Laissez faire*. Genau wie die Öffentlichkeiten und Staaten sich mit den Bedingungen von Ort und Zeit verändern, so auch die konkreten Funktionen, die von Staaten auszuüben sind. Es gibt keinen universellen Lehrsatz, den man im voraus aufstellen kann und auf Grund dessen die Funktionen eines Staates begrenzt oder erweitert werden sollten. Ihr Umfang ist etwas, das kritisch und experimentell bestimmt werden muß.

3. Der demokratische Staat

Einzelne Menschen bilden die *foci* des Handelns, des geistigen und moralischen wie auch des äußerlich sichtbaren. Sie unterliegen allen Arten von sozialen Einflüssen, welche determinieren, *was* sie denken, planen und wählen können. Aber erst im individuellen Bewußtsein und Handeln kommen die widerstreitenden Richtungen des sozialen Einflusses zu einem einzigen und schlüssigen Ergebnis. Für die Entstehung einer Öffentlichkeit gilt das gleiche Gesetz. Nur durch das Medium von Individuen gelangt sie zu Entscheidungen, legt sie Bedingungen fest und führt Beschlüsse aus. Diese Individuen sind Amtspersonen; sie repräsentieren eine *Öffentlichkeit*, aber *die* Öffentlichkeit handelt nur durch sie. In einem Land wie dem unseren sprechen wir davon, daß die Gesetzgeber und die Vertreter der Exekutive durch die Öffentlichkeit gewählt werden. Der Ausdruck scheint nahezulegen, daß *die* Öffentlichkeit handelt. Aber schließlich üben einzelne Männer und Frauen das Wahlrecht aus; die Öffentlichkeit ist hier ein Sammelname für eine Vielzahl von Personen, von denen jede als eine anonyme Einheit stimmt. Als Wahlbürger ist jedoch jede dieser Personen ein Amtsträger der Öffentlichkeit. Er bringt seinen Willen als Vertreter des öffentlichen Interesses genauso zum Ausdruck wie ein Senator oder ein Sheriff. Seine Stimme kann seine Hoffnung ausdrücken, durch die Wahl eines Mannes oder die Bestätigung eines Gesetzesvorschlages seinen privaten Gewinn zu vermehren. Mit anderen Worten, er kann bei dem Versuch, die ihm anvertrauten Interessen zu vertreten, versagen. Aber in dieser Beziehung unterscheidet er sich nicht von jenen ausdrücklich ernannten öffentlichen Amtspersonen, die ebenfalls dafür bekannt sind, das ihnen anbefohlene Interesse zu verraten, statt es gewissenhaft zu vertreten.

Mit anderen Worten, jeder Amtsträger der Öffentlichkeit, ob er sie nun als ein Wähler oder als ein ernannter Beamter vertritt, hat eine doppelte Eigenschaft. Aus dieser Tatsache erwächst das wichtigste Problem der Regierung. Wir sprechen gemeinhin von einigen Regierungen als repräsentativen im Gegensatz zu anderen, die das nicht sind. Unserer Hypothese nach sind alle Regierungen darin repräsentativ, daß sie vorgeben, für die Interessen zu stehen, die eine Öffentlichkeit am Verhalten von Individuen und Gruppen besitzt. Darin liegt jedoch kein Widerspruch. Die mit dem Regieren Befaßten sind nach wie vor menschliche Wesen. Sie teilen die gewöhnlichen Eigenarten der menschlichen Natur. Sie haben immer noch privaten Interessen zu dienen sowie den Interessen besonderer Gruppen, denen der Familie, der Clique oder der Klasse, zu der sie gehören. Nur selten kann ein Mensch sich ganz in seine politische Funktion versenken; das Beste, was die meisten Menschen erreichen, ist die Dominanz des Gemeinwohls über ihre anderen Bedürfnisse. „Repräsentative" Regierung bedeutet, daß die Öffentlichkeit entschieden mit dem Vorsatz organisiert ist, diese Dominanz sicherzustellen. Die doppelte Eigenschaft jedes Amtsträgers der Öffentlichkeit führt in den Individuen zum Konflikt zwischen ihren wahrhaft politischen Zielen und Taten und denjenigen, die sie in ihren nicht-politischen Rollen besitzen. Wenn die Öffentlichkeit besondere Maßnahmen ergreift, die dafür sorgen, daß der Konflikt minimiert wird und daß die repräsentative Funktion die private beherrscht, dann wird eine politische Institution repräsentativ genannt.

Es mag gesagt werden, den Öffentlichkeiten sei erst vor kurzem bewußt geworden, daß sie Öffentlichkeiten sind, so daß es widersinnig sei, von ihrer Selbstorganisation zum Zwecke des Schutzes und der Sicherstellung ihrer Interessen zu sprechen. Staaten seien folglich eine jüngere Entwicklung. Die Tatsachen verbieten es allerdings, den Staaten eine längere Geschichte zuzuschreiben, vorausgesetzt, wir gebrauchen eine feststehende Begriffsdefinition von Staaten. Unsere Definition gründet sich aber auf die Ausübung einer Funktion, nicht auf ein inhärentes Wesen oder eine strukturelle Natur. Deshalb ist es mehr oder weniger eine Frage der Bezeichnung, welche Länder und Völker genau Staaten genannt werden. Wichtig ist allein, daß die Sachverhalte, die verschiedene Formen voneinander unterscheiden, erkannt werden. Dieser soeben angeführte Einwand weist auf eine Tatsache von großer Bedeutung, ob das Wort „Staat" nun gebraucht wird oder nicht. Er weist darauf hin, daß für große Zeitabschnitte die öffentliche Rolle der Herrschenden gegenüber anderen Zielen, für die sie ihre Machtbefugnisse verwendet haben, nebensächlich war. Es gab zwar einen Regierungsapparat, aber der wurde für Zwecke eingesetzt, die im strengen Sinne nicht-politisch sind – die bewußte Förderung dynastischer Interessen. Hier stoßen wir also auf das Hauptproblem der Öffentlichkeit: eine solche Erkenntnis ihrer selbst zu erlangen, daß sie bei der Auswahl offizieller Repräsentanten und bei der Festlegung ihrer Verantwortlichkeiten und Pflichten Gewicht erhält. Wie wir sehen werden, führt uns die Erwägung dieses Problems zur Erörterung des demokratischen Staates.

Betrachtet man die Geschichte als Ganzes, so ist die Auswahl der Regenten und ihre Ausstattung mit Machtbefugnissen eine Sache politischen Zufalls gewesen. Menschen sind aus Gründen zu Richtern, Regierungsmitgliedern und Verwaltern auserwählt worden, die von ihrer Fähigkeit, öffentlichen Interessen zu dienen, unabhängig waren. Einige der antiken griechischen Staaten und das Examinationssystem in China ragen gerade deshalb heraus, weil sie von dieser Feststellung ausgenommmen sind. Die Geschichte zeigt, daß Menschen im großen und ganzen auf Grund einer bevorrechtigten und herausragenden Stellung regiert haben, die unabhängig von ihrer definitiv öffentlichen Rolle war. Wenn wir die Idee der Öffentlichkeit überhaupt einführen, müssen wir schon sagen, daß früher ohne Frage angenommen wurde, bestimmte Personen wären zum Regieren durch Eigenschaften geeignet, die von politischen Erwägungen unabhängig waren. So übten in vielen Gesellschaften die männlichen Alten eine solche Herrschaft aus, die sie infolge des bloßen Umstandes erlangten, daß sie alte Männer waren. Gerontokratie ist eine vertraute und weitverbreitete Tatsache. Zweifellos wurde dabei im Alter ein Zeichen des Wissens über die Gruppentraditionen und gereifter Erfahrung erblickt, es kann aber kaum behauptet werden, daß diese Präsumption wissentlich den ausschlaggebenden Faktor dafür bildete, den alten Männern ein Herrschaftsmonopol zu erteilen. Sie besaßen es eher *ipso facto*, eben weil sie es hatten. Hier wirkte das Prinzip der Trägheit, des geringsten Widerstandes und des geringsten Aufwandes. Jene, die schon in einer Hinsicht auffielen, und sei es nur wegen langer grauer Bärte, bekamen die politische Macht übertragen.

Erfolg durch militärische Heldentaten ist auch ein irrelevanter Faktor, welcher die Auswahl der Regierenden kontrolliert hat. Ob nun Feldlager „die wahren Mütter der Städte" sind oder nicht, ob Herbert Spencer nun recht hatte, als er erklärte, daß der Staat aus einer zu Kriegszwecken gebildeten Führerschaft hervorging, – daran, daß in den meisten Gemeinwesen die Fähigkeit eines Mannes, Schlachten zu gewinnen, ihn offenbar zu einem prädestinierten Verwalter der zivilen Angelegenheiten des Gemeinwesens bestimmt hat, besteht kein Zweifel. Es muß nicht bewiesen werden, daß die beiden Positionen verschiedene Talente verlangen und Ruhmestaten in der einen kein Tauglichkeitsbeweis für die andere sind. Die Tatsache bleibt. Wir müssen auch nicht erst bei den Staaten des Altertums nach Zeugnissen für ihr effektives Wirken suchen. Nominell demokratische Staaten lassen nämlich ebenfalls die Neigung erkennen, in einem siegreichen General eine quasi-göttliche Bestimmung zum politischen Amt anzunehmen. Die Vernunft würde lehren, daß oftmals gerade die Politiker, die äußerst erfolgreich sind, wenn es darum geht, die Bereitschaft der Zivilbevölkerung zu fördern, einen Krieg zu unterstützen, eben durch diese Tatsache untauglich für die Aufgabe werden, einen gerechten und dauerhaften Frieden zu stiften. Aber der Vertrag von Versailles zeigt, wie schwer es selbst dann ist, den Personalwechsel zu vollziehen, wenn die Bedingungen sich radikal verändern, so daß ein dringendes Bedürfnis nach Menschen mit einem anderen Horizont und anderen Interessen entsteht. Wer da hat, dem wird gegeben werden. Es liegt in der menschlichen Natur, in den bequemsten Bahnen zu denken, und das bringt die Menschen dazu, dann, wenn sie herausragende Führer in staatlichen Funktionen haben wollen, sich an diejenigen zu halten, die bereits hervorragen, egal, aus welchem Grund.

Außer alten Männern und Kriegern waren es Medizinmänner und Priester, die eine vorgefertigte, vorherbestimmte Berufung zum Regieren hatten. Wo das Gemeinschaftswohl prekär und abhängig von der Gunst übernatürlicher Wesenheiten ist, tragen jene die Zeichen der überlegenen Fähigkeit, Staaten zu verwalten, die in denjenigen Künsten geübt sind, durch die der Zorn und die Eifersucht der Götter abgewehrt und ihre Gunst erlangt wird. Der Erfolg, ein hohes Alter erreicht zu haben, die Erfolge in Schlachten und in den geheimen Künsten haben jedoch am stärksten bei der *Initiation* politischer Régime zu Buche geschlagen. Was auf die Dauer am meisten zählte, war der dynastische Faktor. *Beati possidentes*. Die Familie, aus der ein Regent gewählt wurde, erwirbt durch eben diese Tatsache eine herausgehobene Stellung und höhere Macht. Überlegenheit im Status wird schnell für Vortrefflichkeit gehalten. Göttliches Wohlwollen *ex officio* erlangt eine Familie, in der die Herrschaft über so viele Generationen ausgeübt wurde, daß das Andenken an die ursprünglichen Heldentaten verschwommen oder legendär geworden ist. Die Nebeneinkünfte, die Pracht und die Macht, die zur Herrschaft gehören, glaubt man, bedürfen keiner Rechtfertigung. Sie schmücken und erhöhen diese nicht nur, sie werden auch als Symbole betrachtet für die innere Würdigkeit, die Herrschaft zu besitzen. Brauch verfestigt dann, was der Zufall hervorgebracht haben mag; etablierte Macht hat es an sich, sich selbst zu legitimieren. Bündnisse mit anderen mächtigen Familien innerhalb und außerhalb des Landes, der Besitz ausgedehnter Ländereien, ein Gefolge von Höflingen, Zugang zu den Staatseinkünften und eine Vielzahl anderer für das öffentliche Interesse belangloser Dinge begründen eine dynastische Position, während sie zugleich eine echte politische Funktion zu privaten Zwecken verwenden.

Eine zusätzliche Komplikation ensteht daraus, daß Ruhm, Reichtum und Macht der Herrscher schon an sich eine Einladung darstellen, ein Amt zu ergreifen und auszubeuten. Die Ursachen, die Menschen dazu bewegen, nach jedem funkelnden Gegenstand zu langen, wirken im Fall der Regierungsmacht mit verstärkter Anziehungskraft. Die Zentralisation und der Umfang der Funktionen, die erforderlich sind, um den Interessen der Öffentlichkeit zu dienen, werden, mit anderen Worten, zu Verführungen, die Staatsbeamte dazu verlocken, untergeordnete private Ziele zu verfolgen. Die gesamte Geschichte zeigt, wie schwer es menschlichen Wesen fällt, die Zwecke im Gedächtnis zu behalten, um deren nominellen willen sie mit Macht und Glanz versehen werden; sie zeigt die Leichtigkeit, mit der sie ihren Rüstungsschmuck benutzen, um private und Klasseninteressen zu befördern. Wäre tatsächlich Unehrlichkeit der einzige oder selbst der Hauptfeind, das Problem würde viel einfacher sein. Das Bequeme der Routine, die Schwierigkeit, die Bedürfnisse der Öffentlichkeit zu ermitteln, die Intensität des Glanzes, der dem Platz der Mächtigen beiwohnt und das Verlangen nach unmittelbaren und sichtbaren Resultaten spielen die größere Rolle. Man hört oft von Sozialisten, die mit dem gegenwärtigen Wirtschaftsrégime zu Recht unzufrieden sind, daß „die Industrie aus den Privathänden genommen gehört". Man erkennt, was sie meinen: daß sie nicht mehr vom Verlangen nach privatem Profit gelenkt werden darf und zum Nutzen der Produzenten und Konsumenten arbeiten soll, anstatt zum Vorteil von Finanziers und Aktionären abgezweigt zu werden. Aber man fragt sich verwundert, ob jene, die so schnell mit diesem Ausspruch dabei sind, sich gefragt haben, in welche Hände die Industrie denn gegeben werden soll? In die der Öffentlichkeit? Die Öffentlichkeit verfügt aber leider über keine anderen Hände als die einzelner menschlicher Wesen. Das wesentliche Problem besteht darin, das Handeln solcher Hände so umzuwandeln, daß es von der Rücksicht auf gesellschaftliche Zwecke beseelt wird. Es gibt keinen Zauber, mit dem das erreicht werden kann. Dieselben Ursachen, die Menschen dazu geführt haben, konzentrierte politische Macht privaten Zwecken dienstbar zu machen, werden fortwirken, um Menschen zu veranlassen, konzentrierte wirtschaftliche Macht zugunsten nicht-öffentlicher Ziele zu gebrauchen. Diese Tatsache bedeutet nicht, daß das Problem unlösbar ist. Sie zeigt aber, wo das Problem liegt, welche Gestalt es auch immer annimt. Da die Amtsträger der Öffentlichkeit eine doppelte Natur und Fähigkeit besitzen – welche Bedingungen und Methoden sind nötig, damit Scharfblick, Loyalität und Energie in den Dienst der öffentlichen und politischen Funktion gestellt werden können?

Diese alltäglichen Erwägungen wurden hier als Hintergrund für die Erörterung der Probleme und Aussichten der demokratischen Regierungsform angeführt. Demokratie ist ein Wort mit vielen Bedeutungen. Darunter sind einige von solch großer sozialer und moralischer Tragweite, daß sie für unser unmittelbares Thema unerheblich sind. Aber eine der Bedeutungen ist ausgesprochen politisch, denn sie bezeichnet eine Form des Regierens, eine spezifische Praxis der Auswahl von Amtspersonen und der Regulierung ihres Verhaltens als Beamte. Dies ist nicht die anregendste der verschiedenen Bedeutungen der Demokratie; sie ist von vergleichsweise spezifischem Charakter. Aber sie enthält ungefähr alles, was für die *politische* Demokratie wichtig ist. Nun sind die Theorien und Praktiken der Auswahl und des Verhaltens öffentlicher Amtspersonen, welche die politische Demokratie ausmachen, vor dem soeben angesprochenen historischen Hintergrund herausgearbeitet worden. Sie sind ein Versuch, erstens den Kräften entgegenzuarbeiten, die in so hohem Maße den Besitz der

Herrschaft durch zufällige und belanglose Faktoren bestimmt haben, und zweitens der Tendenz entgegenzuwirken, politische Macht in den Dienst privater statt öffentlicher Ziele zu stellen. Die demokratische Regierungsform im ganzen, losgelöst von ihrem historischen Hintergrund, zu diskutieren, hieße, ihren Sinn zu verfehlen und alle Mittel für eine intelligente Kritik an ihr fortzuwerfen. Indem wir den spezifisch historischen Standpunkt einnehmen, tun wir den wichtigen und sogar höherstehenden Ansprüchen der Demokratie als einem ethischen und gesellschaftlichen Ideal keinen Abbruch. Wir begrenzen unser Diskussionsthema nur auf diese Weise, um „das große Übel" zu vermeiden, die Vermischung von Dingen, die auseinandergehalten werden müssen.

Betrachtet als eine geschichtliche Tendenz, die sich in einer Kette von Bewegungen darstellt, welche die Regierungsformen auf nahezu dem gesamten Globus über die letzten einhundertfünfzig Jahre beeinflußten, ist die Demokratie eine komplexe Angelegenheit. Eine verbreitete Legende besagt, daß diese Bewegung aus einer einzigen deutlichen Idee entstand und von einem einzigen ungebrochenen Impuls vorangetrieben wurde, um sich zu einem vorbestimmten Ziel hin zu entfalten, entweder triumphal und glorreich oder verhängnisvoll katastrophisch. Dieser Mythos wird wahrscheinlich selten in einer so einfachen und reinen Form vertreten. Aber etwas ihm Ähnliches findet man, wann immer Menschen die demokratische Regierungsform entweder absolut preisen oder verdammen, das heißt, ohne sie mit alternativen Ordnungen zu vergleichen. Selbst die am wenigsten zufälligen, auf überlegteste Weise geplanten politischen Formen verkörpern nichts absolut und unangefochten Gutes. Sie repräsentieren eine Wahl, die unter einem Komplex widerstreitender Kräfte getroffen wurde, eine Wahl jener besonderen Möglichkeit, welche das größte Gute in Begleitung des kleinsten Übels zu versprechen scheint.

Eine solche Aussage ist überdies eine gewaltige Vereinfachung. Politische Formen entstehen nicht auf eine ein für allemal gegebene Weise. Die größte Veränderung ist, wenn einmal vollbracht, schlicht das Ergebnis einer unermeßlichen Reihe von Anpassungen und Wiederanpassungen, von denen jede auf eine besondere Situation reagiert. In der Rückschau ist es möglich, die Tendenz einer mehr oder weniger stetigen Veränderung in eine einzige Richtung auszumachen. Es ist aber, wir wiederholen es, reine Mythologie, eine solche Einheit des Ergebnisses, so sie vorkommt (was immer leicht übertrieben werden kann), einer einzigen Kraft oder einem einzigen Prinzip zuzuschreiben. Die politische Demokratie ist als eine Art Netto-Folge aus einer riesigen Menge reaktiver Angleichungen an eine riesige Zahl von Situationen entstanden, von denen keine zwei einander glichen, die aber dazu neigten, in einem gemeinsamen Ergebnis zu konvergieren. Die demokratische Konvergenz war außerdem nicht das Resultat spezifischer historischer Kräfte und Faktoren. Noch weniger ist die Demokratie das Produkt *der* Demokratie, eines inhärenten Triebes oder einer immanenten Idee. Die maßvolle Verallgemeinerung, die Einheit der demokratischen Bewegung sei in dem Bestreben zu finden, in der Folge früherer politischer Institutionen erlittene Übel abzustellen, erfaßt, daß sie Schritt für Schritt vor sich ging und daß jeder Schritt ohne Vorwissen irgendeines Endergebnisses unternommen wurde, und größtenteils unter dem unmittelbaren Einfluß einer Menge voneinander abweichender Impulse und Parolen.

Es ist sogar noch wichtiger zu erkennen, daß die Bedingungen, aus denen die Verbesserungsbemühungen erwuchsen und die ihren Erfolg ermöglichten, in der Hauptsache nicht-politischer Natur waren. Denn die Übel waren von Dauer; und jede Darstellung der Bewegung muß zwei Fragen stellen: Warum wurden die Anstrengungen zu Verbesserungen nicht früher unternommen, und, als sie unternommen wurden, warum nahmen sie genau die Form an, die sie annahmen? Die Antworten auf beide Fragen werden in unterschiedlichen religiösen, wissenschaftlichen und wirtschaftlichen Umwälzungen gefunden werden, die schließlich auch im politischen Bereich Wirkung zeigten, wobei sie selbst vorwiegend nicht-politisch und frei von demokratischen Absichten waren. Große Fragen und weitreichende Ideen und Ideale entstanden im Verlauf der Bewegung. Aber die Theorien über die Natur des Individuums und seine Rechte, über Freiheit und Autorität, Fortschritt und Ordnung, Freiheit und Gesetz, über das Gemeinwohl und den allgemeinen Willen sowie über die Demokratie selbst brachten die Bewegung nicht hervor. Sie spiegelten sie im Denken; nachdem sie entstanden waren, drangen sie in die nachfolgenden Bestrebungen ein und hatten praktische Wirkung.

Wir haben darauf bestanden, daß die Entwicklung der politischen

Demokratie die Konvergenz einer großen Zahl gesellschaftlicher Bewegungen darstellt, von denen keine entweder ihren Ursprung oder ihren Anstoß der Inspiration demokratischer Ideale oder dem Planen eines möglichen Ausganges verdankt. Diese Tatsache macht sowohl die Siegeshymnen als auch die Verurteilungen bedeutungslos, sofern sie auf konzeptionellen Deutungen der Demokratie beruhen, welche, ob nun wahr oder falsch, gut oder schlecht, Reflexionen von Tatsachen im Denken sind, nicht ihre kausalen Urheber. Jedenfalls ist die Komplexität der geschichtlichen Ereignisse, die dabei gewirkt haben, von der Art, daß sie jeden Gedanken daran ausschließt, sie auf diesen Seiten zu wiederholen, selbst wenn ich über das Wissen und die Kompetenz verfügte, die mir fehlen. Zwei allgemeine und naheliegende Überlegungen müssen jedoch erwähnt werden. Indem sie im Aufruhr gegen etablierte Regierungsformen und den Staat geboren wurden, waren die Ereignisse, die schließlich in demokratischen politischen Formen kulminierten, zutiefst von der Angst vor der Regierung geprägt und von dem Verlangen getrieben, sie auf ein Minimum zu reduzieren, um den Schaden, den sie anrichten konnte, zu begrenzen.

Weil die etablierten politischen Formen an andere Institutionen, besonders geistliche, gebunden waren sowie an einen festen Bestand von Tradition und überliefertem Glauben, dehnte sich der Aufruhr auch auf die letzteren aus. So geschah es, daß die intellektuellen Parolen, in denen die Bewegung sich äußerte, einen negativen Sinn besaßen, selbst wenn sie positiv zu sein schienen. Freiheit stellte sich als ein Selbstzweck dar, obwohl sie tatsächlich Befreiung von Unterdrückung und Tradition bedeutete. Da es – für die intellektuelle Seite – notwendig war, für die Aufstandsbewegungen eine Rechtfertigung zu finden, und da die etablierte Autorität auf der Seite der Institutionen stand, lag der natürliche Ausweg in der Berufung auf eine den protestierenden Individuen innewohnende unveräußerliche heilige Autorität. So wurde der „Individualismus" geboren, eine Theorie, welche einzelne Personen, isoliert von allen Assoziationen außer denen, die sie bewußt für ihre eigenen Zwecke bildeten, mit angeborenen oder natürlichen Rechten ausstattete. Der Aufstand gegen die alten und einschränkenden Assoziationen wurde intellektuell in die Doktrin der Unabhängigkeit von aller und jeder Assoziation verwandelt.

Die praktische Bewegung zur Beschränkung der Regierungsgewalt verband sich auf diese Weise – etwa in der einflußreichen Philosophie von John Locke – mit der Lehre, daß der Grund und die Rechtfertigung der Beschränkung in vorrangigen nicht-politischen, der Struktur des Individuums selbst inhärenten Rechten lagen. Von diesen Lehren war es ein kleiner Schritt zu dem Schluß, daß der alleinige Zweck der Herrschaft darin besteht, die Individuen in den Rechten zu schützen, die ihnen von Natur aus zukommen. Die Amerikanische Revolution war eine Rebellion gegen eine etablierte Regierung und natürlich entlehnte und erweiterte sie diese Ideen für die ideologische Interpretation des Unabhängigkeitsstrebens der Kolonien. Es ist heute leicht, sich Umstände vorzustellen, unter denen die Aufstände gegen bevorrechtigte Regierungsformen ihre theoretische Formulierung in einer Behauptung von Gruppenrechten, von Rechten nicht-politischer Assoziationen gefunden haben würden. Es gab keine Logik, welche die Berufung auf das Individuum als einem unabhängigen und isolierten Wesen zwingend machte. Abstrakt gedacht, würde es genügt haben zu behaupten, daß einige ursprüngliche Gruppierungen Ansprüche hätten, die zu schmälern der Staat kein Recht besitze. In diesem Fall wäre die berühmte moderne Antithese von *dem* Individuellen und *dem* Gesellschaftlichen und das Problem ihrer Versöhnung nicht aufgekommen. Das Problem würde die Form angenommen haben, wie die Beziehung nicht-politischer Gruppen zur politischen Einheit zu bestimmen ist. Aber der verhaßte Staat war, wie wir bereits bemerkten, sachlich und durch die Tradition eng mit anderen Assoziationen verknüpft, geistlichen (und durch deren Einfluß mit der Familie) und wirtschaftlichen, wie Innungen und Korporationen, und durch den Kirchenstaat sogar mit Vereinigungen für wissenschaftliche Forschung und mit Bildungseinrichtungen. Der einfachste Ausweg war die Rückkehr zum nackten Individuum, um alle Assoziationen als seiner Natur und seinen Rechten fremde hinwegzufegen – wenn sie nicht aus seiner eigenen freien Wahl hervorgingen und seine eigenen privaten Zwecke sicherten.

Nichts zeigt das Ausmaß der Bewegung besser als die Tatsache, daß die philosophischen Erkenntnistheorien genauso an das Selbst oder das Ego – das in der Form des individuellen Bewußtseins mit dem Geist an sich gleichgesetzt wurde – appellierten, wie die politische Theorie an das natürliche Individuum als ihrer höchsten Instanz.

So sehr sie sich auch sonst bekämpften, darin stimmten die Schulen von Locke und Descartes überein; sie gingen nur in der Frage auseinander, ob die empfindende oder die rationale Natur des Individuums fundamental sei. Von der Philosophie kommend schlich sich die Idee in die Psychologie ein, die zu einer introspektiven und introvertierten Beschreibung eines isolierten und elementaren Bewußtseins wurde. Fortan konnte der moralische und politische Individualismus sich auf „wissenschaftliche" Befugnis für seine Lehren berufen und ein von der Psychologie in Umlauf gebrachtes Vokabular benutzen – obwohl die von ihm als wissenschaftliche Grundlage angerufene Psychologie in Wirklichkeit sein eigenes Erzeugnis war.

Einen klassischen Ausdruck findet die „individualistische" Bewegung in den großartigen Dokumenten der Französischen Revolution, die mit einem Schlag alle Assoziationen abschaffte, und, in der Theorie, das bloße Individuum dem Staat direkt gegenüberstellte. Ohne einen zweiten, hier ebenfalls zu erwähnenden Faktor, würde sie diesen Punkt aber kaum erreicht haben. Die Erfindung und Verwendung neuer technischer Geräte – die Linse ist typisch dafür – hatte eine neue wissenschaftliche Bewegung ermöglicht, welche die Aufmerksamkeit auf Werkzeuge wie den Hebel und das Pendel lenkte, die, obgleich sie schon lange in Gebrauch waren, bis dahin für die wissenschaftliche Theorie keine Angriffspunkte dargestellt hatten. Wie Bacon vorhersagte, brachte diese neue Entwicklung in der Forschung große wirtschaftliche Veränderungen mit sich. Indem sie zur Erfindung der Maschinen führte, hat sie ihre Schulden bei den Werkzeugen mehr als nur beglichen. Dem Einsatz von Maschinen in Produktion und Handel folgte die Schaffung neuer mächtiger sozialer Bedingungen, persönlicher individueller Möglichkeiten und Bedürfnisse. Ihre adäquate Äußerung wurde von den etablierten politischen und rechtlichen Praktiken eingeschränkt. Die Rechtsvorschriften beeinflußten jede Lebensform, welche die neuen wirtschaftlichen Kräfte auszunutzen strebte, derart, daß sie das freie Spiel von Fabrikation und Austausch behinderten und unterdrückten. Die bestehenden Usancen der Staaten, die ihren intellektuellen Ausdruck in der Theorie des Merkantilismus fanden – gegen die Adam Smith seine Erklärung *Des* (Wahren) *Reichtums der Nationen* schrieb, verhinderten die Ausweitung des Handels zwischen den Nationen – eine Beschränkung, die auf die einheimische Industrie zurückfiel. Im Innern gab es ein vom Feudalismus ererbtes Netz von Beschränkungen. Der Preis von Arbeit und Waren wurde nicht durch Feilschen auf dem Markt gebildet, sondern durch Friedensrichter festgelegt. Die Entwicklung der Industrie wurde von Gesetzen behindert, welche die Wahl des Gewerbes, die Lehrzeit, die Wanderung der Arbeiter von Ort zu Ort und so fort bestimmten.

Die Furcht vor der Regierung und der Wunsch, ihr Wirken zu begrenzen, weil es der Entwicklung der neuen Kräfte der Produktion und der Distribution von Dienstleistungen und Waren abträglich war, erfuhr auf diese Weise eine mächtige Verstärkung. Die wirtschaftliche Bewegung war vielleicht die einflußreichere, weil sie nicht im Namen des Individuums und seiner angestammten Rechte, sondern im Namen *der* Natur wirkte. Ökonomische „Gesetze"; das Gesetz der Arbeit, die natürlichen Bedürfnissen entspringt und zur Schaffung von Reichtum führt; das Gesetz augenblicklicher Enthaltsamkeit zugunsten künftigen Genusses, die zur Schaffung von Kapital führt, das wieder die Anhäufung von noch mehr Reichtum bewirkt; das freie Spiel der Handelskonkurrenz – bezeichnet als das Gesetz von Angebot und Nachfrage – waren „natürliche" Gesetze. Sie wurden den politischen Gesetzen als künstlichen, von Menschen erschaffenen Dingen entgegengesetzt. Die am wenigsten in Frage gestellte Tradition war eine Vorstellung von *der* Natur, die *Natur* zu etwas machte, das beschworen werden mußte. Die ältere metaphysische Vorstellung von *dem* Naturgesetz wurde jedoch in eine wirtschaftliche Vorstellung verwandelt; der menschlichen Natur eingepflanzte Naturgesetze regelten die Herstellung und den Austausch von Gütern und Dienstleistungen, und zwar derart, daß, wenn sie von künstlichen, das heißt politischen, Eingriffen freigehalten wurden, sie zu größtmöglicher gesellschaftlicher Wohlfahrt und zum Fortschritt führten. Die Volksmeinung schert sich wenig um Fragen logischer Folgerichtigkeit. Die ökonomische Theorie des *Laissez-faire*, die auf dem Glauben an wohltätige Naturgesetze, welche die Harmonie von persönlichem Gewinn und gesellschaftlichem Nutzen herbeiführten, beruhte, wurde unbekümmert mit der Naturrechtslehre vermischt. Sie hatten beide die gleiche praktische Wirkung, und was bedeutet unter Freunden schon Logik? So blieb der Protest der utilitaristischen Schule, welche die ökonomische Theorie des Naturgesetzes in der Volkswirtschaft unterstützte, gegen die Naturrechtstheorien und gegen die populäre Verschmelzung der zwei Seiten erfolglos.

Die utilitaristische Wirtschaftstheorie war ein derart wichtiger Faktor in der Entwicklung der Theorie – im Unterschied zur Praxis – des demokratischen Staates, daß es sich lohnt, sie im Umriß zu erläutern. Jedes Individuum strebt natürlicherweise danach, sein eigenes Los zu verbessern. Das kann nur durch Fleiß erreicht werden. Jedes Individuum ist natürlicherweise der beste Richter seiner eigenen Interessen und wird, wenn es frei von künstlich auferlegten Beschränkungen gelassen wird, sein Urteilsvermögen in der Wahl seiner Tätigkeit und im Austausch von Gütern und Diensten zum Ausdruck bringen. Von Zufällen abgesehen, wird es für sein eigenes Glück im Maße seiner Tatkraft bei der Arbeit, seiner Gewieftheit beim Austausch und seiner selbstverleugnenden Sparsamkeit sorgen. Reichtum und Sicherheit sind der natürliche Lohn ökonomischer Tugenden. Gleichzeitig tragen die Industrie, der kommerzielle Eifer und die Fähigkeiten der Individuen zum gesellschaftlichen Wohl bei. Unter der unsichtbaren Hand einer wohltätigen Vorsehung, welche die Naturgesetze verfaßt hat, wirken Arbeit, Kapital und Handel auf harmonische Weise zum Vorteil und Fortschritt der Menschen im allgemeinen und im einzelnen. Der einzige Feind, der gefürchtet werden muß, ist die Einmischung der Regierung. Politische Regulierung ist nur erforderlich, weil die Individuen unabsichtlich und absichtlich – da der Besitz der Fleißigen und Fähigen eine Versuchung für die Untätigen und Nutzlosen ist – sich gegenseitig in ihren Tätigkeiten beeinträchtigen und ihr Eigentum verletzen. Diese Übergriffe sind das Wesen der Ungerechtigkeit, und die Funktion der Regierung ist die Wahrung der Gerechtigkeit – was hauptsächlich den Schutz des Eigentums und der Verträge, die dem kommerziellen Austausch dienen, bedeutet. Ohne die Existenz des Staates könnten die Menschen sich wechselseitig enteignen. Diese Aneignung ist nicht nur unfair gegenüber dem arbeitsamen Individuum, sondern indem sie das Eigentum unsicher macht, schreckt sie überhaupt von der Kraftaufwendung ab und schwächt oder zerstört somit die Quelle des gesellschaftlichen Fortschritts. Andererseits wirkt diese Lehre von der Funktion des Staates automatisch als eine der Regierungstätigkeit auferlegte Schranke. Der Staat selbst ist nur gerecht, wenn er zur Wahrung der Gerechtigkeit – im eben definierten Sinne – handelt.

So verstanden ist das politische Problem im wesentlichen ein Problem der Entdeckung und Einsetzung einer Technik, die das Wirken der Regierung so weit wie möglich begrenzt auf ihre rechtmäßige Aufgabe des Schutzes der wirtschaftlichen Interessen, von denen das Interesse, das ein Mensch an der Unversehrtheit seines eigenen Lebens und Körpers besitzt, ein Teil ist. Die Herrschenden teilen die gewöhnliche Gier, Eigentum mit einem Minimum an eigener Anstrengung zu erlangen. Sich selbst überlassen, nutzen sie die Macht aus, mit der sie ihre Amtsposition ausstattet, um den Reichtum anderer willkürlich zu besteuern. Wenn sie die Industrie und den Besitz von Privatbürgern gegen die Eingriffe anderer Privatbürger schützen, dann nur, um über mehr Ressourcen zu verfügen, aus denen sie für ihre eigenen Zwecke schöpfen können. Das wesentliche Problem der Regierung reduziert sich somit auf folgendes: Welche Arrangements werden die Herrschenden davon abhalten, ihre eigenen Interessen auf Kosten der Beherrschten zu befördern? Oder, positiv ausgedrückt, mit welchen politischen Mitteln sollen die Interessen der Regierenden mit denen der Regierten identifiziert werden?

Die Antwort wurde, hauptsächlich von James Mill, in einer klassischen Formulierung des Wesens der politischen Demokratie gegeben. Ihre Kennzeichen waren die Wahl der Amtspersonen durch das Volk, kurze Amtszeiten und regelmäßige Wahlen. Wenn die öffentlichen Beamten in den Amtspositionen und deren Einkünften von den Bürgern abhingen, dann würden ihre persönlichen Interessen mit denen der Gesamtheit der Menschen zusammentreffen – zumindest denen der betriebsamen und besitzenden Personen. Die durch Volksabstimmung gewählten Beamten würden erfahren, daß ihre Wahl ins Amt vom Beweis ihres Eifers und ihrer Fähigkeit, die Interessen des Wahlvolkes zu schützen, abhängt. Kurze Amtszeiten und regelmäßige Wahlen würden sicherstellen, daß sie zu regelmäßiger Rechenschaftslegung angehalten sind; die Wahlzelle würde ihr „Jüngstes Gericht“ sein. Die Angst vor ihm würde als ein ständige Kontrolle wirken.

Natürlich habe ich in dieser Darstellung stark vereinfacht, was bereits eine forcierte Vereinfachung war. Die Dissertation von James

Mill wurde vor der Verabschiedung der Reform Bill von 1832 geschrieben. Praktisch gesehen war sie eine Begründung für die Ausdehnung des Wahlrechtes, das sich damals größtenteils in den Händen von Erbgrundbesitzern befand, auf Fabrikanten und Kaufleute. Vor reinen Demokratien hatte James Mill nichts als Angst. Die Ausdehnung des Stimmrechtes auf die Frauen lehnte er ab.[10] Er war an der neuen „Mittelklasse“ interessiert, die sich infolge der Anwendung von Dampf in der Fabrikation und im Handel herausbildete. Seine Einstellung kommt vollauf in der Überzeugung zum Ausdruck, daß selbst dann, wenn das Stimmrecht nach unten erweitert würde, die Mittelklasse, „welche der Wissenschaft, der Kunst und der Gesetzgebung selbst ihre größte Zierde verleiht, und welche die Hauptquelle alles Verfeinerten und Exaltierten in der menschlichen Natur ist, denjenigen Teil der Gesellschaft bildet, dessen Einfluß [...] letzten Endes entscheiden würde.“[11] Trotz der übergroßen Vereinfachung und ihrer besonderen historischen Motivation beanspruchte die Doktrin aber, auf einer universellen psychologischen Wahrheit zu beruhen; sie biete ein angemessenes Bild der Prinzipien, welche die Bewegung zu einer demokratischen Regierung hin rechtfertigen sollten. Es ist unnötig, sich hier in eine ausgedehnte Kritik zu ergehen. Die Unterschiede zwischen den in der Theorie postulierten und den mit der Entwicklung der demokratischen Regierungsform tatsächlich erreichten Bedingungen sprechen für sich selbst. Die Diskrepanz ist Kritik genug. Dieser Unterschied zeigt jedoch selbst, daß das, was geschehen war, keiner Theorie entsprang, sondern dem innewohnte, was sich nicht nur ohne Rücksicht auf Theorien, sondern auch ohne Bezug zur Politik ereignete: allgemein gesprochen, auf Grund der Nutzung von Dampf und seiner Anwendung auf mechanische Erfindungen.

Es wäre indes ein großer Fehler, die Idee des isolierten Individuums, das abseits der Assoziation „von Natur aus“ über inhärente Rechte verfügt, und die Idee der ökonomischen Gesetze als natürlicher Gesetze, im Vergleich zu denen die politischen in ihrer Künst-

10 Diese letztgenannte Position rief sofort den Protest des Anführers der utilitaristischen Schule, Jeremy Benthams, hervor.

11 Mill, J., *Essays on Government, Jurisprudence, Liberty of the Press, and Law of Nations*, London, J. Innes, 1825, S. 32. [A. d. Ü.]

lichkeit schädlich sind (außer sie werden sorgsam untergeordnet), als wertlos und unfruchtbar zu betrachten. Die Ideen waren etwas mehr als Fliegen an den sich drehenden Rädern.[12] Sie verursachten nicht die Bewegung zur Volksherrschaft, aber sie beeinflußten zutiefst die Formen, die diese annahm. Oder vielleicht wäre es richtiger zu sagen, die fortdauernden älteren Bedingungen, denen sie ergebener anhingen als den Zuständen, von denen zu berichten sie vorgaben, waren durch die erklärte Philosophie vom demokratischen Staat so verfestigt, daß sie einen großen Einfluß ausübten. Das Ergebnis war eine Schieflage, eine Verschiebung und Entstellung der demokratischen Formen. Wenn wir die „individualistische“ Sache in einer etwas groben Behauptung zusammenfassen, welche durch spätere Einschränkungen zu berichtigen ist, dann können wir sagen, „das Individuum“, um das die neue Philosophie sich zentrierte, war in Wirklichkeit gerade in dem Moment dabei völlig unterzugehen, in dem es von der Theorie in die Höhe gehoben wurde. Und über die angebliche Unterordnung der politischen Angelegenheiten unter die natürlichen Kräfte und Gesetze können wir sagen, daß die wirklichen wirtschaftlichen Bedingungen zutiefst künstlich waren, – in dem Sinn, in dem die Theorie das Künstliche verurteilte. Sie lieferten die menschengemachten Mittel, mit denen die neuen Regierungsbehörden erfaßt und entsprechend den Wünschen der neuen Klasse von Geschäftsmännern benutzt wurden.

Diese Behauptungen sind beide formal und zu allgemein. Um eine verständliche Bedeutung zu erhalten, müssen sie im einzelnen entwickelt werden. Graham Wallas stellte dem ersten Kapitel seines Buches mit dem Titel *Die Große Gesellschaft* die folgenden Worte Woodrow Wilsons aus *Die neue Freiheit* voran: „Sonst und von jeher seit Beginn der Geschichte standen die Menschen als Individuen zu-

12 Wahrscheinlich eine durch F. Bacon („Über Prahlerei“) und Carlyle vermittelte Anspielung auf die äsopische Fabel „Die Fliege und das Maultier“ (s. auch: Phaedrus III 6, Romulus 47, J. de la Fontaine: „Der Reisewagen und die Fliege“): „Aesop's fly, sitting on the axle of the chariot, has been much laughed at for exclaiming: What a dust I do raise!“ (*Boswell's Life of Johnson* [1832], in Thomas Carlyle: *Critical and Miscellaneous Essays*, Vol. IV. London, Chapman and Hall, Limited 1891, S. 67.) [A. d. Ü.]

einander in Beziehung. ... Heute weisen die alltäglichen Beziehungen des Menschen in großem Maßstabe auf gewaltige unpersönliche Geschäftsgruppen und Organisationen und nicht auf andere individuelle Menschen. Das ist nichts anderes als ein neues soziales Zeitalter, eine neue Ära der menschlichen Beziehungen, ein neuer Aufzug im Drama des Lebens.“[13] Wenn wir akzeptieren können, daß in diesen Worten wenigstens ein mittleres Stück Wahrheit steckt, dann verdeutlichen sie, wie außerordentlich ungeeignet die individualistische Philosophie war, den Bedürfnissen des neuen Zeitalters zu entsprechen und seine Kräfte zu lenken. Sie verraten, was mit der Behauptung gemeint ist, daß die Theorie des Individuums, das über Wünsche und Ansprüche verfügt, das ausgestattet ist mit Voraussicht und Weisheit und dem Verlangen sich zu bessern, genau zu der Zeit formuliert wurde, als das Individuum in der Lenkung der gesellschaftlichen Angelegenheiten wenig zählte, – zu einer Zeit, in der mechanische Kräfte und riesige unpersönliche Organisationen die Form der Dinge bestimmten.

Die Aussage „sonst und von jeher seit Beginn der Geschichte standen die Menschen als Individuen zueinander in Beziehung“ ist nicht wahr. Die Menschen haben sich in ihrem Lebenserwerb immer miteinander verbunden, und die Assoziation in vereintem Verhalten hat ihre Beziehungen zueinander als Individuen beeinflußt. Es genügt, sich zu erinnern, wie sehr menschliche Beziehungen von Mustern durchdrungen worden sind, die direkt und indirekt von der Familie herstammen; sogar der Staat war eine dynastische Angelegenheit. Aber nichtsdestoweniger ist der Gegensatz, den Mr. Wilson im Sinn hatte, eine Tatsache. Die früheren Assoziationen waren überwiegend des Typs, der von Cooley treffend als „face-to-face“-Assoziation bezeichnet wurde.[14] Diejenigen, die wichtig waren, die bei der Formierung der emotionalen und intellektuellen Dispositionen wirklich zählten, waren einheimisch und benachbart und folglich sichtbar. So-

13 G. Wallas, *The Great Society: A Psychological Analysis*, New York, Macmillan Co., 1914, S. 3; W. Wilson, *Die Neue Freiheit. Ein Aufruf zur Befreiung der edlen Kräfte eines Volkes*, München, Georg Müller Verlag, 1914, S. 41. [A. d. Ü.]

14 Siehe C. H. Cooley, *Social Organization: A Study of the Larger Mind*, New York, Charles Scribner's Sons, 1909, Kapitel 3, über „Primärgruppen“.

fern die Menschen überhaupt an ihnen teilhatten, dann direkt und auf eine Weise, deren sie sich sowohl in ihren Gefühlen wie in ihren Überzeugungen bewußt waren. Der Staat, selbst wenn er auf despotische Art eingriff, war weit entfernt, eine dem alltäglichen Leben fremde Instanz. Im übrigen trat er in das Leben der Menschen durch Sitte und Gewohnheitsrecht. Gleich, wie weit ihre Wirkung reichen mochte, was zählte war nicht ihre Ausdehnung und Inklusivität, sondern ihre unmittelbare örtliche Gegenwart. Die Kirche war tatsächlich sowohl eine universelle als auch eine intime Angelegenheit. Aber sie trat in das Leben der meisten Menschen nicht durch ihre Universalität, sofern ihre Gedanken und Gewohnheiten betroffen waren, sondern durch die unmittelbare Ausübung von Riten und Sakramenten. Die neue, in der Produktion und im Handel angewandte Technologie hatte eine soziale Revolution zur Folge. Ohne Ankündigung oder Absicht fanden die lokalen Gemeinschaften ihre Angelegenheiten von entfernten und unsichtbaren Organisationen abhängig. Das Ausmaß der Aktivitäten letzterer war so gewaltig und ihre Wirkung so durchgreifend und andauernd, daß es nicht übertrieben ist, über „eine neue Ära der menschlichen Beziehungen“ zu sprechen. Die *Große Gesellschaft*, erschaffen aus Dampf und Elektrizität, mag eine Gesellschaft sein, aber eine Gemeinschaft ist sie nicht. Der Einfall der neuen und vergleichsweise unpersönlichen und mechanischen Formen kombinierten menschlichen Verhaltens in die Gemeinschaft ist die herausragende Tatsache des modernen Lebens. In diesen Arten aggregierter Tätigkeit ist die Gemeinschaft, in ihrem strengen Sinn, kein bewußter Partner, und sie hat über diese Tätigkeitsarten keine direkte Kontrolle. Dennoch waren sie bei der Schaffung nationaler und territorialer Staaten die Hauptfaktoren. Die Notwendigkeit, sie zu kontrollieren, war die wichtigste Triebkraft in der Verwandlung der Regierung dieser Staaten in eine demokratische oder Volksregierung im heutigen Sinn dieser Wörter.

Warum wurde dann eine Bewegung, die ein so tiefes Versinken des persönlichen Handelns in den überflutenden Folgen entfernter und unerreichbarer kollektiver Handlungen mit sich brachte, in einer Philosophie des Individualismus widergepiegelt? Eine erschöpfende Beantwortung dieser Frage ist hier unmöglich. Zwei naheliegende Überlegungen sind jedoch von Bedeutung. Die neuen Bedingungen hatten die

Freilassung bis dahin schlummernder menschlicher Kräfte zur Folge gehabt. Während ihre Wirkung die Gemeinschaft durcheinanderbrachte, war sie für die einzelnen Individuen befreiend, wobei ihre repressive Seite im undurchdringlichen Nebel der Zukunft verborgen blieb. Richtiger gesagt, die repressive Seite berührte hauptsächlich die Elemente der Gemeinschaft, die auch unter den älteren und halbfeudalen Bedingungen niedergehalten wurden. Da sie sowieso nicht viel bedeuteten, sie traditionell die Wasserschöpfer und Holzhauer waren und nur im juristischen Sinn aus der Leibeigenschaft auftauchten, blieb die Auswirkung der neuen wirtschaftlichen Bedingungen auf die arbeitenden Massen weitgehend unbemerkt. Tagelöhner waren in Wirklichkeit noch immer – so unverhüllt wie in der klassischen Philosophie – eher zugrundeliegende Bedingungen des Gemeinschaftslebens als seine Teilnehmer. Nur allmählich wurde die Wirkung auf sie sichtbar; bis dahin waren sie zu genug Macht gekommen – sie waren hinreichend wichtige Faktoren des neuen Wirtschaftsrégimes geworden – , um die politische Emanzipation zu erlangen und so in den Formen des demokratischen Staates eine Rolle zu spielen. In der Zwischenzeit war die befreiende Wirkung auch in bezug auf die Angehörigen der „Mittelklasse“, der Fabrikanten- und Handelsklasse, deutlich aufgefallen. Es wäre kurzsichtig, die Freisetzung der Kräfte auf die Möglichkeit zu beschränken, Reichtum zu erwerben und seine Früchte zu genießen, obwohl die Erzeugung materieller Bedürfnisse und der Fähigkeit, diese zu befriedigen, nicht leicht zu übersehen sind. Initiative, Erfindungsgabe, Voraussicht und Planung wurden auch stimuliert und gestärkt. Diese Manifestation neuer Kräfte erfolgte in einem genügend großen Maßstab, um die Aufmerksamkeit zu erregen und zu beanspruchen. Das Ergebnis wurde als die Entdeckung des Individuums formuliert. Das Herkömmliche wird als selbstverständlich betrachtet; es wirkt im Unterbewußtsein. Der Bruch mit dem Gewohnten steht im Mittelpunkt; er formt das „Bewußtsein“. Die notwendigen und dauerhaften Assoziationsformen blieben unbeachtet. Die neuen, willkürlich geschaffenen, nahmen das Denken für sich allein in Anspruch. Sie monopolisierten den Horizont der Wahrnehmung. Der „Individualismus“ war eine Doktrin, die beschrieb, was im Mittelpunkt des Denkens und der Absichten stand.

Die andere Überlegung ist ähnlich. Mit der Freisetzung neuer

Kräfte wurden die einzelnen Individuen von einer Masse alter Gewohnheiten, Vorschriften und Institutionen befreit. Wir haben bereits erwähnt, wie die von der neuen Technologie ermöglichten Methoden der Herstellung und des Austausches durch die Rechtsvorschriften und Gepflogenheiten des früheren Régimes behindert wurden. Letztere wurden folglich als unerträglich einschränkend und drückend empfunden. Da sie das freie Spiel von Initiative und kommerzieller Tätigkeit hemmten, galten sie als künstlich und unterjochend. Der Kampf für die Emanzipation von ihrer Herrschaft wurde mit der Befreiung des Individuums an sich identifiziert; in der Heftigkeit des Kampfes wurden Assoziationen und Institutionen unterschiedslos als Feinde der Freiheit verurteilt, es sei denn sie waren das Ergebnis individueller Vereinbarung und freier Wahl. Daß viele Assoziationsformen praktisch unberührt blieben, wurde leicht übersehen, einfach weil sie selbstverständlich waren. In der Tat wurde jeder Versuch, an ihnen zu rühren, vor allem was die etablierte Form der Familienverbindung und der Rechtsinstitution des Eigentums anging, als subversiv betrachtet, als Ausschweifung und Zügellosigkeit, nicht als Befreiung in der geheiligten Phrase. Die Gleichsetzung demokratischer Regierungsformen mit diesem Individualismus war leicht. Das Wahlrecht stellte für die Masse eine Freisetzung einer bis dahin schlafenden Fähigkeit dar und auch, zumindest dem Anschein nach, eine Macht, die sozialen Beziehungen auf der Grundlage individuellen Wollens zu gestalten.

Das Stimmrecht für das Volk und das Mehrheitsprinzip lieferten der Einbildungskraft das Bild von Individuen, wie sie in ihrer ungehinderten individuellen Souveränität den Staat erschaffen. Für Anhänger und Gegner bot es das Spektakel einer Pulverisierung etablierter Assoziationen in die Begierden und Absichten atomarer Individuen. Die der Kombination und der institutionellen Organisation entsprungenen Kräfte, die unter der Oberfläche die Handlungen kontrollierten, welche formell von den Individuen ausgingen, fanden keine Beachtung. Es ist das Wesen des gewöhnlichen Denkens, die äußere Ansicht zu greifen und für die Wirklichkeit zu halten. Die bekannten Lobeshymnen auf das Schauspiel „freier Menschen“, die zur Wahl gehen, um durch ihre persönlichen Willensäußerungen die politischen Formen zu bestimmen, unter denen sie leben sollen, ist ein

Musterstück dieser Tendenz, was immer man bereit war zu sehen auch für die volle Wirklichkeit einer Situation zu halten. In physikalischen Dingen hat die Naturwissenschaft diese Einstellung erfolgreich in Frage gestellt. In menschlichen Dingen ist sie noch beinahe voll in Kraft.

Die Gegner der Volksherrschaft waren nicht vorausschauender als ihre Befürworter, obgleich sie in der Verfolgung der angenommenen individualistischen Voraussetzung bis zu ihrem Schluß – der Desintegration der Gesellschaft – mehr Sinn für Logik zeigten. Carlyles wilde Attacken auf die Vorstellung einer Gesellschaft, die nur vom „Cash-Nexus" zusammmengehalten wird, sind wohlbekannt. Als ihr zwangsläufiges Ende erschien ihm „Anarchie plus Polizei". Er sah nicht, daß das neue industrielle Régime soziale Fesseln schmiedete, die so fest waren wie die verschwindenden, und weit umfassender – ob diese Bedingungen wünschenswert sind oder nicht, ist eine andere Sache. Macaulay, der Intellektuelle der Whigs, behauptete, die Ausweitung des Stimmrechtes auf die Massen würde mit Sicherheit zu einer Erweckung der räuberischen Triebe der besitzlosen Massen führen, die ihre neue politische Macht dazu nutzen würden, die oberen Klassen ebenso auszuplündern wie die Mittelklassen. Er fügte hinzu, daß, wenn auch der zivilisierte Teil der Menschheit sich nicht länger in Gefahr befände, von ihren wilden und barbarischen Teilen gestürzt zu werden, es aber möglich sei, daß im Busen der Zivilisation selbst die Krankheit erzeugt wird, die sie vernichten würde.

Beiläufig haben wir damit auch die andere Doktrin berührt, die Idee, daß im Wirken der ökonomischen Kräfte etwas „Natürliches" und dem „Naturgesetz" Unterworfenes liegt, – im Gegensatz zur menschengemachten Künstlichkeit der politischen Institutionen. Die Idee eines natürlichen Individuums, das in seiner Isoliertheit über ausgebildete Bedürfnisse verfügt, über Energien, die es nach seinem eigenen Wollen verausgaben kann, und über die fertige Fähigkeit zu Vorausschau und kluger Berechnung, ist in der Psychologie ebensosehr eine Fiktion wie die Lehre vom Individuum, das vorausgehende politische Rechte besitzt, eine in der Politik ist. Die liberalistische Schule hielt viel vom Begehren, aber für sie war Begehren etwas Bewußtes, das vorsätzlich auf ein bekanntes Ziel von Lüsten gerichtet war. Begehren und Genuß waren beides offene und ehrliche Angelegenheiten. Der Geist wurde als etwas immer im hellen Sonnenlicht Liegendes verstanden, das keine verborgenen Tiefen, keine unerforschlichen Winkel, nichts Untergründiges besitzt. Seine Tätigkeit glich Zügen in einem fairen Schachspiel. Sie liegen offen zutage; die Spieler haben nichts im Ärmel versteckt; die Stellungswechsel finden in ausdrücklicher Absicht und vor aller Augen statt; sie erfolgen nach Regeln, die allen im voraus bekannt sind. Berechnung und Geschick oder Dummheit und Ungeschicklichkeit bestimmen den Ausgang. Geist war „Bewußtsein" und dieses war ein klares, durchsichtiges, sich selbst-offenbarendes Medium, in dem Bedürfnisse, Bestrebungen und Absichten unverzerrt gezeigt wurden.

Heute wird allgemein zugestanden, daß Verhalten aus Bedingungen entsteht, die zum größten Teil außerhalb des Aufmerksamkeitszentrums liegen, und die nur mit Untersuchungen entdeckt und zum Vorschein gebracht werden können, die anspruchsvoller sind als diejenigen, die uns über die verborgenen Zusammenhänge unter groben physikalischen Phänomenen belehren. Nicht so allgemein anerkannt ist, daß die zugrundeliegenden und erzeugenden Bedingungen des konkreten Verhaltens sowohl sozialer als auch organischer Art sind: viel mehr sozial als organisch, was die Äußerung *verschiedener* Bedürfnisse, Absichten und Handlungsmethoden angeht. Jenen, die diese Tatsache zur Kenntnis nehmen, ist evident, daß die Begierden, die Ziele und die Maßstäbe der Befriedigung, welche das Dogma von den „natürlichen" Wirtschaftsprozessen und -gesetzen unterstellt, selbst gesellschaftlich bedingte Phänomene sind. Sie sind Reflexionen von Gepflogenheiten und Institutionen im einzelnen menschlichen Wesen; sie sind keine natürlichen, das heißt, „angeborenen", organischen Neigungen. Sie spiegeln einen bestimmten Stand der Zivilisation. Sogar noch richtiger ist, wenn möglich, daß die Form, in der eine Arbeit verrichtet oder ein Gewerbe betrieben wird, das Resultat akkumulierter Kultur und nicht der ursprüngliche Besitz von Personen als eigenständiger Organismen ist. Es gibt kaum etwas, das den Namen Industrie verdient, und noch weniger, was eine Fülle von Reichtum schafft, solange keine Werkzeuge existieren, und Werkzeuge sind das Ergebnis eines langsamen Überlieferungsprozesses. Die Entwicklung von Werkzeugen zu Maschinen – das Merkmal des Industriezeitalters – wurde nur durch die Nutzung von gesellschaftlich akkumuliertem und weitergereichtem Wissen möglich gemacht. Die Technik zur Anwendung von Werkzeugen und Maschinen war gleichermaßen etwas, das erlernt werden mußte; sie war keine natürliche Begabung, sondern etwas durch die Beobachtung anderer, durch Anleitung und Kommunikation zu Erwerbendes.

Diese Sätze drücken auf dürftige und farblose Weise aus, was eine herausragende Tatsache ist. Natürlich gibt es organische oder angeborene Bedürfnisse, wie die nach Nahrung, Schutz und Gefährten. Es gibt angeborene Strukturen, die die Beschaffung der äußeren Gegenstände, durch welche die Bedürfnisse befriedigt werden, ermöglichen. Aber die einzige Art von Industrie, die sie hervorzubringen vermögen, ist eine unsichere Existenz, die durch das Sammeln von eßbaren Pflanzen und Tieren, wie sie der Zufall darbieten mag, erhalten wird: die niedrigste Form der Wildheit, die gerade erst aus einem tierischen Zustand heraustritt. Genau genommen könnten sie nicht einmal dieses magere Ergebnis bewirken. Denn selbst eine so primitive Lebensform hängt auf Grund des Phänomens der hilflosen Kindheit von der Unterstützung durch assoziiertes Handeln ab, einschließlich dieser höchst kostbaren Form der Unterstützung: des Lernens von anderen. Was wäre selbst die Industrie von Wilden ohne die Nutzung des Feuers, von Waffen, Webereiartikeln, welche alle Tradition und Kommunikation einschließen. Das von den Verfassern der „natürlichen" Ökonomie erwogene industrielle Régime setzte Bedürfnisse, Werkzeuge, Stoffe, Zwecke, Techniken und Fähigkeiten voraus, die auf tausenderlei Art von assoziiertem Verhalten abhängen. In dem Sinn also, in dem die Verfasser der Doktrin das Wort „künstlich" gebrauchten, waren diese Dinge stark und zunehmend künstlich. Was sie in Wirklichkeit wollten, war eine veränderte Richtung der Sitten und Institutionen. Die Handlungen derer, die mit dem Vorantreiben der neuen Industrie und des neuen Handels befaßt waren, hatten ein neues System von Sitten und Institutionen zum Ergebnis. Diese stellten genauso umfassende und dauerhaft verbundene Lebensformen dar wie diejenigen, die sie verdrängten; das gilt noch mehr für ihre Tragweite und ihre Wirkung.

Die Bedeutung dieser Tatsache für die politische Theorie und Praxis ist offenkundig. Nicht nur, daß die tatsächlich wirkenden Bedürfnisse und Absichten Funktionen des assoziierten Lebens waren, sie bestimmten auch die Formen und den Charakter dieses Lebens neu. Die Athener kauften keine Sonntagszeitungen, investierten nicht in Aktien, noch wollten sie Autos. Noch wollen wir heute, zum größten Teil, schöne Körper und die Schönheit einer architektonischen Umgebung. Meistens geben wir uns mit den Resultaten der Kosmetik und häßlichen Slums zufrieden, und häufig mit ebenso häßlichen Palästen. Wir brauchen sie nicht „natürlich“ oder organisch, wir *wollen* sie vielmehr. Wenn wir nicht direkt nach ihnen verlangen, so verlangen wir sie doch nicht weniger wirkungsvoll. Denn sie sind notwendige Konsequenzen der Dinge, an die wir unser Herz gehängt haben. Mit anderen Worten, die Gemeinschaft will (im einzig verständlichen Sinn von Wollen: effektiver Forderung) entweder Bildung oder Unwissenheit, liebenswerte oder verwahrloste Umgebungen, Eisenbahnen oder Ochsenkarren, Aktien, finanziellen Gewinn oder Baukunst – je nach den Gewohnheiten, in denen die assoziierte Tätigkeit ihnen diese Dinge präsentiert, sie schätzt und die Mittel zu ihrer Erlangung bereitstellt. Doch das ist nur die halbe Geschichte.

Assoziiertes Verhalten, das auf Gegenstände gerichtet ist, die Bedürfnisse befriedigen, erzeugt nicht nur diese Gegenstände, sondern bringt auch Sitten und Institutionen hervor. Die indirekten und unvermuteten Folgen sind in der Regel wichtiger als die direkten. Der Irrtum, das neue Industrierégime würde genau die und zum größten Teil nur die bewußt vorhergesagten und angestrebten Folgen produzieren, war das Gegenstück des Irrtums, die charakteristischen Bedürfnisse und Bestrebungen dieses Régimes wären Funktionen „natürlicher“ menschlicher Wesen. Sie gingen aus institutionalisierter Tätigkeit hervor und mündeten in institutionalisierter Tätigkeit. Die Disparität zwischen den Ergebnissen der industriellen Revolution und den bewußten Absichten der an ihr Beteiligten ist ein bemerkenswertes Beispiel für das Ausmaß, in dem die indirekten Folgen vereinigten Handelns die direkt beabsichtigten Ergebnisse – jenseits der Berechenbarkeit – übertreffen. Ihr Resultat war die Entwicklung dieser weitreichenden und unsichtbaren Bande, jener „gewaltigen unpersönlichen Geschäftsgruppen und Organisationen“, die heute das Denken, Wollen und Tun aller so durchdringend bestimmen und welche die „neue Ära der menschlichen Beziehungen“ eingeleitet haben.

Gleichermaßen unerwartet war die Wirkung der großen Organisationen und komplizierten Interaktionen auf den Staat. Statt des von der Theorie erwarteten unabhängigen, selbst-bewegten Individuums haben wir standardisierte austauschbare Einheiten. Personen sind miteinander verbunden, nicht weil sie sich freiwillig zur Vereinigung in diesen Formen entschlossen haben, sondern weil ungeheure Ströme die Menschen zusammenbringen. Grüne und rote Linien, die politische Grenzen bezeichnen, befinden sich auf den Karten und beeinflussen die Gesetzgebung und die Rechtssprechung von Gerichten, aber Eisenbahnen, Post und Telegraphendrähte mißachten sie. Deren Folgen beeinflussen die in den lokalen Rechtseinheiten Lebenden stärker als die Grenzlinien. Die Formen der die gegenwärtige Wirtschaftsordnung kennzeichnenden assoziierten Tätigkeit sind so massiv und umfassend, daß sie die bedeutsamsten Teile der Öffentlichkeit und den Sitz der Macht determinieren. Unvermeidlich strekken sie ihre Hände nach den Regierungsämtern aus; sie sind Faktoren, welche die Gesetzgebung und die Verwaltung kontrollieren. – Nicht hauptsächlich aus überlegtem und berechnetem Eigeninteresse, wie groß dessen Rolle auch sein mag, vielmehr weil sie die mächtigsten und am besten organisierten gesellschaftlichen Kräfte sind. Mit einem Wort, die neuen Formen der kombinierten Tätigkeit kontrollieren auf Grund des modernen Wirtschaftsrégimes die gegenwärtige Politik, ebensosehr, wie dynastische Interessen die Politik vor zweihundert Jahren kontrollierten. Sie beeinflussen das Denken und Wünschen mehr als die Interessen, die früher den Staat bewegten.

Wir haben gesprochen, als ob die Verdrängung der alten juristischen und politischen Institutionen fast vollständig gewesen wäre. Das ist eine große Übertreibung. Einige der grundlegendsten Traditionen und Gewohnheiten sind überhaupt kaum berührt worden. Es genügt, die Institution des Eigentums zu erwähnen. Die Naivität, mit der die Philosophie der „natürlichen" Ökonomie die Wirkung des rechtlichen Status des Eigentums auf Industrie und Handel ignorierte, die Art, in der es Reichtum und Eigentum mit der Rechtsform identifizierte, in welcher die letzteren bestanden, scheint heute nahezu unglaublich. Es ist aber einfach so, daß die technologische Industrie gar keinen großen Freiraum besaß. Sie wurde in jeder Hinsicht beschränkt und abgelenkt; nie ist sie ihrem eigenen Weg gefolgt. Die Arbeit des Ingenieurs war dem Geschäftsführer untergeordnet, dem es nicht vorwiegend um Reichtum geht, sondern um die Eigentumsinteressen wie sie sich in der feudalen und halb-feudalen Zeit entwikkelten. Der eine Punkt, den die Philosophen des „Individualismus" richtig voraussagten, war mithin einer, über den sie gar keine Voraussage trafen, sondern in dem sie bloß etablierte Sitten und Gewohnheiten klärten und vereinfachten: als sie nämlich behaupteten, daß die Hauptaufgabe der Regierung in der Sicherung der Eigentumsinteressen besteht.

Ein großer Teil der heute gegen die technologische Industrie erhobenen Anklagen geht zu Lasten des unveränderten Fortbestehens einer aus dem vor-industriellen Zeitalter ererbten Rechtseinrichtung. Dieses Thema pauschal mit der Frage des Privateigentums gleichzusetzen, führt jedoch zu Verwirrung. Es ist durchaus vorstellbar, daß Privateigentum sozial funktioniert. Das tut es sogar heute in einem beträchtlichen Maße. Sonst könnte es nicht einen Tag unterstützt werden. Es ist der Umfang seines gesellschaftlichen Nutzens, der uns für seine zahlreichen und großen gesellschaftlichen Nachteile, die sein gegenwärtiges Wirken begleiten, blind macht oder uns zumindest mit seinem Fortbestehen abfinden läßt. Das wirkliche Problem, oder zumindest das Problem, das zuerst gelöst werden muß, betrifft die Bedingungen, unter denen die Institution des Privateigentums rechtlich und politisch funktioniert.

Damit kommen wir zu unserer Schlußfolgerung. Dieselben Kräfte, welche die demokratischen Regierungsformen – das allgemeine Stimmrecht, durch Stimmenmehrheit gewählte Gesetzgeber und Mitglieder der Exekutive – hervorbrachten, haben auch die Bedingungen geschaffen, welche die sozialen und humanen Ideale behindern, die die Nutzung der Regierung als des wahren Mittels einer inklusiven und brüderlich verbundenen Öffentlichkeit fordern. „Die neue Ära der menschlichen Beziehungen" hat keine ihr würdigen politischen Organe. Die demokratische Öffentlichkeit ist zum größten Teil noch immer unfertig und unorganisiert.

4. Das Erlöschen der Öffentlichkeit[15]

Die optimistische Sicht der Demokratie ist heutzutage getrübt. Wir kennen die Anklagen und die Kritiken, deren gereizter und undifferenzierter Ton jedoch oft ihren emotionalen Ursprung offenbart. Viele von ihnen leiden an dem gleichen Irrtum, in den vorher schon die feierlichen Würdigungen verfielen. Sie unterstellen, daß die Demokratie das Produkt einer Idee ist, einer einzelnen und konsistenten Absicht. Carlyle gehörte nicht zu den Bewunderern der Demokratie, doch in einem hellen Augenblick schrieb er: „Man erfinde die Druckerpresse und die Demokratie ist unvermeidlich."[16] Es sei hinzugefügt: Man erfinde die Eisenbahn, den Telegraphen, die Massenproduktion und die Konzentration der Bevölkerung in städtischen Zentren, und eine gewisse Form demokratischen Regierens ist, aller Erfahrung nach, unausweichlich. Die politische Demokratie, wie sie heute existiert, fordert reichlich Widerspruch heraus. Aber solange die Kritik nicht die Bedingungen, aus denen die Volksherrschaft hervorgegangen ist, zur Kenntnis nimmt, ist sie bloß eine Bekundung von Quengelei und Verdruß oder eines Überlegenheitskomplexes. Alle intelligente politische Kritik ist vergleichend. Sie beschäftigt sich nicht mit Alles-oder-nichts-Situationen, sondern mit praktischen Alternativen; eine absolute, undifferenzierte Einstellung, ob nun zum Lobe oder zum Tadel, bezeugt eher heftige Gefühle als geistige Helle.

Die demokratische Verfassung Amerikas wurde aus einem echten Gemeinschaftsleben heraus entwickelt, das heißt, aus der Assoziation in lokalen und kleinen Zentren, in denen das Gewerbe vorwiegend landwirtschaftlich war und hauptsächlich mit Handwerkzeugen produziert

15 „*The Eclipse of the Public*": Dewey spricht sowohl von „eclipse" (u. a.: Eklipse, Verfinsterung, Verdunkelung, Überschattung; (Ver)Schwinden, (Ver)Sinken, Verblassen, Niedergang; Auslöschen) als auch von „the submergence of the public" (u. a.: Untertauchen, Versenken; Überschwemmung; Unterdrücken, Übertönen). Aus stilistischen Gründen kann die in „eclipse" enthaltene, auf die Aufklärung zurückgehende Lichtmetaphorik in der Übersetzung nur stellenweise bewahrt werden. [A. d. Ü.]

16 Vgl.: Praktische Demokratie, S. 12 [A. d. Ü]

wurde. Sie erhielt ihre Gestalt, als die aus England stammenden politischen Gepflogenheiten und Rechtseinrichtungen unter den Pionierbedingungen zu funktionieren begannen. Die Formen der Assoziation waren stabil, trotzdem ihre Einheiten mobil und nomadisch waren. Die Pionierbedingungen legten großes Gewicht auf individuelle Arbeit, Geschicklichkeit, Erfindungsgabe, Initiative und Anpassungsfähigkeit und auf nachbarschaftliche Geselligkeit. Die Stadtgemeinde oder ein nicht viel größeres Gebiet war die politische Einheit, die Stadtversammlung das politische Medium, und die Straßen, die Schulen und der Friede der Gemeinde waren die politischen Ziele. Der Staat war die Summe solcher Einheiten, und der Nationalstaat eine Föderation – wenn nicht zufällig eine Konföderation – von Staaten. Die Vorstellungskraft der Gründer reichte nicht weit über das hinaus, was in einer Ansammlung selbstverwalteter Gemeinden vollbracht und verstanden werden konnte. Der für die Auswahl des obersten leitenden Angestellten der Föderation zur Verfügung stehende Mechanismus ist dafür ein anschauliches Beispiel. Das Kollegium der Wahlmänner setzte voraus, daß die Bürger solche Männer wählen würden, die auf Grund ihres hohen Ansehens im Ort bekannt waren; und nach ihrer Wahl würden diese Männer in einer Beratung zusammentreten, um jemanden, der ihnen für seine Rechtschaffenheit, seinen Gemeinsinn und sein Wissen bekannt ist, zu benennen. Die Schnelligkeit, mit der man die Methode wieder aufgab, beweist die Vergänglichkeit der ihr unterstellten Verhältnisse. Doch am Anfang dachte niemand im Traum an eine Zeit, in der die Masse der Wähler nicht einmal die Namen der Wahlmänner kennen würde, in der sie ihre Stimme nur einer einzigen „Liste“ geben würden, die in einer mehr oder weniger privaten Wahlvorversammlung zusammengestellt wurde, und in der das Wahlmänner-Kollegium eine unpersönliche Registriermaschine sein würde, so daß es Verrat wäre, dabei von der eigenen Urteilskraft, die ursprünglich als das Wesen der Sache gedacht war, Gebrauch zu machen.

Die lokalen Bedingungen, unter denen unsere Institutionen Gestalt annahmen, lassen sich gut an unserem – angeblich so unsystematischen – Bildungssystem erkennen. Jeder, der es einmal einem Europäer zu erklären versucht hat, wird verstehen, was gemeint ist. Da wird man zum Beispiel gefragt, welche Verwaltungsmethode befolgt wird, wie der Lehrplan aussieht und welches die autorisierten Lehrmethoden sind.

Der amerikanische Gesprächsteilnehmer antwortet, daß in diesem Staat, oder wahrscheinlicher, in diesem Landkreis oder dieser Stadt, oder sogar nur in einem Stadtteil, Distrikt genannt, die Dinge so und so stehen und woanders so und so. Der Ausländer wird wahrscheinlich denken, daß der hiesige Teilnehmer seine Unkenntnis zu verbergen sucht; und gewiß bedürfte es eines wahrlich enzyklopädischen Wissens, um die Angelegenheit in ihrem ganzen Umfange darzustellen. Die Unmöglichkeit einer auch nur einigermaßen allgemeinen Antwort macht es, will man verständlich sein, unerläßlich, historische Erklärungen zu Hilfe zu nehmen. Eine kleine Gruppe von Kolonisten, deren Mitglieder sich vermutlich zum größten Teil im voraus kennen, siedelt sich dort an, wo beinahe oder doch gänzlich Wildnis herrscht. Aus dem Glauben an den Nutzen und aus – hauptsächlich religiöser – Tradition wünschen sie, daß ihre Kinder wenigstens lesen, schreiben und rechnen können. Die Familien sind nur selten imstande, für einen Hauslehrer zu sorgen; die Nachbarn eines bestimmten Gebietes – in Neu-England eine Fläche, die noch kleiner als die Stadtgemeinde ist – vereinigen sich zu einem „Schuldistrikt“. Sie schaffen es, ein Schulhaus zu bauen – vermutlich durch eigene Arbeit – , und mit Hilfe eines Komitees stellen sie einen Lehrer ein und der Lehrer wird von den Steuern bezahlt. Der Brauch bestimmt den beschränkten Lehrplan und die Tradition die Methoden des Lehrers, die je nach den von ihm eingebrachten persönlichen Kenntnissen und Fähigkeiten modifiziert werden. Die Wildnis wird allmählich bezwungen, ein Netz von Straßen, dann von Eisenbahnen, verbindet die vorher zerstreut liegenden Gemeinden. Große Städte entstehen; die Anzahl der Lehrfächer nimmt zu und die Methoden werden genauer geprüft. Die größere Einheit – der Staat, aber nicht der Bundesstaat – richtet Schulen für die Ausbildung von Lehrern ein und deren Qualifikation wird gründlicher durchleuchtet und geprüft. Auch wenn ihr von der Staatslegislative – nicht aber vom Nationalstaat – gewisse, ziemlich allgemeine Bedingungen gesetzt sind, die lokale Unterhaltung und Kontrolle der Schulen bleibt die Regel. Das Gemeindemuster ist nun komplizierter geworden, aber es ist nicht zerstört. Dieses Beispiel scheint für die Verhältnisse, unter denen unsere von England geborgten politischen Institutionen umgeformt und entwickelt wurden, sehr lehrreich.

Wir haben, kurz gesagt, die Praktiken und Ideen lokaler Stadtversammlungen geerbt. Aber wir leben, handeln und haben unser Dasein in einem kontinentalen Nationalstaat. Wir werden von nicht-politischen Banden zusammengehalten, und die politischen Formen und Rechtsinstitutionen wurden *ad hoc*, auf improvisierte Weise gestreckt bzw. zusammengeschustert, um ihren Aufgaben gerecht werden zu können. Die politischen Strukturen legen Kanäle, durch welche nichtpolitische, industrialisierte Ströme fließen. Eisenbahnen, Reise- und Transportverkehr, Handel, Post, Telegraph und Telephon, Tageszeitungen bringen genug Ähnlichkeiten in den Ideen und Empfindungen hervor, um die Sache als Ganzes am Laufen zu halten, denn sie erzeugen Wechselwirkung und gegenseitige Abhängigkeit. Daß Staaten, im Unterschied zu militärischen Imperien, eine so große Fläche einnehmen können, ist beispiellos. Der Gedanke, einen vereinigten und auch nur nominell selbstverwalteten Staat über ein Land aufrechtzuerhalten, das so ausgedehnt ist wie die Vereinigten Staaten und aus einer so großen und rassisch verschiedenartigen Bevölkerung besteht, würde einst als die wildeste Phantasie erschienen sein. Es wurde angenommen, daß solch ein Staat nur auf Gebieten möglich ist, die kaum größer als ein Stadtstaat sind, und nur mit einer homogenen Bevölkerung. Für Platon – wie später für Rousseau – schien es nahezu selbstverständlich, daß ein wahrhafter Staat schwerlich größer sein könne als die Zahl der Menschen, die persönlich miteinander bekannt sein können. Unsere moderne Staatseinheit beruht auf den Folgen einer Technologie, die so eingesetzt wird, daß sie die schnelle und leichte Zirkulation von Ansichten und Informationen fördert, und fortwährende und verzweigte Interaktionen erzeugt, die weit über die Grenzen der von Angesicht zu Angesicht bestehenden Gemeinschaften [face-to-face-communities] hinausreichen. Die politischen und juristischen Formen haben sich nur stückweise und stockend, mit großer Verzögerung, der industriellen Transformation angepaßt. Die Aufhebung der Entfernung, der physische Triebkräfte zugrunde liegen, hat die neue Form politischer Assoziation ins Leben gerufen.

Das Wunder dieser Leistung ist um so größer als ihr Gelingen ganz unwahrscheinlich war. Der Strom von Einwanderern, der sich ins Land ergoß, ist so groß und heterogen, daß er unter den früher herrschenden Bedingungen jede Ähnlichkeit von Einheit so sicher gesprengt hätte wie die Nomadeninvasion fremder Horden einst das soziale Gleichgewicht auf dem europäischen Kontinent durcheinanderbrachte. Keine vorsätzlich ergriffenen Maßnahmen hätten erreichen können, was tatsächlich geschehen ist. Mechanische Kräfte waren am Werk, und so überrascht es nicht, daß das Ergebnis mehr mechanisch als lebendig ist. Neue Bevölkerungselemente von so großer Zahl und von verschiedenen Völkern, die zu Hause nicht selten miteinander verfeindet sind, aufzunehmen und sie auch nur zu einer äußeren Einheit zusammenzuschweißen, ist eine außerordentliche Tat. In vieler Hinsicht erfolgte die Konsolidierung so schnell und rücksichtslos, daß vieles Wertvolle, was verschiedene Völker hätten einbringen können, verlorengegangen ist. Die Schaffung der politischen Einheit hat auch soziale und intellektuelle Uniformität gefördert, eine die Mittelmäßigkeit begünstigende Standardisierung. Die Ansichten sind ebenso regimentiert worden wie das äußere Verhalten. Das Temperament und der Geruch des Pioniers sind mit außerordentlicher Geschwindigkeit verdampft; ihr Niederschlag ist, wie oft angemerkt wird, nur im Wildwest-Roman und im Kino zu sehen. Was Bagehot den Kuchen der Gewohnheit nannte, bildete sich mit wachsender Beschleunigung, aber der Kuchen ist zu oft platt und naß. Die Massenproduktion ist nicht auf die Fabrik beschränkt.

Die erfolgte politische Integration hat die Erwartungen der früheren Kritiker der Volksherrschaft ebenso beschämt wie sie die frühen Befürworter überraschen muß, wenn sie von hoch oben auf die heutige Szenerie herunterschauen. Die Kritiker sagten Desintegration und Instabilität voraus. Sie sahen die neue Gesellschaft auseinanderfallen, sich in gegenseitig abstoßende belebte Sandkörner auflösen. Auch sie hielten die Theorie *des* Individualismus ernsthaft für die Grundlage der demokratischen Regierungsform. Eine Stratifikation der Gesellschaft in unvordenkliche Klassen, innerhalb derer jede Person ihre festgelegten Pflichten entsprechend ihrer feststehenden Position erfüllt, schien ihnen die einzige Gewähr für Stabiltät. Sie glaubten nicht daran, daß menschliche Wesen, wenn sie vom Druck dieses Systems befreit werden, in irgendeiner Einheit zusammenhalten können. Deshalb prophezeiten sie einen beständigen Wechsel der Regierungsrégimes, da die Individuen Faktionen bilden, die Macht ergreifen und diese dann an neu improvisierte Faktionen, die sich als stärker erwiesen, verlieren würden. Hätten die Tatsachen der Theorie *des* Individualismus entsprochen, würden sie zweifellos recht bekommen haben. Aber wie die Urheber der Theorie ließen sie die zur Konsolidierung führenden technischen Kräfte außer acht.

Trotz der erreichten Integration, oder vielleicht eher infolge ihrer Natur, scheint *die* Öffentlichkeit verlorengegangen zu sein; sie ist mit Sicherheit verwirrt.[17] Die Regierung, die Amtspersonen und ihre Tätigkeit liegen uns offen. Die Gesetzgeber erlassen mit verschwenderischer Hingabe Gesetze; untergeordnete Beamte führen einen aussichtslosen Kampf, um wenigstens einige von ihnen durchzusetzen, Richter geben ihr Bestes, um mit den wachsenden Bergen von Streitfällen, die ihnen vorgetragen werden, fertig zu werden. Doch wo ist die Öffentlichkeit, die diese Amtspersonen repräsentieren sollen? Was ist sie mehr als ein geographischer Name und ein offizieller Titel? Die Vereinigten Staaten, der Staat Ohio oder New York, der Landkreis Soundso und die Stadt Sowieso? Ist die Öffentlichkeit viel mehr als das, was ein zynischer Diplomat einmal Italien nannte: bloß eine geographische Bezeichnung? Ganz wie einst die Philosophen den Qualitäten und Eigenschaften eine Substanz zuschrieben, damit diese etwas haben, dem sie innewohnen und wodurch sie begriffliche Solidität und Konsistenz erlangen können, die ihnen dem Anschein nach fehlte, so nimmt vielleicht auch unsere politische „Common sense"-Philosophie die Existenz einer Öffentlichkeit an, nur um das Verhalten der Amtspersonen zu stärken und zu rechtfertigen. Wie können die letzteren öffentliche Amtsträger sein, fragen wir verzweifelt, wenn es keine Öffentlichkeit gibt? Wenn eine Öffentlichkeit existiert, dann ist sie sich ihres eigenen Verbleibs sicherlich ebenso ungewiß wie die Philosophen seit Hume über den Aufenthaltsort und die Beschaffenheit des Ich. Die Zahl der Wähler, die ihr erhabenes Recht auch wahrnehmen, nimmt im Verhältnis zu denen, die es aus-

17 Siehe Walter Lippmanns *The Phantom Public.* Dieser Arbeit, als auch gegenüber seiner *Public Opinion,* möchte ich meine Dankesschuld bekennen, nicht nur in diesem speziellen Punkt, sondern für Ideen, die in meiner ganzen Erörterung enthalten sind, auch wenn sie zu von der seinen abweichenden Schlüssen kommt. [W. Lippmann, *The Phantom Public,* New York, Harcourt, Brace and Co., 1925; Ders., *Public Opinion,* ebd., 1922 (*Die öffentliche Meinung,* München, Rütten + Loening, 1964). A. d. Ü.]

üben können, stetig ab. Das Verhältnis der tatsächlichen zu den berechtigten Wählern ist heute etwa eins zu zwei. Trotz ziemlich ungestümer Aufrufe und organisierter Anstrengungen sind die Bemühungen, den Wählern ihre Vorrechte und Pflichten bewußt zu machen, bislang ohne Erfolg geblieben. Einige wenige predigen die Machtlosigkeit aller Politik; viele üben sich unbekümmert in Enthaltsamkeit und frönen der indirekten Aktion. Der Skeptizismus hinsichtlich der Wirksamkeit von Wahlen wird offen zum Ausdruck gebracht, nicht nur in den Theorien der Intellektuellen, sondern in den Äußerungen der ungebildeten Massen: „Welchen Unterschied macht es schon, ob ich wähle oder nicht? Alles wird so weitergehen wie bisher. Meine Stimme hat nie irgend etwas geändert.“ Wer etwas mehr nachdenkt, fügt hinzu: „Es ist doch nichts als ein Kampf zwischen denen, die im Spiel sind, und denen, die draußen sind. Das einzige, was eine Wahl ändert, ist, wer die Jobs bekommt, die Gehälter bezieht und seine Beziehungen verwerten kann.“

Diejenigen, die noch mehr zu Verallgemeinerungen neigen, versichern, der ganze Apparat politischer Aktivitäten sei eine Art Tarnung zum Verbergen der Tatsache, daß das Big Business in der Regierung in jedem Fall den Ton angibt. Das Geschäft bestimme die Tagesordnung, und seinen Gang aufhalten oder ablenken zu wollen, sei so vergeblich wie Mrs. Partingtons Versuch, die Fluten mit dem Besen zurückzudrängen. Die Mehrzahl derer, die diese Ansichten vertreten, wäre ehrlich empört, wenn man sie von der Doktrin des ökonomischen Determinismus überzeugen wollte, aber faktisch handelt sie im Vertrauen auf sie. Der Glauben an diese Lehre ist auch nicht auf die radikalen Sozialisten beschränkt. Er steckt ebenso in den Einstellungen der Männer des Big Business und der Finanzinteressen, die jene als unheilbringende „Bolschewisten“ schmähen. Denn sie sind der festen Überzeugung, daß das Land dringend nach „Prosperität“ verlangt – ein Wort, das inzwischen eine religiöse Färbung angenommen hat –, und sie ihre Schöpfer und Hüter sind und daher zu Recht die Politik bestimmen. Ihre Anklagen gegen den „Materialismus“ der Sozialisten beruhen einfach auf der Tatsache, daß diese eine andere Verteilung der materiellen Kräfte und des Wohlstandes wollen als die, welche jene zufriedenstellt, die jetzt an der Macht sind.

Die Untauglichkeit jeglicher bestehenden Öffentlichkeit in bezug auf die Regierung, welche nominell ihr Organ bildet, ist in den entstandenen außer-legalen Vertretungen greifbar geworden. Intermediäre Gruppen sind der Führung der politischen Geschäfte sehr nah. Es ist interessant, die englische Literatur des achtzehnten Jahrhunderts über Faktionen mit dem gegenwärtigen Status der Parteien zu vergleichen. Der Faktionalismus wurde von allen Denkern als der Hauptfeind politischer Stabilität betrachtet. Ihre Verdammungsrufe fanden in den Arbeiten der amerikanischen politischen Schriftsteller des frühen neunzehnten Jahrhunderts ein Echo. Nicht nur, daß ausgedehnte und starke Faktionen unter dem Namen von Parteien heute eine Selbstverständlichkeit sind, die Allgemeinheit kann sich gar keine andere Methode zur Auswahl der Amtspersonen und Ausübung der Regierungsgeschäfte mehr vorstellen. Die Zentralisierung hat einen Grad erreicht, bei dem selbst eine dritte Partei nur ein verkrampftes und unsicheres Dasein führen kann. Statt mit Individuen, die in der Stille ihrer Gedanken eine Wahl treffen, die durch persönliche Willensäußerung in Kraft gesetzt wird, haben wir es mit Bürgern zu tun, welche die gesegnete Gelegenheit besitzen, für eine Liste von Männern zu stimmen, die ihnen größtenteils unbekannt sind und für sie durch einen geheimen Apparat in einer Wahlvorversammlung aufgestellt wurden, deren Arbeit so etwas wie eine politische Vorbestimmung darstellt. Manche tun so, als ob die Fähigkeit, zwischen zwei Listen zu wählen, eine hohe Übung in individueller Freiheit wäre. Das ist aber kaum die Art von Freiheit, die den Autoren der individualistischen Doktrin vor Augen schwebte. „Die Natur verabscheut die Leere.“ Wenn die Öffentlichkeit so unbestimmt und obskur wie heute ist, und folglich so entfernt von der Regierung, wird das Vakuum zwischen der Regierung und der Öffentlichkeit von den Bossen mit ihren politischen Maschinen gefüllt. Wer die Fäden hält, welche die Bosse bewegen, und die Energie zum Betrieb der Maschinen erzeugt, ist, von gelegentlichen offenen Skandalen abgesehen, eher eine Frage der Mutmaßung als verbürgter Tatsachen.

Aber auch ganz abgesehen von der Behauptung, das „Big Business“ spiele die Melodie und halte die Fäden, nach denen die Bosse tanzen, ist es richtig, daß die Parteien gegenwärtig nicht in größerem Maße die Urheber politischer Programme sind. Denn die Parteien geben nur den sozialen Strömungen nach, denen sie sich Stück für Stück –

ohne Rücksicht auf erklärte Prinzipien – anpassen. Während diese Zeilen geschrieben werden, bemerkt eine Wochenzeitschrift: „Seit dem Ende des Bürgerkrieges sind praktisch alle wichtigeren Maßnahmen, die in die Bundesgesetzgebung aufgenommen wurden, ohne eine nationale Wahl getroffen worden, welche die Fragen zur Entscheidung gestellt und die zwei großen Parteien entzweit hätte." Die Reform des Staatsdienstes, die Regulierung der Eisenbahnen, die allgemeine Wahl von Senatoren, nationale Einkommenssteuer, Stimmrecht für Frauen und die Prohibition werden angeführt, um diese Behauptung zu begründen. Daher scheint auch die andere Bemerkung gerechtfertigt: „Die amerikanische Parteipolitik erscheint manchmal als eine Erfindung, die verhindern soll, daß Fragen, welche die Volksseele erregen und erbitterte Kontroversen mit sich bringen können, dem amerikanischen Volk vorgelegt werden."

Ein Faktum unwillkommener Bestätigung wird im Schicksal des Amendements zur Kinderarbeit erblickt. Die Notwendigkeit, dem Kongreß die Macht zur Regelung der Kinderarbeit zu geben – die ihm durch Entscheidungen des Obersten Bundesgerichtes verwehrt wurde –, ist in den Programmen aller politischen Parteien erklärt worden; die Idee wurde von den letzten drei der herrschenden Partei angehörenden Präsidenten gebilligt. Doch bisher hat der vorgeschlagene Zusatzartikel zur Verfassung nicht die erforderliche Unterstützung erhalten können. Die politischen Parteien mögen herrschen, aber sie regieren nicht. Die Öffentlichkeit ist so verwirrt und verdunkelt, daß sie nicht einmal die Organe nutzen kann, durch die sie politisches Handeln und politische Ordnung vermitteln soll.

Dieselbe Lektion wird auch vom Zusammenbruch der Theorie von der Verantwortlichkeit gewählter Vertreter gegenüber ihrer Wählerschaft erteilt, ganz zu schweigen von ihrer angeblichen Verpflichtung, sich dem persönlichen Urteil einzelner Menschen zu stellen. Es ist zumindest bezeichnend, daß den Bedingungen der Theorie am besten in Gesetzgebungen vom Typ der „Stimmviehpolitik" entsprochen wird. Da kann ein Abgeordneter, wenn er lokalen Begehren nicht nachkommt, zur Rechenschaft gezogen werden oder für seine Hartnäckigkeit und für seine Erfolge bei der Erfüllung lokaler Wünsche belohnt werden. Aber in wichtigen Fragen wird die Theorie nur selten bestätigt, obgleich sie hin und wieder funktioniert. Diese Fälle sind jedoch so dünn gesät, daß jeder erfahrene politische Beobachter sie namentlich aufzählen könnte. Die Ursache für das Fehlen einer persönlichen Haftung gegenüber der Wählerschaft ist offensichtlich. Letztere ist aus eher amorphen Gruppen zusammengesetzt und deren politische Ideen und Überzeugungen sind zwischen den Wahlen meistens unentschieden. Selbst in Zeiten – künstlich geförderter – politischer Aufregung, werden ihre Ansichten eher kollektiv durch den Strom der Gruppe bestimmt als durch unabhängiges persönliches Urteil. In der Regel ist das, was über das Schicksal einer Person entscheidet, die sich zur Wahl stellt, weder ihre politische Vorzüglichkeit, noch sind es ihre politischen Fehler. Die Strömung fließt mit der herrschenden Partei oder gegen sie und der einzelne Kandidat sinkt oder schwimmt – ganz wie der Strom fließt. Zuweilen gibt es eine allgemeine Übereinstimmung in der Gefühlslage, einen definitiven Trend zugunsten „progressiver Gesetzgebung" oder das Verlangen nach einer „Rückkehr zur Normalität". Aber sogar dann kommen nur außergewöhnliche Kandidaten auf Grund der Wahrnehmung persönlicher Verantwortung gegenüber der Wählerschaft durch. Die „Flutwelle" versenkt die einen; der „Erdrutsch" befördert andere ins Amt. Ein anderes Mal bestimmen Gewohnheit, Parteigelder, die Fähigkeiten der Manager des Apparates, das Portrait eines Kandidaten mit seinen festen Kinnbacken, seiner reizenden Frau und den Kindern und eine Vielzahl anderer Belanglosigkeiten die Sache.

Diese verstreuten Anmerkungen werden nicht in dem Glauben vorgetragen, sie teilten irgendeine neue Wahrheit mit. Derartige Dinge sind bekannt; sie gehören zum Alltag des politischen Geschehens. Sie könnten von jedem aufmerksamen Beobachter unendlich fortgeführt werden. Das Bedeutsame daran ist, daß ihre Vertrautheit Gleichgültigkeit, wenn nicht Verachtung hervorgebracht hat. Die Gleichgültigkeit ist ein Beleg für die gegenwärtige Apathie, und die Apathie bezeugt die Tatsache, daß die Öffentlichkeit zu verwirrt ist, um sich finden zu können. Die Anmerkungen haben nicht den Zweck, eine Schlußfolgerung zu ziehen, sondern den, ein Problem zu umreißen: Was ist die Öffentlichkeit? Wenn es eine Öffentlichkeit gibt, welches sind die Hindernisse auf dem Weg zu ihrer Selbsterkenntnis und Selbstartikulation? Ist die Öffentlichkeit ein Mythos? Oder entsteht sie nur in Zeiten markanter sozialer Übergänge, wenn entscheidende, alternative Fragen hervortreten, solche wie die, ob man sein Los an die Bewahrung der bestehenden Institutionen oder an das Voranbringen neuer Tendenzen bindet? – Als Reaktion gegen eine dynastische Herrschaft, die als despotische Unterdrückung empfunden wird? Beim Übergang der gesellschaftlichen Macht von den agrarischen Klassen auf die industriellen?

Besteht das derzeitige Problem nicht darin, Experten für die Führung von Verwaltungsangelegenheiten zu verpflichten, statt darin, politische Programme aufzustellen? Es mag geltend gemacht werden, daß die gegenwärtige Verwirrung und Apathie auf dem Umstand beruht, daß die wirklichen Energien der Gesellschaft heute in allen nicht-politischen Angelegenheiten von ausgebildeten Verwaltungsspezialisten gelenkt werden, während die Politik noch mit einer Maschinerie und mit Ideen betrieben wird, die in der Vergangenheit zur Bewältigung einer völlig anderen Situation erdacht wurden. Es gibt keine besondere Öffentlichkeit, die sich um das Finden erfahrener Schullehrer, kompetenter Ärzte oder Geschäftsführer kümmert. Nichts, was Öffentlichkeit heißt, greift ein, um Ärzte in der Ausübung der Heilkunst oder Kaufleute in der Kunst des Verkaufens zu unterweisen. Die Ausübung dieser und anderer für unsere Zeit charakteristischen Berufe wird durch Wissenschaft und Pseudo-Wissenschaft bestimmt. Die gegenwärtig wichtigen Regierungsgeschäfte, so kann argumentiert werden, bestehen ebenfalls aus technisch so komplizierten Angelegenheiten, daß sie nur von Experten richtig geführt werden können. Und wenn die Menschen heute nicht vorbereitet sind auf die Erkenntnis, wie wichtig es ist, Experten zu finden und diese mit der Verwaltung zu betrauen, dann kann überzeugend behauptet werden, daß das Haupthindernis dafür in der abergläubischen Überzeugung besteht, es gäbe eine Öffentlichkeit, die sich damit befaßt, die Bildung und Ausführung einer allgemeinen Gesellschaftspolitik zu bestimmen. Möglicherweise kommt die Apathie der Wählerschaft von der belanglosen Künstlichkeit der Fragen, mit denen die Wähler in ebenso künstliche Aufregung versetzt werden sollen. Vielleicht ist an der Künstlichkeit wiederum hauptsächlich das Überleben von politischen Überzeugungen und Apparaten schuld, welche aus einer Zeit stammen, da Wissenschaft und Technologie zu unreif waren, um eine definitive Methode zum Umgang mit bestimmten sozialen Situationen und zur Befriedigung spezifischer sozialer Bedürfnisse zu gestatten. Der Versuch, durch Gesetz zu entscheiden, daß die Legenden eines primitiven hebräischen Volkes über die Entstehung des Menschen größere Autorität besitzen als die Ergebnisse wissenschaftlicher Untersuchungen, mag als ein typisches Beispiel dafür zitiert werden, was unweigerlich geschehen muß, wenn die anerkannte Lehre lautet, eine zu politischen Zwecken organisierte Öffentlichkeit sei besser zum obersten Schiedsrichter und Schlichter von Streitfragen geeignet als Experten, die sich von spezialisierter Forschung leiten lassen.

Als die Fragen, die heute von größtem Interesse sind, können Dinge genannt werden wie: Hygiene, das öffentliche Gesundheitswesen, die Beschaffung von gesundem und angemessenem Wohnraum, Verkehr, Städteplanung, die Lenkung und Verteilung der Einwanderer, Personalauswahl und Personalverwaltung, die richtige Ausbildung und Vorbereitung kompetenter Lehrer, die wissenschaftliche Ordnung der Besteuerung, eine effiziente Fondsverwaltung und so fort. Das sind technische Angelegenheiten, genauso, wie es die Konstruktion einer leistungsfähigen Lokomotive für die Frachten- oder Personenbeförderung ist. Wie diese müssen sie durch die Erforschung von Tatsachen erledigt werden; und wie die Forschung nur von dafür speziell Ausgerüsteten betrieben werden kann, so können auch die Forschungsergebnisse nur von ausgebildeten Technikern verwertet werden. Was haben Stimmenzählen, Mehrheitsprinzip und der ganze traditionelle Regierungsapparat mit solchen Dingen zu tun? Vom Standpunkt solcher Überlegungen aus ist die Öffentlichkeit und ihre Organisation zu politischen Zwecken nicht bloß ein Geist, sondern einer, der umgeht und spricht und die Tätigkeit der Regierung auf verheerende Weise verdunkelt, verwirrt und in die Irre leitet.

Ich selbst denke keineswegs, daß solche Überlegungen, so zutreffend sie für die Verwaltungstätigkeiten sind, das ganze politische Feld abdecken. Sie ignorieren Kräfte, die beruhigt und zerstreut werden müssen, bevor technische und spezialisierte Tätigkeiten zur Wirkung kommen können. Aber sie helfen, einer fundamentalen Frage Bestimmtheit und Nachdruck zu verleihen: Was ist, nach alledem, die Öffentlichkeit unter den gegenwärtigen Bedingungen? Worin bestehen die Gründe ihres Erlöschens? Was hindert sie daran, sich selbst zu finden und zu identifizieren? Durch welche Mittel soll ihr unfertiger und amorpher Zustand in ein wirksames politisches Handeln organisiert werden, das den gegenwärtigen sozialen Bedürfnissen und Möglichkeiten entspricht? Was ist mit *der* Öffentlichkeit in den eineinhalb Jahrhunderten, seitdem die Theorie der politischen Demokratie mit solcher Gewißheit und Zuversicht vorgetragen wurde, geschehen?

Die vorangehende Erörterung hat einige der Bedingungen ans Licht gebracht, aus denen die Öffentlichkeit erzeugt wird. Sie hat auch einige der Ursachen dargelegt, durch die eine „neue Ära der menschlichen Beziehungen" eingeleitet worden ist. Diese zwei Schlußfolgerungen bilden die Prämissen, die, wenn sie miteinander verbunden werden, uns die Antwort auf die soeben gestellten Fragen geben. Indirekte, weitreichende, andauernde und schwerwiegende Folgen vereinten und interaktiven Verhaltens bringen eine Öffentlichkeit hervor, die ein gemeinsames Interesse an der Kontrolle dieser Folgen besitzt. Das Maschinenzeitalter hat jedoch das Ausmaß der indirekten Folgen so gewaltig erweitert, vervielfacht, gesteigert und verkompliziert, es hat – mehr auf einer unpersönlichen denn einer gemeinschaftlichen Basis – solche ungeheuren und kompakten Handlungseinheiten geformt, daß die resultierende Öffentlichkeit sich nicht identifizieren und erkennen kann. Und diese Entdeckung ist ihrerseits offenbar eine Vorbedingung jeglicher wirksamen Organisation. So lautet unsere These hinsichtlich der Verdunkelung, welche die öffentliche Idee und das öffentliche Interesse erfahren haben. Gemessen an den uns zur Verfügung stehenden Mitteln, gibt es zu viele Öffentlichkeiten und zu vieles von öffenlichem Interesse, mit dem wir fertig werden müssen. Das Problem einer demokratisch organisierten Öffentlichkeit ist hauptsächlich und wesentlich ein intellektuelles Problem, in einem Maße, das gegenüber den politischen Geschäften vorangegangener Zeitalter ohne Vergleich ist.

Unser Interesse gilt dieses Mal der Erklärung, wie es dazu kam, daß das Maschinenzeitalter mit der Entwicklung der *Großen Gesellschaft* in die kleinen Gemeinschaften früherer Zeit eingefallen ist und sie teilweise aufgelöst hat, ohne eine *Große Gemeinschaft* zu erzeugen. Die Tatsachen sind hinlänglich bekannt; unsere spezielle Aufgabe ist es, auf ihren Zusammenhang mit den Schwierigkeiten hinzuweisen, unter denen die Organisation einer demokratischen Öffentlichkeit leidet. Denn gerade die Vertrautheit mit den Phänomenen verbirgt ihre Bedeutung und macht uns blind für ihre Beziehung zu den unmittelbar politischen Problemen.

Das Ausmaß des *Großen Krieges* gibt unserer Erörterung einen ebenso dringlichen wie passenden Ausgangspunkt. Wegen der Neuartigkeit der in ihn einbezogenen Bedingungen ist das Ausmaß dieses Krieges beispiellos. Die dynastischen Konflikte des siebzehnten Jahrhunderts werden mit dem gleichen Namen bezeichnet: wir haben nur ein Wort – „Krieg". Die Gleichheit des Wortes verbirgt uns nur allzu leicht den Unterschied in der Bedeutung. Wir stellen uns unter allen Kriegen ungefähr das gleiche vor, nur daß der letzte weit grausamer war als andere. Kolonien wurden hineingezogen: die selbstverwalteten traten freiwillig ein; Besitz ist zugunsten der Truppen mit Steuern belegt worden; mit weit entfernten Ländern wurden – trotz der Verschiedenheiten in Rasse und Kultur – Allianzen gebildet, wie im Falle von Großbritannien und Japan, Deutschland und der Türkei. Buchstäblich jeder Kontinent des Erdballs war verwickelt. Die indirekten Folgen waren so umfassend wie die direkten. Nicht bloß Soldaten, sondern die Finanz, die Industrie und die Meinungen wurden mobilisiert und vereinigt. Neutralität war eine unsichere Sache. Es gab schon einmal eine derart kritische Epoche in der Weltgeschichte, als das Römische Reich in sich die Länder und Völker des Mittelmeerbeckens vereinte. Der Weltkrieg ragt heraus als ein zweifelsfreier Beweis dafür, daß, was damals mit einer Region, nun mit der ganzen Welt geschah, nur daß es heute keine umfassende politische Organisation gibt, um die verschiedenen getrennten, aber voneinander abhängigen Länder einzuschließen. Jeder, der sich die Szenerie auch nur in Teilen vergegenwärtigt, wird nachdrücklich an die Bedeutung der *Großen Gesellschaft* gemahnt: daß sie existiert und daß sie nicht integriert ist.

Weitreichende, andauernde, verzweigte und schwerwiegende indirekte Folgen der vereinigten Tätigkeit vergleichweise weniger Individuen überqueren den Erdball. Gleichnisse wie die des in den Teich geworfenen Steins, des Kegels in einer Reihe, des Funkens, der eine große Feuersbrunst entfacht, sind blaß im Vergleich mit der Realität. Die Ausbreitung des Krieges erschien wie die Bewegung einer unkontrollierten Naturkatastrophe. Der Zusammenschluß von Völkern in abgeschlossenen, nominell unabhängigen Nationalstaaten hat ihr Gegenstück in der Tatsache, daß ihre Handlungen Gruppen und Individuen in anderen Staaten auf der ganzen Welt beeinflussen. Die Zusammenhänge und Bindungen, welche die an einem Punkt der Erde erzeugten Energien in alle ihre Teile übertrugen, waren nicht greifbar und sichtbar; sie fallen nicht auf wie die politisch verbundenen Staaten. Aber der Krieg ist da, um zu zeigen, daß sie genauso real sind, und um zu beweisen, daß sie nicht organisiert und geregelt sind. Er weist darauf hin, daß die bestehenden politischen und rechtlichen Formen und Arrangements untauglich sind, um mit der Situation fertigzuwerden. Denn letztere ist das gemeinsame Produkt aus der bestehenden Verfassung des politischen Staates und dem Wirken von an die politischen Formen nicht angepaßten apolitischen Kräften. Wir können von den Ursachen einer Krankheit nicht erwarten, daß sie sich wirksam miteinander verbinden, um die von ihnen hervorgerufene Krankheit zu heilen. Notwendig ist, daß die nicht-politischen Kräfte sich selbst organisieren, um die bestehenden politischen Strukturen zu transformieren: die Verbindung der geteilten und verwirrten Öffentlichkeiten zu einem Ganzen.

Im allgemeinen sind die nicht-politischen Kräfte Äußerungen eines technologischen Zeitalters, die in ein überkommenes politisches Schema gegossen sind, das ihr normales Wirken ablenkt und stört. Die industriellen und kommerziellen Beziehungen, welche die Situation schufen, deren Äußerung der Krieg ist, geben sich in kleinen ebenso deutlich zu erkennen wie in großen Dingen. Sie zeigten sich nicht nur im Kampf um Rohstoffe, um entfernte Märkte und in erschreckend hohen Staatsschulden, sondern auch in lokalen und unbedeutenden Phänomenen. Reisende, die sich weit von Zuhause befanden, konnten ihre Kreditbriefe nicht eingelöst bekommen, selbst in Ländern, die sich damals nicht im Krieg befanden. Einerseits schlossen die Börsen, andererseits häuften Kriegsgewinnler ihre Millionen auf. Ein innenpolitisches Beispiel sei angeführt. Das mit dem Krieg zusammenhängende Elend der Farmer hat ein innenpolitisches Problem geschaffen. Erst war eine große Nachfrage nach Nahrungsmitteln und anderen Agrarprodukten erzeugt worden, so daß die Preise stiegen. Zusätzlich zu diesem ökonomischen Anreiz waren die Farmer ständigen politischen Ermahnungen, ihre Ernte zu erhöhen, ausgesetzt. Die Inflation und eine zeitweilige Prosperität folgten. Dann kam das Ende der aktiven Kriegführung. Die verarmten Länder konnten die Nahrungsmittel nun nicht einmal mehr im Umfang des Vorkriegsniveaus kaufen und bezahlen. Die Steuern waren ungeheuer angestiegen. Die Währungen waren entwertet; der Goldvorrat der Welt war hier konzentriert. Der Stimulus des Krieges und der nationalen Verschwendung hatte die Lager der Fabriken und Kaufleute angefüllt. Die Löhne und die Preise für Landgeräte stiegen. Als die Deflation eintrat, traf sie auf einen beschränkten Markt, erhöhte Herstellungskosten und Farmer, die mit Hypotheken belastet waren, welche in der Zeit der wilden Expansion leichthin aufgenommen worden waren.

Dieses Beispiel wird nicht angeführt, weil es im Vergleich zu anderen eingetretenen Folgen, speziell in Europa, besonders wichtig ist. Es ist relativ unbedeutend im Gegensatz zu diesen und auch im Gegensatz zu dem Erwachen nationalistischer Gefühle, das seit dem Krieg überall in den sogenannten zurückgebliebenen Ländern stattgefunden hat. Aber es zeigt die sich verzweigenden Folgen unserer verschlungenen und interdependenten Wirtschaftsbeziehungen und es zeigt, wie wenig Voraussicht und Regulierung es gibt. Die Farmer konnten schwerlich in Kenntnis der Folgen gehandelt haben, die aus den fundamentalen Beziehungen entsprangen, in die sie verwickelt waren. Sie konnten auf diese nur momentan und auf improvisierte Weise reagieren, aber sie vermochten ihre Geschäfte nicht in kontrollierter Anpassung an den Lauf der Ereignisse führen. Sie erwiesen sich als die unglücklichen Objekte überwältigender Vorgänge, die ihnen kaum bekannt waren und über die sie nicht mehr Kontrolle besaßen als über die Wechselfälle des Wetters.

Dieser Illustration kann nicht widersprochen werden mit der Begründung, daß sie auf der abnormen Situation des Krieges beruht. Der Krieg selbst war eine normale Kundgebung des zugrundeliegenden nicht-integrierten Zustandes der Gesellschaft. Die lokale, von Angesicht zu Angesicht bestehende Gemeinschaft ist von Kräften angegriffen worden, die so gewaltig, so fern in ihrer Initiierung, so weitreichend in ihrem Umfang und auf so komplexe Weise indirekt in ihrem Wirken sind, daß sie vom Standpunkt der Mitglieder der lokalen sozialen Einheiten unbekannt sind. Der Mensch tut sich, wie oft bemerkt worden ist, schwer, entweder mit seinen oder ohne seine Mitmenschen auszukommen, selbst in der Nachbarschaft. Er kommt nicht besser mit ihnen aus, wenn sie über eine große Entfernung hinweg auf eine für ihn unsichtbare Weise handeln. Eine unfertige Öffentlichkeit kann sich nur organisieren, wenn die indirekten Folgen wahrgenommen werden, und wenn es gelingt, Vertretungsinstanzen zu entwerfen, die ihr Eintreten regulieren. Viele Folgen werden gegenwärtig mehr empfunden als wahrgenommen; sie werden erlitten, aber man kann von ihnen nicht behaupten, daß sie bekannt wären, denn von denen, die sie erfahren, werden sie nicht auf ihre Ursprünge zurückgeführt. Es versteht sich also von selbst, daß noch keine Vertretungsinstanzen eingerichtet worden sind, welche die Ströme des gesellschaftlichen Handelns kanalisieren und dadurch regulieren. Die Öffentlichkeiten sind demzufolge amorph und unartikuliert.

Es gab eine Zeit, in der man einige wenige politische Grundsätze pflegen und sie mit einigem Vertrauen anwenden konnte. Ein Bürger glaubte an das Recht der Einzelstaaten oder an die zentralisierte Bundesregierung, an den Freihandel oder die Schutzzölle. Es kostete keine große geistige Anstrengung sich vorzustellen, daß, wenn er sein Los mit der einen oder anderen Partei verband, er damit seine Ansichten so ausdrücken konnte, daß seine Überzeugungen bei der Regierung zählen würden. Für den durchschnittlichen Wähler ist die Zollfrage heute ein kompliziertes Durcheinander endloser Einzelheiten, Tabellen mit den Tarifen nach Mengen und *ad valorem* für unzählige Dinge, von denen er viele nicht dem Namen nach kennt, und über die er sich kein Urteil bilden kann. Wahrscheinlich liest nicht einmal einer von tausend Wählern überhaupt diese Mengen von Seiten, auf denen die Zollgebühren aufgelistet werden, und er würde nicht viel klüger, wenn er es täte. Der durchschnittliche Mensch gibt das als eine unnütze Beschäftigung auf. Zu Wahlzeiten mag das Werben mit irgendeiner abgegriffenen Losung in ihm die vorübergehende Vorstellung erwecken, daß er zu einem wichtigen Gegenstand Überzeugungen besitzt, aber abgesehen von den Herstellern und den Händlern, für die ein Interesse an dieser oder jener Tabelle auf dem Spiel steht, fehlen dem Glauben jene Qualitäten, über die er in Angelegenheiten von persönlichem Interesse verfügt. Die Wirtschaft ist zu komplex und verworren.

Ferner mag der Wähler aus persönlicher Vorliebe oder ererbter Überzeugung zur Vergrößerung der Befugnisse der Gemeindeverwaltung neigen und über die Übel der Zentralisierung herfahren. Aber er ist unbedingt gegen die sozialen Übel, die mit dem Schnapshandel einhergehen. Er stellt fest, daß das Prohibitionsgesetz seiner Gegend, Stadt, seines Landkreises oder Staates durch den – infolge moderner Transportmittel erleichterten – Import von Schnaps von außerhalb größtenteils annuliert wird. So wird er zum Befürworter eines nationalen Zusatzartikels, der der Zentralregierung das Recht gibt, die Herstellung und den Verkauf berauschender Getränke zu regulieren. Das zieht eine notwendige Erweiterung der föderalen Behörden und Machtbefugnisse nach sich. So ist heute der Süden – die traditionelle Heimat der Staatsrechtsdoktrin – der Hauptverfechter einer nationalen Prohibition und des Volstead-Gesetzes. Es wäre unmöglich zu sagen, wieviele Wähler über das Verhältnis zwischen ihrem erklärten allgemeinen Prinzip und ihrer besonderen Position in der Spirituosenfrage nachgedacht haben: wahrscheinlich nicht viele. Andererseits stehen lebenslange Hamiltonianer – Verkünder der Gefahren partikularistischer lokaler Autonomie – der Prohibition ablehnend gegenüber. Folglich spielen sie *ad hoc* eine Melodie auf der Jeffersonschen Flöte. Spott über Inkonsequenz ist jedoch ebenso überflüssig wie er leicht ist. Die gesellschaftliche Situation ist von den Faktoren des Industriezeitalters derart verändert worden, daß traditionelle allgemeine Prinzipien nur noch wenig praktische Bedeutung besitzen. Sie bestehen eher als emotionale Schlagworte denn als durchdachte Ideen fort.

Das gleiche Durcheinander findet in bezug auf die Regulierung der Eisenbahnen statt. Der Gegner einer starken Bundesregierung – ein Farmer oder ein Spediteur – findet, daß die Tarife zu hoch sind; er findet auch, daß die Eisenbahnen wenig Rücksicht auf die Staatsgrenzen nehmen, daß die einstmals lokalen Linien nun zu riesigen Systemen gehören und die staatliche Gesetzgebung und Verwaltung für seine Zwecke unwirksam sind. Er verlangt nach einer nationalen Regulierung. Auf der anderen Seite erkennt ein Parteigänger der Zentralregierung, der in Wertpapiere investiert, daß föderative Maßnahmen sich wahrscheinlich ungünstig auf sein Auskommen auswirken werden und prompt protestiert er gegen die beunruhigende Tendenz, ständig nach nationaler Hilfe zu rufen, welche nun in seinen Augen ein törichter Paternalismus geworden ist. Die Entwicklungen von Industrie und Handel haben die Dinge so kompliziert gemacht, daß ein klarer, allgemein anwendbarer Beurteilungsmaßstab praktisch unmöglich wird. Der Wald kann vor lauter Bäumen nicht gesehen werden noch die Bäume vor lauter Wald.

Ein treffendes Beispiel für den Wechsel des tatsächlichen Tenors von Doktrinen – das heißt, der Folgen ihrer Anwendung – bietet die Geschichte der Individualismus-Doktrin, wenn sie als ein Plädoyer für ein Minimum an staatlicher „Einmischung" in Industrie und Handel interpretiert wird. Am Anfang wurde sie von den „Progressisten" vertreten, von denjenigen, die gegen das ererbte Régime von Rechtsstaatlichkeit und Verwaltung protestierten. Die „rechtmäßigen Interessen" standen im Gegensatz dazu hauptsächlich für den alten Zustand. Heute, nach der Etablierung des Régimes des Industrieeigentums, ist die Theorie das intellektuelle Bollwerk des strammen Konservativen und Reaktionärs. Nun ist er es, der in Ruhe gelassen sein will, und der den Schlachtruf der Freiheit für Privatwirtschaft, Wirtschaftlichkeit, Vertragsschließung und deren finanzielle Gewinne von sich gibt. In den Vereinigten Staaten wird der Ausdruck „liberal", als Parteibezeichnung, immer noch verwendet, um einen in politischen Angelegenheiten Progressiven zu bezeichnen. In den meisten anderen Ländern ist die „liberale" diejenige Partei, welche etablierte und gesicherte kommerzielle und finanzielle Interessen in Verwahrung gegen staatliche Regulierung vertritt. Nirgendwo ist die Ironie der Geschichte augenfälliger als in der Umkehrung der praktischen Bedeutung des Terminus „Liberalismus", trotz der wörtlichen Kontinuität der Theorie.

Politische Apathie, die das natürliche Ergebnis der Diskrepanzen zwischen den tatsächlichen Praktiken und der traditionellen Maschinerie ist, folgt aus dem Unvermögen, sich mit klar bestimmten Problemen zu identifizieren. Diese sind in der ungeheuren Komplexität des heutigen Lebens schwer zu finden und einzugrenzen. Wenn die traditionellen Schlachtrufe ihre Bedeutung für die praktische Politik, die mit ihnen übereinstimmt, verloren haben, werden sie leicht als unsinnig abgetan. Nur Gewohnheit und Tradition – weniger begründete Überzeugung – und der vage Glaube an die Erfüllung seiner Bürgerpflicht, bringen einen beträchtlichen Teil der fünfzig Prozent, die immer noch wählen, an die Wahlurne. Und von ihnen ist allgemein bekannt, daß viele eher gegen etwas oder jemanden stimmen als für etwas oder für jemanden, außer wenn machtvolle Kräfte eine Panik hervorrufen. Die alten Grundsätze passen nicht zum gegenwärtigen Leben, wie es gelebt wird, so gut sie die Lebensinteressen zu ihrer Entstehungszeit auch ausgedrückt haben mögen. Tausende fühlen, wie hohl sie geworden sind, auch wenn sie ihre Gefühle nicht artikulieren können. Die Verwirrung, die aus dem Umfang und den Verzweigungen der sozialen Tätigkeiten resultierte, hat die Menschen hinsichtlich der Wirksamkeit politischen Handelns skeptisch gemacht. Wer kennt sich in diesen Dingen noch aus? Die Menschen spüren, daß sie einem Ansturm von Kräften ausgesetzt sind, die zu groß sind, um sie zu begreifen oder zu beherrschen. Das Denken ist zum Stillstand gekommen und das Handeln ist gelähmt. Sogar der Spezialist findet es schwierig, die Kette von „Ursache und Wirkung" zurückzuverfolgen; und selbst er handelt erst nach den Ereignissen; er schaut zurück, während in der Zwischenzeit die sozialen Tätigkeiten vorwärtstreiben, um schon wieder einen neuen Zustand hervorzubringen.

Ähnliche Überlegungen erklären auch die Geringschätzung für die Maschinerie des demokratischen politischen Handelns – im Gegensatz zum wachsenden Verständnis für die Notwendigkeit von Verwaltungsexperten. So war zum Beispiel eines der Nebenprodukte des Krieges die Investition der Regierung in Muscle Shoals für die Herstellung von Stickstoff, einem chemischen Stoff, der für die Farmer ebenso wichtig ist wie für die Truppen im Feld. Die Planung und Nutzung der Fabrik sind zu einem Gegenstand politischer Auseinandersetzungen geworden. Die damit verbundenen Probleme – Fragen von Wissenschaft, Landwirtschaft, Industrie und Finanzwesen – sind in hohem Grade technischer Art. Wieviele Wähler sind in der Lage, all die Faktoren zu beurteilen, die bei der Entscheidungsfindung zu berücksichtigen sind? Und wenn sie, nachdem sie diese studiert haben, dazu fähig wären, – wieviele verfügen über die dafür nötige Zeit? Es ist richtig, daß die Wählerschaft mit dieser Sache nicht direkt konfrontiert wird, aber die technische Schwierigkeit des Problems spiegelt sich auch in der verwirrten Hilflosigkeit der Gesetzgeber, die sich mit ihr von Amts wegen befassen müssen. Weiter wird die verwirrte Lage durch die Erfindung anderer und billigerer Methoden der Stickstoffproduktion kompliziert. Auch die schnelle Entwicklung von Hydroelektrizität und Hochenergienetzen ist eine Angelegenheit von öffentlichem Interesse. Auf lange Sicht wird sie in ihrer Bedeutung nur von wenigen Fragen übertroffen werden. Wenn man von den Wirtschaftskorporationen, die ein direktes Interesse an ihr haben, und einigen Ingenieuren absieht, – wieviele Bürger verfügen über die Daten und die Fähigkeit, um die mit ihrer Bewältigung verbundenen Fakten zu beschaffen und einzuschätzen? Ein weiteres Beispiel: Zwei Dinge, die eine lokale Öffentlichkeit im Innersten angehen, sind der Straßen- und Eisenbahnverkehr sowie der Vertrieb von Nahrungsgütern. Aber die Geschichte der Kommunalpolitik zeigt, daß in den meisten Fällen dem Auflodern eines großen Interesses eine Periode der Gleichgültigkeit folgt. Die Masse der Menschen hat dann die Folgen zu tragen. Aber schon die Größe, die Heterogenität und die Mobilität der Stadtbevölkerung, die großen Kapitalmengen, die erforderlich sind, der technische Charakter der zugehörigen Ingenieurprobleme, ermüden die Aufmerksamkeit des durchschnittlichen Wählers bald. Ich denke, die drei Beispiele sind ziemlich typisch. Die Verzweigungen der vor der Öffentlichkeit stehenden Probleme sind so umfangreich, so vielschichtig und verschlungen, die mit ihnen verbundenen technischen Dinge sind so spezialisiert, die Einzelheiten sind so zahlreich und veränderlich, daß die Öffentlichkeit sich nicht für eine längere Zeit als eins erkennen und behaupten kann. Es ist nicht so, daß es keine Öffentlichkeit gibt, keine größere Gruppe von Menschen, die ein gemeinsames Interesse an den Folgen sozialer Transaktionen besitzen. Es gibt zuviel Öffentlichkeit; die Öffentlichkeit ist zu ausgebreitet und zerstreut und in ihrer Zusammensetzung zu kompliziert. Und es gibt zu viele Öffentlichkeiten, denn die vereinigten Handlungen mit indirekten, bedeutenden und andauernden Folgen sind so unvergleichlich zahlreich, jede einzelne durchkreuzt die anderen und bringt ihre eigene Gruppe besonders betroffener Menschen hervor, und es ist zu wenig da, um diese verschiedenen Öffentlichkeiten in einem integrierten Ganzen zusammenzuhalten.

Das Bild ist unvollständig ohne die Berücksichtigung der vielen Konkurrenten mit starken politischen Interessen. Politische Belange haben natürlich immer starke Rivalen besessen. Die Menschen waren zum größten Teil immer mehr von ihren eher unmittelbaren Betätigungen und Vergnügungen in Anspruch genommen worden. Die Macht von „Brot und Spielen", die Aufmerksamkeit von öffentlichen Dingen abzulenken, ist eine altbekannte Geschichte. Doch nun haben die industriellen Bedingungen, welche die öffentlichen Interessen ausgeweitet, kompliziert und intensiviert haben, auch deren Rivalen ungeheuer vermehrt und verstärkt. In Ländern, in denen das politische Leben in der Vergangenheit höchst erfolgreich geführt wurde, war sozusagen eigens eine politische Klasse abgesondert worden, welche die politischen Angelegenheiten zu ihrem besonderen Geschäft machte. Aristoteles konnte sich keine andere zur Ausübung der Politik fähige Bürgerschaft vorstellen, als eine, die in Muße lebte, d. h. eine, die von allen anderen Beschäftigungen befreit war, insbesondere der, ihren Lebensunterhalt zu verdienen. Bis in die jüngste Zeit bestätigte das politische Leben seine Überzeugung. Diejenigen, die an der Politik aktiven Anteil nahmen, waren „Gentlemen", Personen die bereits lang genug über Besitz und Geld verfügten, und über genügend davon, daß weiter danach zu streben unfein und unter ihrem Stand gewesen wäre. Heute, da der industrielle Strom so groß und mächtig fließt, ist der Mensch mit Muße gewöhnlich ein nutzloser Mensch. Die Menschen haben ihre eigenen Geschäfte zu besorgen und „Geschäft" besitzt heute seine eigene bestimmte und spezielle Bedeutung. Die Politik neigt folglich dazu, einfach nur ein weiteres „Geschäft" zu werden: die besondere Angelegenheit der Bosse und der Manager des Apparates.

Die Zunahme der Amüsements an Zahl, Verschiedenartigkeit und Wohlfeilheit stellt eine starke Ablenkung von der Politik dar. Die Mitglieder einer unfertigen Öffentlichkeit haben zu viele Möglichkeiten des Genusses und auch der Arbeit, um sich viele Gedanken über die Organisation zu einer wirkungsvollen Öffentlichkeit machen zu können. Der Mensch ist ebensogut ein konsumierendes und sportives Wesen wie er ein politisches ist. Bedeutsam ist, daß der Zugang zu den Vergnügungsmitteln unvergleichlich leichter und billiger als je in der Vergangenheit gemacht worden ist. Die gegenwärtige Ära der „Prosperität" mag nicht von Dauer sein. Aber das Kino, das Radio, billiger Lesestoff und das Auto, mit allem, wofür sie stehen, werden bleiben.

Daß sie nicht in dem bewußten Verlangen entstanden sind, die Aufmerksamkeit von politischen Interessen abzulenken, vermindert nicht ihre Wirksamkeit in dieser Richtung. Die politischen Elemente in der Wesensart des Menschen, jene, die mit Staatsbürgerschaft zu tun haben, sind auf eine Seite abgedrängt worden. In den meisten Kreisen ist es sehr anstrengend, ein Gespräch über ein politisches Thema in Gang zu halten; und hat es einmal begonnen, wird es bald gähnend fallengelassen. Aber sobald die Sprache auf die Bauart und die Leistung verschiedener Automarken oder die jeweiligen Vorzüge von Schauspielerinnen kommt, geht es flott voran. Festzuhalten ist, daß der verbilligte und vermehrte Zugang zu Amüsements das Ergebnis des Maschinenzeitalters ist und verstärkt wurde durch eine Geschäftstradition, welche die Versorgung mit Mitteln für einen genußreichen Zeitvertreib zu einem der einträglichsten Gewerbe macht.

Eine Erscheinungsform des technologischen Zeitalters, mit seiner beispiellosen Verfügung über Naturkräfte, erfordert, obgleich sie im Gesagten schon einbegriffen ist, ausdrückliche Beachtung. Die älteren Öffentlichkeiten, lokale Gemeinschaften, die einander weitgehend glichen, waren auch, wie es heißt, statisch. Sie veränderten sich natürlich, aber abgesehen von Kriegen, Katastrophen und großen Wanderungen gingen die Modifikationen allmählich vor sich. Sie vollzogen sich langsam und wurden von denen, die sie durchmachten, größtenteils nicht wahrgenommen. Die neueren Kräfte haben mobile und fluktuierende Assoziationsformen geschaffen. Die verbreiteten Klagen über die Auflösung des Familienlebens mögen das belegen. Die Bewegung von ländlichen zu städtischen Gemeinden ist ebenfalls Resultat und Beweis dieser Mobilität. Nichts bleibt lange an Ort und Stelle, nicht einmal die Assoziationen, durch die Handel und Industrie betrieben werden. Die Sucht nach Bewegung und Geschwindigkeit ist das Symptom einer ruhelosen Unbeständigkeit des sozialen Lebens, und sie wirkt verstärkend auf die Ursachen, denen sie entstammt. Im Bauwesen verdrängt der Stahl Holz und Mauerwerk; Eisenbeton modifiziert den Stahl und irgendeine Erfindung mag eine weitere Revolution bewirken. Muscle Shoals wurde für die Produktion von Stickstoff erworben, und neue Methoden haben die für notwendig befundene große Ansammlung von Wasserkraft bereits überholt. Jedes der gewählten Beispiele ist unzureichend, weil aus einer völlig ungleichartigen Masse von Fällen zu wählen ist. Wie kann eine Öffentlichkeit organisiert werden, dürfen wir fragen, wenn sie buchstäblich nicht auf der Stelle bleibt? Nur tiefergehende Angelegenheiten und solche, denen dieser Anschein gegeben werden kann, können einen gemeinsamen Nenner in all den wechselnden und instabilen Beziehungen finden. Verbundenheit ist eine von Zuneigung sehr verschiedene Lebensfunktion. Zuneigungen haben wir, solange das Herz schlägt. Für Verbundenheit braucht es etwas mehr als organische Ursachen. Gerade die Dinge, welche Zuneigungen stimulieren und stärken, können Verbundenheiten untergraben. Denn diese werden in ruhiger Beständigkeit erzeugt; sie werden in dauerhaften Beziehungen genährt. Die Beschleunigung der Mobilität reißt an ihren Wurzeln. Und ohne bleibende Verbundenheiten sind Assoziationen zu veränderlich und zu schwach, um einer Öffentlichkeit ohne weiteres die Lokalisierung und Erkenntnis ihrer selbst zu gestatten.

Die neue Ära der menschlichen Beziehungen, in der wir leben, ist eine, die durch die Massenproduktion für entfernte Märkte, durch Telegraphen und Telephon, billige Druckerzeugnisse, Eisenbahn und Dampfschiffahrt gekennzeichnet ist. Nur geographisch hat Kolumbus eine neue Welt entdeckt. Die wirklich neue Welt ist in den letzten hundert Jahren erschaffen worden. Dampf und Elektrizität haben die Bedingungen, unter denen Menschen sich miteinander verbinden, mehr verändert als alle Kräfte, welche die menschlichen Beziehungen vor unserer Zeit beeinflußt haben. Da gibt es jene, welche die Schuld für all die Übel unseres Lebens dem Dampf, der Elektrizität und den Maschinen zuschieben. Es ist immer bequem, sowohl einen Teufel als auch einen Erlöser zu haben, um die Verantwortungen der Menschheit zu tragen. In Wirklichkeit kommt das Unheil eher von den Ideen und dem Mangel an Ideen, in Zusammenhang mit denen die technologischen Faktoren wirken. Geistige und moralische Überzeugungen und Ideale verändern sich langsamer als äußere Bedingungen. Wenn die mit dem vornehmeren Leben unserer kulturellen Vergangenheit verbundenen Ideale Schaden genommen haben, so liegt das in der Hauptsache an ihnen selbst. Ideale und Normen, die ohne Rücksicht auf die Mittel gebildet wurden, mit denen sie erreicht und Fleisch werden sollen, müssen zwangsläufig dürr und unstet sein. Da die von einem Maschinenzeitalter hervorgebrachten Ziele, Wünsche und Absichten nicht an die Tradition anschließen, gibt es zwei Gruppen rivalisierender Ideale, und diejenigen, welche über die wirklichen Mittel verfügen, sind im Vorteil. Weil die zwei gegeneinander konkurrieren, und weil die alten in Literatur und Religion ihren Zauber und ihr sentimentales Prestige bewahren, sind die neueren notgedrungen spröde und beschränkt. Denn die alten Symbole des idealen Lebens nehmen das Denken noch immer in Anspruch und gebieten noch immer Loyalität. Die Bedingungen haben sich geändert, aber jede Seite des Lebens, von Religion und Erziehung bis hin zu Eigentum und Handel, zeigt, daß in den Ideen und Idealen nichts, was einer Transformation nahekommt, stattgefunden hat. Symbole kontrollieren das Fühlen und Denken und das neue Zeitalter hat keine seinen Tätigkeiten entsprechenden Symbole. Die intellektuellen Mittel zur Bildung einer organisierten Öffentlichkeit sind unangemessener als ihre äußeren Mittel. Die Bindungen, die Menschen im Handeln zusammenhalten, sind zahlreich, fest und subtil. Aber sie sind unsichtbar und nicht greifbar. Wir verfügen über physische Instrumente zur Kommunikation wie nie zuvor. Aber die ihnen angemessenen Gedanken und Sehnsüchte werden nicht kommuniziert und sind folglich auch nicht kommun. Ohne diese Kommunikation wird die Öffentlichkeit schattenhaft und formlos bleiben; krampfhaft nach sich selbst suchend, wird sie aber eher ihren Schatten fassen und festhalten als ihr Wesen. Solange die *Große Gesellschaft* nicht in die *Große Gemeinschaft* verwandelt ist, wird *die* Öffentlichkeit im Dunkeln bleiben. Allein Kommunikation kann eine große Gemeinschaft erschaffen. Unser Babel ist keines der Sprachen, sondern eines der Zeichen und Symbole, ohne die gemeinsam geteilte Erfahrung unmöglich ist.

5. Die Suche nach der *Großen Gemeinschaft*

Wir hatten Gelegenheit, en passant auf die Unterscheidung zwischen der Demokratie als einer sozialen Idee und der politischen Demokratie als einem Regierungssystem hinzuweisen. Die beiden sind natürlich miteinander verbunden. Die Idee bleibt unfruchtbar und nichtssagend, wenn sie nicht in menschlichen Beziehungen Fleisch geworden ist. Doch in der Untersuchung müssen sie unterschieden werden. Die Idee der Demokratie ist eine weitere und reichere Idee als daß sie selbst im besten Staat exemplifiziert werden kann. Um verwirklicht zu werden, muß sie alle Formen menschlicher Assoziation, die Familie, die Schule, Wirtschaft, Religion erfassen. Und selbst was politische Arrangements angeht, sind Regierungseinrichtungen nichts weiter als Mechanismen, die einer Idee Kanäle für ihr effektvolles Wirken bereitstellen. Man wird aber kaum sagen können, die Kritiken an der politischen Maschinerie ließen den Anhänger der Idee unberührt. Denn sofern die Kritiken gerechtfertigt sind – und kein aufrichtiger Anhänger kann bestreiten, daß viele von ihnen nur zu gut begründet sind – spornen sie ihn an, dem Wirken der Idee selbst zu einer angemesseneren Maschinerie zu verhelfen. Worauf die treuen Anhänger aber bestehen, ist, daß die Idee nicht mit ihren äußeren Organen und Strukturen gleichgesetzt werde. Wir wehren uns gegen die verbreitete Annahme der Feinde bestehender demokratischer Regierungen, ihre Anklagen berührten die sozialen und moralischen Bestrebungen und Ideen, welche den politischen Formen zugrundeliegen. Gleichwohl taugt auch die alte Redensart, nach der das Mittel gegen die Krankheiten der Demokratie mehr Demokratie ist, nicht, wenn sie bedeutet, daß die Übel geheilt werden können, indem den schon vorhandenen Apparaten noch mehr derselben Art hinzugefügt oder indem diese verfeinert und vervollkommnet werden. Der Spruch kann aber die Notwendigkeit anzeigen, zur Idee selbst zurückzukehren, unsere Auffassung von ihr zu klären und zu vertiefen und unser Verständnis ihrer Bedeutung dafür zu nutzen, ihre politischen Manifestationen zu kritisieren und zu erneuern.

Wenn wir uns für den Augenblick auf die politische Demokratie beschränken, müssen wir auf jeden Fall unseren Widerspruch gegen die Annahme wiederholen, daß die Idee selbst die Regierungspraktiken, welche in demokratischen Staaten bestehen, erzeugt hat: allgemeines Wahlrecht, Abgeordnetenwahl, Mehrheitsprinzip und so weiter. Die Idee hat die konkrete politische Bewegung beeinflußt, aber sie hat sie nicht verursacht. Der Übergang von der familialen und dynastischen Herrschaft, die von den Loyalitäten zur Tradition getragen wurde, zur Volksherrschaft war in erster Linie das Ergebnis technologischer Entdeckungen und Erfindungen, die eine Veränderung in den Sitten bewirkten, durch welche die Menschen zusammengehalten worden waren. Er verdankt sich nicht den Doktrinen von Doktrinären. Die uns vertrauten demokratischen Regierungsformen stellen das kumulative Resultat einer Vielzahl von Ereignissen dar, die, was die politischen Wirkungen anging, unvorbereitet waren und unvorhersehbare Folgen hatten. Allgemeines Wahlrecht, regelmäßige Wahlen, Mehrheitsprinzip, Regierung durch Kabinett und Kongreß haben nichts Heiliges an sich. Diese Dinge sind Instrumente, die sich in die Richtung entwickelten, in die der Strom floß, wobei jede Welle zur Zeit ihrer Auslösung eine minimale Abweichung von früherem Brauch und Recht mit sich brachte. Die Instrumente dienten einem Zweck; aber ihr Zweck war eher der, vorhandenen Bedürfnissen zu genügen, die zu stark geworden waren, als daß sie hätten ignoriert werden können, denn der, die Idee der Demokratie voranzubringen. Allen Mängeln zum Trotz erfüllten sie ihren eigenen Zweck gut.

Zurückblickend, gestützt auf die Erfahrung *ex post facto*, fiele es auch dem Gescheitesten schwer, Ordnungen zu entwerfen, welche die Bedürfnisse unter den gegebenen Umständen besser befriedigt hätten. Diese Rückschau ermöglicht aber zu erkennen, wie unangemessen, einseitig und richtiggehend falsch die sie begleitenden doktrinellen Formulierungen waren. In Wirklichkeit waren sie kaum mehr als politische Schlachtrufe, die übernommen wurden, um direkte Agitation zu betreiben oder um eine spezielle praktische Politik zu rechtfertigen, die um ihre Anerkennung rang, auch wenn von ihnen behauptet wurde, daß sie absolute Wahrheiten über die menschliche Natur oder die Moral verkörpern. Die Lehren dienten einem besonderen lokalen pragmatischen Erfordernis. Aber oft machte gerade ihre Anpassung an die unmittelbaren Umstände sie praktisch untauglich, bleibenderen und weiterreichenden Erfordernissen zu entsprechen. Sie ließen die politischen Fundamente erstarren und behinderten den Fortschritt, um so mehr, als sie nicht als Hypothesen zur Anleitung sozialen Experimentierens ausgesprochen und betrachtet wurden, sondern als absolute Wahrheiten, Dogmen. Kein Wunder, daß sie dringend nach Revision und Ersatz verlangen.

Nichtsdestoweniger trieb die Strömung beständig in eine Richtung: hin zu demokratischen Formen. Daß die Regierung dazu da ist, ihrer Gemeinschaft zu dienen, und daß dieser Zweck nicht erreicht werden kann, solange die Gemeinschaft sich nicht selbst an der Auswahl ihrer Regierenden und der Festlegung ihrer Politik beteiligt, solche Einsichten sind die faktischen Ablagerungen, die, soweit wir sehen können, im Kielwasser der Doktrinen und Formen dauerhaft zurückbleiben, wie vergänglich letztere auch sein mögen. Sie sind nicht das Ganze der Demokratie-Idee, aber sie bringen sie in ihrer politischen Gestalt zum Ausdruck. Der Glaube an diesen politischen Aspekt ist kein mystischer Glaube wie der in eine übermächtige Vorsehung, die für Kinder, Trinker und andere, die sich nicht selbst helfen können, sorgt. Er steht für eine aus historischen Tatsachen wohlbewiesene Schlußfolgerung. Wir haben allen Grund anzunehmen, daß, welche Veränderungen die bestehende demokratische Maschinerie auch erfahren mag, sie so beschaffen sein werden, daß sie das Interesse der Öffentlichkeit mehr zum Leitfaden und Kriterium der Regierungstätigkeit machen und die Öffentlichkeit befähigen, ihre Ziele mit noch mehr Autorität zu bilden und zu bekunden. In diesem Sinne ist die Kur für die Leiden der Demokratie mehr Demokratie. Wie wir gesehen haben, liegt die Hauptschwierigkeit in der Entdeckung von Mitteln, durch die eine verstreute, mobile und mannigfaltige Öffentlichkeit sich so selbst erkennt, daß sie ihre Interessen definieren und ausdrücken kann. Diese Entdeckung steht notwendigerweise vor jeder fundamentalen Veränderung in der Maschinerie. Unser Interesse ist deshalb nicht, Ratschläge für zweckmäßige Verbesserungen in den politischen Formen der Demokratie zu erteilen. Viele sind vorgeschlagen worden. Es bedeutet keine Schmälerung ihres entsprechenden Wertes, wenn man sagt, daß Überlegungen zu diesen Veränderungen gegenwärtig keine Angelegenheit von größter Wichtigkeit sind. Das Problem liegt tiefer; es ist an erster Stelle ein intellektuelles

Problem: die Suche nach Bedingungen, unter denen die *Große Gesellschaft* eine *Große Gemeinschaft* werden kann. Wenn diese Bedingungen einmal geschaffen sind, werden sie ihre eigenen Formen erzeugen. Solange sie nicht da sind, scheint es wenig nützlich, darüber nachzudenken, welche politische Maschinerie zu ihnen paßt.

Bei der Suche nach den Bedingungen, unter denen die heute noch unfertige Öffentlichkeit demokratisch funktionieren kann, können wir von einer Aussage über die Natur der demokratischen Idee in ihrem allgemeinen sozialen Sinn ausgehen.[18] Vom Standpunkt des Individuums aus gesehen, besteht sie darin, nach Vermögen einen verantwortlichen Beitrag zur Bildung und Lenkung der Tätigkeiten derjenigen Gruppen zu leisten, denen man angehört, und nach Bedarf an den Werten teilzuhaben, welche die Gruppen tragen. Vom Standpunkt der Gruppe erfordert sie die Befreiung der Potenzen der Gruppenmitglieder in Einklang mit ihren gemeinschaftlichen Interessen und Gütern. Da jedes Individuum mehreren Gruppen angehört, kann diese Bedingung nur dann erfüllt werden, wenn die verschiedenen Gruppen frei und umfassend in Verbindung mit anderen Gruppen interagieren. Das Mitglied einer Räuberbande kann seine Fähigkeiten auf eine mit der Zugehörigkeit zu dieser Gruppe vereinbarende Weise äußern und von den gemeinsamen Interessen ihrer Mitglieder geleitet sein. Aber das kann es allein um den Preis der Unterdrückung derjenigen seiner Potenzen, die nur durch die Zugehörigkeit zu anderen Gruppen verwirklicht werden können. Die Räuberbande kann nicht frei mit anderen Gruppen interagieren; sie kann nur handeln, indem sie sich selbst isoliert. Sie muß die Verfolgung aller Interessen verhindern, außer jenen, welche sie in ihrer Abgetrenntheit definieren. Ein guter Bürger dagegen erfährt sein Verhalten als Mitglied einer politischen Gruppe durch seine Teilnahme am Familienleben, an der Wirtschaft, an wissenschaftlichen und künstlerischen Vereinigungen bereichernd und bereichert. Hier gibt es einen freien Austausch: die Fülle einer ganzheitlichen Persönlichkeit zu erreichen ist möglich, da die Abstoßungen und Anziehungen zwischen den verschiedenen Gruppen einander verstärken und ihre Werte harmonieren.

---

18 Die angemessenste Erörterung dieses Ideals, die mir bekannt ist, stammt von T. V. Smith, *The Democratic Way of Life*, Chicago, University of Chicago Press, 1926.

Als Idee betrachtet, ist die Demokratie nicht eine Alternative zu anderen Prinzipien assoziierten Lebens. Sie ist die Idee des Gemeinschaftslebens selbst. Sie ist ein Ideal im einzig verständigen Sinn eines Ideals: nämlich, die bis zu ihrer äußersten Grenze getriebene, als vollendet und vollkommen betrachtete Tendenz und Bewegung einer bestehenden Sache. Da die Dinge solche Erfüllung nicht erlangen, sondern in Wirklichkeit immer abgelenkt und gestört werden, ist die Demokratie in diesem Sinne keine Tatsache und wird nie eine sein. Aber in diesem Sinn gibt es auch keine oder hat es auch nie eine Gemeinschaft in ihrem gänzlichen Ausmaß gegeben, eine Gemeinschaft, die ohne Beimischung fremder Elemente wäre. Die Idee oder das Ideal einer Gemeinschaft stellt jedoch wirkliche Phasen assoziierten Lebens dar, insofern diese Phasen von einschränkenden und störenden Elementen befreit sind und so betrachtet werden, als ob sie die Grenze ihrer Entwicklung erreicht hätten. Wo immer es eine vereinte Tätigkeit gibt, deren Folgen von allen einzelnen an ihr teilnehmenden Personen für gut befunden werden, und wo die Verwirklichung des Guten von der Art ist, daß sie ein tatkräftiges Verlangen und Bemühen hervorruft, es zu erhalten, weil es ein von allen geteiltes Gut ist, da gibt es insofern eine Gemeinschaft. Das klare Bewußtsein eines gemeinschaftlichen Lebens, mit allem, was sich damit verbindet, konstituiert die Idee der Demokratie.

Nur wenn wir von einer Gemeinschaft als einer Tatsache ausgehen und die Tatsache im Denken erfassen, um ihre Bestandteile zu erklären und zu verbessern, werden wir zu einer Idee der Demokratie kommen, die nicht utopisch ist. Die traditionell mit der Idee der Demokratie verbundenen Begriffe und Schibboleths erhalten nur dann eine wirklichkeitsgetreue und richtungsweisende Bedeutung, wenn sie als Zeichen und Merkmale einer Assoziation konstruiert werden, welche die bestimmenden Charakteristika einer Gemeinschaft trägt. Brüderlichkeit, Freiheit und Gleichheit sind getrennt vom Gemeinschaftsleben hoffnungslose Abstraktionen. Ihre losgelöste Behauptung führt zu einer weichlichen Sentimentalität oder aber zu zügelloser und fanatischer Gewalt, die am Ende ihren eigenen Absichten ins Gesicht schlägt. Gleichheit wird dann zum Kredo einer mechanischen Identität, die den Tatsachen widerspricht und unrealisierbar ist. Der Versuch, sie herzustellen, zertrennt die lebenswichtigen Bande, welche die Menschen zusammenhalten; sofern er etwas hervorbringt, ist es eine Mittelmäßigkeit, in der das Gute nur im Sinne von Durchschnittlichkeit und Vulgarität bekannt ist. Freiheit wird dann für Unabhängigkeit von sozialen Bindungen gehalten und endet in Auflösung und Anarchie. Schwieriger ist es, die Idee der Brüderlichkeit von der der Gemeinschaft zu trennen, und deshalb wird sie entweder in den Bewegungen, welche Demokratie mit Individualismus gleichsetzen, praktisch ignoriert, oder sonst zu einem sentimentalen Anhängsel. In ihrer gerechtfertigten Verbindung mit der Gemeinschaftserfahrung ist Brüderlichkeit ein anderer Name für die bewußt geschätzten Güter, die aus einer Assoziation entstehen, an der alle teilhaben, und die dem Verhalten eines jeden eine Richtung geben. Freiheit ist die gesicherte Entbindung und Erfüllung persönlicher Potenzen, welche sich nur in einer reichen und mannigfaltigen Assoziation mit anderen ereignen: das Vermögen, ein individualisiertes Selbst zu sein, das einen spezifischen Beitrag leistet und sich auf seine Weise an den Früchten der Assoziation erfreut. Gleichheit bezeichnet den ungeschmälerten Anteil, den jeder einzelne Angehörige der Gemeinschaft an den Folgen des assoziierten Handelns hat. Dieser ist gerecht, weil er nur am Bedürfnis und an der Fähigkeit, nützlich zu sein, gemessen wird, nicht an äußeren Faktoren, die den einen berauben, damit ein anderer nehmen und haben kann. Ein Säugling ist anderen in einer Familie nicht gleichgestellt aufgrund einer vorausgehenden, strukturellen Qualität, welche dieselbe wie die der anderen ist, sondern insofern seinen Bedürfnissen nach Fürsorge und Entwicklung entsprochen wird, ohne der überlegenen Stärke, dem Besitz und den gereifteren Fähigkeiten anderer geopfert zu werden. Gleichheit bedeutet nicht die Art mathematischer oder physikalischer Äquivalenz kraft welcher jedes beliebige Element durch ein anderes ersetzt werden kann. Sie bedeutet wirkliche Achtung für alles, was in jedem Menschen besonders und einmalig ist, ungeachtet physischer und psychologischer Ungleichheiten. Sie ist kein natürlicher Besitz, sondern eine Frucht der Gemeinschaft, sobald ihr Handeln von ihrem Gemeinschaftscharakter geleitet wird.

Assoziierte oder gemeinsame Tätigkeit ist eine Bedingung für die Erzeugung einer Gemeinschaft. Assoziation selbst ist aber physisch und organisch, während das Gemeinschaftsleben moralisch ist, das heißt emotional, intellektuell, bewußt aufrechterhalten wird. Menschliche Wesen verbinden sich in ihrem Verhalten so direkt und unbewußt miteinander wie Atome, Sternenhaufen und Zellen; so direkt und unwissentlich wie sie sich trennen und voneinander abstoßen. Sie tun dies auf Grund ihrer eigenen Struktur, so wie Mann und Frau sich vereinen, wie der Säugling die Brust sucht und die Brust da ist, um sein Bedürfnis zu stillen. Sie tun dies wegen äußerer Umstände, auf Grund eines Drucks von außen, wie Atome sich beim Vorhandensein einer elektrischen Ladung verbinden oder trennen, oder Schafe sich vor Kälte zusammendrängen. Assoziierte Tätigkeit braucht keine Erklärung; die Dinge sind einfach so beschaffen. Aber keine Summe vereinigten kollektiven Handelns konstituiert von selbst eine Gemeinschaft. Denn für Wesen, die beobachten und denken, und deren Ideen von Trieben beherrscht und zu Gesinnungen und Interessen werden, ist das „Wir" ebenso unvermeidlich wie das „Ich". Aber das „Wir" und das „Unser" gibt es nur, wenn die Folgen verbundenen Handelns wahrgenommen werden und ein Gegenstand von Wünschen und Bestrebungen werden, genau wie das „Ich" und „Mein" erst auftauchen, wenn ein besonderer Anteil am wechselseitigen Handeln behauptet oder beansprucht wird. Menschliche Assoziationen mögen ihrem Ursprung nach noch so organisch und in ihrem Wirken noch so beständig sein, sie entwickeln sich erst zu menschlichen Gesellschaften in einem menschlichen Sinne, wenn ihre Folgen, so sie bekannt sind, geschätzt und angestrebt werden. Selbst wenn „Gesellschaft" in dem Maße ein Organismus wäre, wie es einige Schriftsteller glaubten, sie würde deshalb keine Gesellschaft sein. Interaktionen, Transaktionen ereignen sich *de facto* und die Resultate der gegenseitigen Abhängigkeit folgen daraus. Aber die Teilnahme an einer Tätigkeit und die Teilhabe an den Resultaten sind je additive Angelegenheiten. Sie setzen *Kommunikation* voraus.

Verbundene Tätigkeit findet unter menschlichen Wesen statt; wenn aber nichts sonst stattfindet, geht sie so unvermeidlich in eine andere Form wechselseitig verbundener Tätigkeit über, wie das Zusammenspiel von Eisen und dem Sauerstoff des Wassers. Was dabei geschieht, ist ganz in Begriffen von Energie oder, wie wir im Falle menschlicher Interaktion sagen, von Kraft [force], beschreibbar. Nur wenn dabei *Zeichen* oder *Symbole* von Tätigkeiten und ihren Resultaten vorhanden sind, kann der Fluß wie von außen betrachtet, zwecks Prüfung und Begutachtung aufgehalten und dann reguliert werden. Der Blitz trifft und spaltet einen Baum oder einen Stein und die entstehenden Stücke nehmen den Prozess der Wechselwirkung auf und setzen ihn fort, und immer so weiter. Wenn aber Phasen des Prozesses durch Zeichen dargestellt werden, ist ein neues Medium dazwischengetreten. Wenn Symbole miteinander verbunden werden, werden die wichtigen Beziehungen eines Ereignisverlaufs aufgezeichnet und als Bedeutungen bewahrt. Erinnerung und Voraussicht sind möglich; das neue Medium erleichtert Berechnung, Planung und eine neue Art des Handelns, die in das Geschehen eingreift, um seinen Verlauf im Interesse des Vorausgesehenen und Erwünschten zu lenken.

Die Symbole wiederum hängen von der Kommunikation ab und fördern diese. Die Ergebnisse gemeinsamer Erfahrung werden untersucht und weitergegeben. Ereignisse können nicht von einem zum anderen gegeben, aber Bedeutungen können durch Zeichen geteilt werden. Bedürfnisse und Triebe werden dann an gemeinsame Bedeutungen geknüpft. Dadurch werden sie in Wünsche und Zwecke umgeformt, welche, da sie eine gemeinsame oder gegenseitig verstandene Bedeutung in sich schließen, neue Bindungen darstellen, die eine vereinte Tätigkeit in eine Gemeinschaft der Interessen und Bestrebungen verwandeln. Auf diese Weise wird erzeugt, was metaphorisch als ein allgemeiner Wille oder ein soziales Bewußtsein bezeichnet werden kann: Wünsche und Wahlentscheidungen von Individuen im Hinblick auf Tätigkeiten, die durch Symbole kommunizierbar sind und von allen Betroffenen geteilt werden. Eine Gemeinschaft stellt folglich eine Ordnung von Energien dar, die in eine Ordnung von Bedeutungen umgewandelt ist, welche von all jenen, die mit der verbundenen Tätigkeit befaßt sind, geschätzt werden und auf welche diese untereinander Bezug nehmen. „Kraft" ist dadurch nicht abgeschafft, vielmehr wird sie in ihrem Gebrauch und ihrer Ausrichtung durch Ideen und Gesinnungen, die mittels Symbolen ermöglicht werden, verwandelt.

Das Werk der Umwandlung der physischen und organischen Phase assoziierten Verhaltens in eine Gemeinschaft des Handelns, gesättigt und gelenkt von einem gegenseitigen Interesse an geteilten Bedeutungen und Folgen, welche durch Symbole in Ideen und begehrte

Gegenstände übersetzt werden, ereignet sich weder auf einmal noch vollständig. Zu jeder Zeit wirft es eher ein Problem auf, als daß es eine gesicherte Errungenschaft kennzeichnete. Wir werden als organische Wesen geboren, die mit anderen verbunden sind, wir kommen aber nicht als Mitglieder einer Gemeinschaft auf die Welt. Die Jungen müssen durch Erziehung in die Traditionen, Anschauungen und Interessen eingeführt werden, die eine Gemeinschaft auszeichnen: durch beharrliche Unterweisung und durch Lernen in Verbindung mit dem Phänomen der offenen Assoziation. Alles spezifisch Menschliche ist erlernt, nicht angeboren, auch wenn es ohne die angeborenen Strukturen, welche den Menschen von anderen Lebewesen trennen, nicht erlernt werden könnte. Auf menschliche Weise und zu menschlichen Zwecken zu lernen heißt nicht einfach, durch Verfeinerung ursprünglicher Fähigkeiten zusätzliches Können zu erlangen.

Lernen, menschlich zu sein, bedeutet, durch das Geben und Nehmen der Kommunikation einen tatsächlichen Sinn dafür zu entwikkeln, ein individuell unterschiedenes Mitglied einer Gemeinschaft zu sein; eines, das ihre Überzeugungen, Sehnsüchte und Methoden versteht und würdigt, und das zu einer weiteren Umwandlung organischer Kräfte in menschliche Mittel und Werte beiträgt. Aber diese Übersetzung wird nie beendet sein. Der alte Adam, das unverbesserliche Element der menschlichen Natur, bleibt bestehen. Es zeigt sich, wo immer sich die Methode durchsetzt, Resultate durch den Einsatz von Kraft zu erzielen, statt durch die Methode der Kommunikation und der Aufklärung. Es offenbart sich raffinierter, umfassender und wirksamer, wenn das Wissen und die Mittel der Fähigkeiten, welche das Produkt des gemeinschaftlichen Lebens sind, in den Dienst von Bedürfnissen und Trieben gestellt werden, die selbst nicht durch Bezug zu einem geteilten Interesse modifiziert worden sind. Auf die Doktrin der „natürlichen" Ökonomie, die behauptete, der kommerzielle Austausch würde eine solche gegenseitige Abhängigkeit herbeiführen, daß sich die Harmonie von selbst einstellte, hat Rousseau im voraus eine angemessene Antwort gegeben. Er machte deutlich, daß die gegenseitige Abhängigkeit erst den Zustand schafft, der es für die Stärkeren und Fähigeren möglich und lohnenswert macht, andere für ihre eigenen Zwecke auszubeuten, andere in einem Zustand der Unterwerfung zu halten, in dem sie als lebende Werkzeuge benutzt werden können. Die von ihm vorgeschlagene Abhilfe – die Rückkehr zu einem auf Absonderung beruhenden Zustand der Unabhängigkeit – war schwerlich ernst gemeint. Die in ihr zum Ausdruck kommende Verzweiflung bezeugt aber die Dringlichkeit des Problems. Ihr negativer Charakter war gleichbedeutend mit der Aufgabe jeder Hoffnung auf eine Lösung des Problems. In ihrem Gegenteil weist sie auf die einzig mögliche Lösung hin: die Vervollkommnung der Mittel und Wege der Kommunikation von Bedeutungen, damit das wirklich geteilte Interesse an den Folgen interdependenter Tätigkeiten die Wünsche und Bestrebungen durchdringen und dadurch das Handeln lenken kann.

Darin liegt der Sinn der Behauptung, daß das Problem ein moralisches ist und von Intelligenz und Bildung abhängt. In unseren vorangehenden Ausführungen haben wir zur Genüge Wert gelegt auf die Rolle der technologischen und industriellen Faktoren bei der Schaffung der *Großen Gesellschaft*. Das Gesagte mag sogar den Eindruck einer Billigung der deterministischen Variante einer ökonomischen Interpretation der Geschichte und Institutionen erweckt haben. Die ökonomischen Tatsachen zu ignorieren und zu leugnen ist töricht und nutzlos. Sie hören nicht auf zu wirken, nur weil wir uns weigern, sie zur Kenntnis zu nehmen, oder weil wir sie mit sentimentalen Idealisierungen übertünchen. Wie wir ebenfalls bemerkten, bringen sie offenliegende, äußere Handlungsbedingungen hervor, und diese sind in verschiedenem Graden be- und erkannt. Was infolge der industriellen Kräfte wirklich geschieht, hängt davon ab, ob die Folgen wahrgenommen und kommuniziert werden oder nicht, von der Voraussicht und ihrer Wirkung auf Wünsche und Bestrebungen. Die ökonomischen Triebkräfte erzeugen das eine Resultat, wenn sie sich auf rein physischem Niveau ausarbeiten können, oder auf eben diesem Niveau, nur dahingehend modifiziert als von der Gemeinschaft akkumuliertes Wissen, ihre Fähigkeiten und Techniken auf ihre Mitglieder ungleich und zufällig übertragen werden. Einen anderen Ausgang nehmen die ökonomischen Triebkräfte in dem Maße, in dem das Wissen über die Folgen gerecht verteilt wird und das Handeln von dem unterrichteten und lebendigen Bewußtsein eines gemeinsamen Interesses beseelt ist. Die Lehre der ökonomischen Interpretation, wie sie gewöhnlich vorgetragen wird, läßt die Transformation außer acht, die Bedeutungen bewirken können; sie übergeht das neue Medium, welches die Kommunikation zwischen die Industrie und ihre letztendlichen Folgen setzt. Sie ist besessen von der Illusion, die schon die „natürliche Ökonomie" umstieß: eine Illusion, die auf der Nichtbeachtung des Unterschiedes beruht, den das Wahrnehmen und Öffentlichmachen der Folgen, der wirklichen und der möglichen, im Handeln bewirkt. Sie denkt in Begriffen des Vorhergehenden, nicht des möglicherweise Eintretenden; sie denkt in Ursprüngen, nicht in Resultaten.

Durch diese scheinbare Abschweifung sind wir zu der Frage zurückgekehrt, in der unsere frühere Erörterung gipfelte: Welches sind die Bedingungen, unter denen es einer *Großen Gesellschaft* möglich wird, dichter und kraftvoller an den Status der *Großen Gemeinschaft* heranzukommen, und so in wahrhaft demokratischen Gesellschaften und Staaten Gestalt anzunehmen? Welches sind die Bedingungen, unter denen wir uns vernünftigerweise das Auftauchen *der* Öffentlichkeit aus ihrer Versenkung vorstellen können?

Die Untersuchung wird eine intellektuelle oder hypothetische sein. Es wird nicht der Versuch unternommen, anzugeben, wie die erforderlichen Bedingungen entstehen könnten, noch vorauszusagen, daß sie eintreten werden. Gegenstand der Analyse wird sein zu zeigen, daß, *wenn nicht* bestimmte Spezifikationen realisiert werden, *die* Gemeinschaft nicht als eine demokratisch wirksame *Öffentlichkeit* organisiert werden kann. Es wird nicht behauptet, daß die anzugebenden Bedingungen hinreichen werden, sondern nur, daß zumindest sie unerläßlich sind. Mit anderen Worten, wir sollten uns bemühen, eine Hypothese über den demokratischen Staat zu bilden, die im Gegensatz zu der vom Lauf der Ereignisse überholten früheren Doktrin steht.

Zwei wesentliche Bestandteile der älteren Theorie waren, wie man sich erinnern wird, die Vorstellungen, daß jedes Individuum von sich aus mit der Intelligenz ausgestattet ist, die es – in Verfolgung des Eigeninteresses – braucht, um sich in politischen Angelegenheiten zu engagieren; und daß das allgemeine Stimmrecht, die regelmäßige Wahl von Amtspersonen und das Mehrheitsprinzip genügen, um die Verantwortlichkeit der gewählten Regenten gegenüber den Wünschen und Interessen der Öffentlichkeit zu garantieren. Wie wir sehen werden, ist die zweite Vorstellung logisch an die erste gebunden und steht und fällt mit dieser. Grundlage dieses Konzepts ist, was

Lippmann treffend die Idee des „omnikompetenten" Individuums genannt hat: es ist kompetent, politische Programme zu entwerfen und ihre Ergebnisse zu beurteilen; kompetent, in allen Situationen, die politisches Handeln erfordern, zu wissen, was gut für es ist, und kompetent, seine Idee des Guten und den Willen, sie auszuführen, gegen Widerstände durchzusetzen. Die nachfolgende Geschichte hat bewiesen, daß diese Annahme einen Trugschluß enthielt. Ohne den irreführenden Einfluß einer falschen Psychologie wäre die Illusion vielleicht schon vorher entdeckt worden. Aber die herrschende Psychologie behauptete, daß Idee und Wissen Funktionen eines Geistes oder Bewußtseins sind, die im Individuum durch den isolierten Kontakt mit Objekten entstehen. Aber in Wirklichkeit ist Wissen eine Funktion von Assoziation und Kommunikation, es hängt von der Tradition, von sozial überlieferten, entwickelten und sanktionierten Werkzeugen und Methoden ab. Die Fähigkeiten des wirksamen Beobachtens, Reflektierens und Begehrens sind Gewohnheiten, die unter dem Einfluß der Kultur und der Institutionen einer Gesellschaft erworben werden, sie sind keine fertig angeborenen Vermögen. Die Tatsache, daß der Mensch mehr aus halb verstandener Emotion und aus Gewohnheit als aus rationaler Überlegung handelt, ist nun so vertraut, daß es nicht leicht einzusehen ist, wie die andere Idee einmal ernsthaft für das Fundament der ökonomischen und politischen Philosophie gehalten werden konnte. Das Stück Wahrheit, das sie enthält, wurde aus der Beobachtung einer relativ kleinen Gruppe gewitzter Geschäftsleute geschöpft, die ihre Unternehmen durch Kalkulation und Buchführung leiteten, und von Bürgern kleiner und stabiler lokaler Gemeinden, die mit den Personen und Angelegenheiten ihres Ortes so eng vertraut waren, daß sie ein kompetentes Urteil über die Auswirkung einer vorgeschlagenen Maßnahme auf ihre eigenen Angelegenheiten fällen konnten.

Gewohnheit ist die Hauptquelle menschlichen Handelns, und Gewohnheiten bilden sich zum größten Teil unter dem Einfluß der Sitten einer Gruppe. Die organische Struktur des Menschen hat die Bildung von Gewohnheiten zur Folge, denn, ob wir es wollen oder nicht, ob wir uns dessen bewußt sind oder nicht, jede Handlung ruft eine Modifikation der Einstellung und der Neigung hervor, welche das zukünftige Verhalten bestimmt. Die Abhängigkeit der Gewohnheitsbildung von denjenigen Gewohnheiten einer Gruppe, welche die Sitten und Institutionen begründen, ist eine natürliche Folge unserer Hilflosigkeit im Kindesalter. Die sozialen Folgen der Gewohnheit sind ein für allemal von William James beschrieben worden: „Die Gewohnheit ist [...] ein gewaltiges Schwungrad im Getriebe der Gesellschaft, ihre wertvollste konservative [Macht]. Sie allein hält uns [...] in den Banden des Gesetzes und schützt die Kinder des Glücks vor den [Aufständen der Armen]. Sie allein verhindert, daß die mühsamsten und abstoßendsten Lebenswege von jenen verlassen werden, die dazu erzogen sind[,] auf ihnen zu wandeln. Sie hält den Fischer und den Deckmatrosen den Winter über auf See; den Bergmann in der Dunkelheit; den Landmann in seinem Blockhaus und seiner einsamen Farm während all der Monde des Schnees; sie bewahrt uns vor Einfällen der Eingeborenen der Wüste und der Eiszone. Sie zwingt uns alle den Lebenskampf auszufechten, so wie wir ihm durch Erziehung und eigene frühzeitige Wahl gegenübergestellt werden, und unser Bestes zu tun in der Verfolgung eines Weges, der uns nicht zusagt, weil es keinen anderen gibt, für den wir vorbereitet sind, und weil es zu spät ist von neuem zu beginnen. Sie bewahrt die verschiedenen Gesellschaftsschichten davor[,] sich zu vermischen.“[19]

Der Einfluß der Gewohnheit ist entscheidend, weil alles spezifisch menschliche Tun erlernt werden muß, und die Seele, das Fleisch und Blut des Lernens sind gerade die Erzeugung von Angewohnheiten. Gewohnheiten binden uns an geordnete und gesicherte Handlungsweisen, weil sie die Muße, das Geschick und das Interesse für Dinge erzeugen, an die wir uns gewöhnt haben, und weil sie Angst verursachen, neue Wege zu gehen, und weil sie uns daran hindern, solche auszuprobieren. Gewohnheit schließt den Gebrauch des Denkens nicht aus, aber es bestimmt seine Bahnen. Das Denken ist in den Zwischenräumen der Gewohnheiten versteckt. Der Matrose, der Berg-

19 William James, *The Principles of Psychology*, New York, Henry Holt and Co., 1893, Vol. 1, S. 121; William James, *Psychologie*. Übers. von M. Dürr, Leipzig, Verlag Quelle & Meyer, 1909, S. 141. Die Übersetzung des zweiten Satzes lautet hier: „Sie ... schützt die Kinder des Glücks vor den mißgünstigen Sprößlingen der Armut [from the envious uprisings of the poor].“ [A. d. Ü.].

mann, der Fischer und der Farmer denken, aber ihre Gedanken bleiben im Rahmen vertrauter Beschäftigungen und Beziehungen. Wir träumen über die Schranken von Brauch und Sitte hinaus, aber nur selten werden die Träumereien zu einer Quelle von Taten, die Grenzen überschreiten; so selten, daß wir die, denen es widerfährt, dämonische Genies nennen und über das Ereignis staunen. Das Denken selbst wird habituell in bestimmte Bahnen gedrängt, zu einer spezialisierten Beschäftigung. Wissenschaftler, Philosophen, Literaten sind nicht Männer und Frauen, die die Fesseln der Gewohnheit derart gesprengt haben, daß reine, nicht durch Brauch und Sitte befleckte Vernunft und Emotion aus ihnen sprechen. Sie sind Menschen mit einer seltenen spezialisierten Gewohnheit. Die Vorstellung, daß die Menschen von einer intelligenten und berechneten Rücksicht auf ihr eigenes Gut angetrieben werden, ist also reine Mythologie. Selbst wenn das Verhalten vom Prinzip der Eigenliebe ausgelöst würde, wäre es doch immer noch wahr, daß die *Objekte*, in denen die Menschen ihre Liebe verkörpert finden, die Objekte, von denen sie meinen, daß sie ihr eigentümliches Interesse ausmachen, durch Gewohnheiten vorbestimmt sind, die soziale Bräuche widerspiegeln.

Diese Tatsachen erklären, warum die Sozialdoktrinäre der neuen industriellen Bewegung so wenig Voraussicht hatten für das, was aus ihr folgen sollte. Diese Tatsachen erklären, warum, je mehr die Dinge sich veränderten, sie desto mehr dieselben blieben; sie erklären also die Tatsache, daß statt einer durchgreifenden Revolution, die, wie man erwartete, aus der demokratischen politischen Maschinerie hervorgehen sollte, es im großen und ganzen nur eine Übertragung der bestehenden Macht von einer Klasse zur anderen gab. Einige wenige Menschen, ganz gleich, wie gut sie ihr eigenes wahres Interesse und Wohl beurteilten, bewiesen Sachverstand in ihrem Urteil darüber, wie ein Geschäft mit finanziellem Gewinn zu führen ist und wie der neue Regierungsapparat in den Dienst ihrer Interessen gestellt werden kann. Es hätte eines neuen menschlichen Geschlechts bedurft, um in dem Gebrauch, der von den politischen Formen gemacht wurde, dem Einfluß tief verwurzelter Gewohnheiten zu entfliehen, dem Einfluß alter Institutionen und gewohnter sozialer Ränge mit ihren eingewobenen Beschränkungen von Erwartungen, Wünschen und Forderungen. Und ein solches Geschlecht, wofern nicht von körperloser engelsgleicher Natur, würde die Aufgabe einfach dort aufgenommen haben, wo menschliche Wesen sie einst beim Heraustreten aus dem Zustand der Menschenaffen übernahmen. Trotz plötzlicher und katastrophischer Revolutionen ist die wesentliche Kontinuität der Geschichte auf zweifache Weise garantiert. Nicht nur individuelles Begehren und individuelle Überzeugungen sind Funktionen von Gewohnheit und Sitte, sondern auch die objektiven Bedingungen, welche mit den Ressourcen und Werkzeugen des Handelns auch dessen Beschränkungen, Hindernisse und Fußangeln bestimmen, sind Niederschläge der Vergangenheit, die, *nolens volens*, ihren Einfluß und ihre Macht aufrechterhalten. Die Schaffung einer *tabula rasa*, um die Errichtung einer neuen Ordnung zu gestatten, ist so unmöglich wie die Hoffnung unverdrossener Revolutionäre und die Ängstlichkeit erschrockener Konservativer zu zerstreuen.

Trotzdem finden Veränderungen statt, und diese sind ihrem Charakter nach kumulativ. Ihre Beobachtung im Hinblick auf ihre erkannten Folgen gibt Anstoß zur Reflexion, zum Entdecken, Erfinden und Experimentieren. Wenn ein bestimmter Zustand von akkumuliertem Wissen, von Techniken und Mitteln erreicht ist, wird der Prozeß der Veränderung derart beschleunigt, daß er nach außen hin als das beherrschende Merkmal erscheint. Im entsprechenden Wandel der Ideen und Wünsche gibt es jedoch immer eine deutliche Verzögerung. Die Denkgewohnheiten sind die hartnäckigsten aller Gewohnheiten; wenn sie zur zweiten Natur geworden sind und vermeintlich zur Tür hinausgeworfen wurden, schleichen sie sich so heimlich und sicher wieder herein wie die erste Natur. Und wenn sie modifiziert werden, zeigt sich die Veränderung zuerst negativ, in der Auflösung alter Überzeugungen, um von umherschwirrenden, flatterhaften und zufällig aufgeschnappten Ansichten ersetzt zu werden. Natürlich hat sich die Menge des Wissens, über das die Menschheit verfügt, ungeheuer vermehrt, aber die Wissensvermehrung kann sich wahrscheinlich nicht mit der Zunahme der zugleich verbreiteten Irrtümer und Halbwahrheiten messen. Besonders in sozialen und menschlichen Angelegenheiten hat die Entwicklung eines kritischen Sinns und von Methoden differenzierten Urteilens mit dem Anwachsen nachlässiger Berichte und von Motiven für wirkliche Fehldarstellungen nicht Schritt gehalten.

Wichtiger ist jedoch, daß so viel von dem Wissen kein Wissen im gewöhnlichen Sinne des Wortes, sondern „Wissenschaft" ist. Die Anführungszeichen sind nicht geringschätzig gemeint, sondern sollen auf den technischen Charakter des wissenschaftlichen Materials hinweisen. Der Laie hält bestimmte Schlußfolgerungen, die in Umlauf kommen, für Wissenschaft. Aber der wissenschaftlich Forschende weiß, daß sie nur in Verbindung mit den Methoden, mit denen sie erzielt wurden, Wissenschaft ausmachen. Auch wenn sie wahr sind, sind sie Wissenschaft nicht auf Grund ihrer Korrektheit, sondern infolge des Apparates, der zu ihrer Gewinnung verwendet wird. Dieser Apparat ist so hochspezialisiert, daß die Aneignung der Fähigkeit, ihn zu nutzen und zu verstehen, mehr Arbeit erfordert als das Können für irgendwelche andere vom Menschen besessene Hilfsmittel zu erwerben. Mit anderen Worten, die Wissenschaft ist eine höchst spezialisierte Sprache, die schwerer zu erlernen ist als jede natürliche Sprache. Sie ist eine künstliche Sprache, nicht im Sinne von gekünstelt, sondern im Sinne eines ausgeklügelten Kunstwerkes, das einem besonderen Zweck gewidmet ist und nicht auf die Art und Weise erworben und verstanden werden kann, wie die Muttersprache erlernt wird. Es ist in der Tat denkbar, daß eines Tages Lehrmethoden erfunden werden, welche Laien in die Lage versetzen, wissenschaftliches Material mit Verständnis zu lesen und zu hören, selbst wenn sie den Apparat, der die Wissenschaft ist, nicht selbst nutzen. Dieser mag dann für viele das werden, was die Spachforscher einen – wenn er nicht aktiv ist – passiven Wortschatz nennen. Aber diese Zeit liegt in der Zukunft.

Für die meisten Menschen, außer den wissenschaftlich Arbeitenden, ist die Wissenschaft ein Mysterium in den Händen von Eingeweihten, die durch das Befolgen ritualistischer Zeremonien zu Adepten geworden sind, von welchen der gewöhnliche Haufen ausgeschlossen ist. Jene sind glücklich, die es bis zu einem wohlwollenden Verständnis der Methoden bringen, die den komplizierten Apparat prägen: Methoden analytischer, experimenteller Beobachtung, mathematischer Formalisierung und Deduktion, fortwährender und durchdachter Kontrolle und Prüfung. Den meisten Menschen begegnet die Realität des Apparates nur in praktischen Verkörperungen, in mechanischen Geräten und in Techniken, welche die Lebensführung verändern. Die Elektrizität ist ihnen *bekannt* von den

Telephonen, Klingeln und Lampen, die sie benutzen, von den Generatoren und Magnetzündern in den Autos, die sie steuern, von den Straßenbahnen, mit denen sie fahren. Die ganze Physiologie und Biologie, mit der sie vertraut sind, besteht in dem, was sie an Vorkehrungen gegen Krankheitserreger gelernt haben, und in dem, was sie von den Ärzten wissen, von denen ihre Gesundheit abhängig ist. Die Wissenschaft über die menschliche Natur, von der man annehmen könnte, daß sie ihnen am nächsten steht, war für sie eine dunkle Geheimlehre, bevor sie in der Werbung, in der Verkaufstechnik, in der Personalauswahl und der Personalverwaltung angewendet wurde und bevor sie sich durch die Psychiatrie auf das Leben und das Alltagsbewußtsein ausbreitete, durch ihre Auswirkung auf die „Nerven" – die Kränklichkeiten und verbreiteten Formen der Reizbarkeit, die es den Menschen schwer macht, miteinander und mit sich selbst auszukommen. Sogar heute ist die populäre Psychologie eine Sammlung aus Fachjargon, Salbaderei und Aberglauben, die den Blütezeiten des Medizinmannes alle Ehre gemacht hätte.

Inzwischen hat die technologische Anwendung des komplexen Apparates, der die Wissenschaft ist, die Bedingungen revolutioniert, unter denen das assoziierte Leben verläuft. Dies mag als ein Fakt, der als Behauptung aufgestellt und dem zugestimmt wird, bekannt sein. Aber er ist nicht bekannt in dem Sinne, daß die Menschen ihn verstehen. Sie kennen ihn nicht so, wie sie eine Maschine kennen, die sie bedienen oder wie sie elektrisches Licht und Dampflokomotiven kennen. Sie verstehen nicht, *wie* die Veränderung vor sich gegangen ist, noch *wie* sie sich auf ihr Verhalten auswirkt. Indem sie ihr „wie" nicht verstehen, können sie ihre Manifestationen nicht nutzen und kontrollieren. Sie sind den Folgen ausgesetzt, sie sind von ihnen betroffen. Sie können sie nicht bewältigen, obgleich einige glücklich genug sind – was man so Glück nennt –, eine Phase des Prozesses zu ihrem eigenen persönlichen Gewinn auszunutzen. Aber auch der gerissenste und erfolgreichste Mann kennt das System, innerhalb dessen er agiert, nicht auf eine analytische und systematische Weise – auf eine Weise, die annähernd mit dem Wissen vergleichbar wäre, das er in geringeren Angelegenheiten durch den Druck der Erfahrung gewonnen hat. Geschick und Fähigkeiten wirken in einem Rahmen, den wir nicht geschaffen haben und den wir nicht verstehen. Einige besetzen strategische Positionen, welche ihnen Vorausinformationen über die den Markt beeinflussenden Kräfte geben; und durch Übung und Talent haben sie so eine spezielle Technik erworben, die sie in den Stand versetzt, den großen unpersönlichen Strom zum Antreiben ihrer eigenen Räder zu nutzen. Sie können den Strom hier eindämmen und dort frei fließen lassen; er selbst untersteht ebensowenig ihrer Macht wie der Fluß, an dessen Ufer ein erfinderischer Mechaniker unter Verwendung des auf ihn überkommenen Wissens seine Sägemühle errichtete, um Bretter aus Bäumen zu sägen, die er nicht gepflanzt hat. Daß die geschäftlich Erfolgreichen in Grenzen über Wissen und Können verfügen, ist nicht zu bezweifeln. Aber dieses Wissen geht nur verhältnismäßig wenig über das eines tüchtigen und erfahrenen Maschinisten hinaus. Es genügt, um die von ihm vorgefundenen Bedingungen auszunutzen. Geschicklichkeit ermöglicht ihm, den Fluß der Ereignisse in seiner eigenen Nachbarschaft in diese oder jene Richtung zu lenken. Sie gibt ihm aber keine Kontrolle über den Fluß.

Warum sollten die Öffentlichkeit und ihre Amtsträger, auch wenn sie Staatsmänner genannt werden, klüger und erfolgreicher sein? Die Hauptbedingung für eine demokratisch organisierte Öffentlichkeit ist eine Art von Wissen und Einsicht, die noch nicht existiert. Da sie fehlt, wäre es der Gipfel an Absurdität voraussagen zu wollen, wie sie beschaffen wäre, wenn sie existierte. Einige der Bedingungen, die erfüllt sein müssen, wenn sie einmal existieren soll, können jedoch angegeben werden. Soviel können wir dem Geist und den Methoden der Wissenschaft entlehnen, auch wenn wir über ihren spezialisierten Apparat nichts wissen. Ein offensichtliches Erfordernis ist die Freiheit der Sozialforschung und der Verbreitung ihrer Schlußfolgerungen. Die Vorstellung, daß die Menschen frei in ihrem Denken sein können, auch wenn sie es nicht in seinem Ausdruck und seiner Verbreitung sind, ist unentwegt propagiert worden. Sie hat ihren Ursprung in der Idee eines sich selbstgenügenden, von Handlungen und Gegenständen getrennten Geistes. Ein derartiges Bewußtsein bietet in Wirklichkeit das Bild eines seines normalen Funktionierens beraubten Geistes, denn es wird beständig von den Realitäten verblüfft, in Verbindung mit welchen es allein wirklicher Geist ist, und so zurückgeworfen auf seine einsamen und fruchtlosen Träumereien.

Ohne umfassende Publizität in bezug auf alle sie betreffenden Folgen kann es keine Öffentlichkeit geben. Was immer die Publizität blockiert und einschränkt, es beschränkt und stört die öffentliche Meinung und behindert und stört das Denken über gesellschaftliche Angelegenheiten. Ohne die Freiheit der Meinungsäußerung können nicht einmal die Methoden der Sozialforschung entwickelt werden. Denn Werkzeuge können nur in der Anwendung erzeugt und vervollkommnet werden: in der Beobachtung, Aufzeichnung und Organisation wirklicher Gegenstände; und diese Anwendung kann nicht anders als durch freie und systematische Kommunikation erfolgen. Die frühe Geschichte des physikalischen Wissens, der griechischen Vorstellungen von den Naturerscheinungen, beweist, wie unangemessen die Begriffe selbst der begabtesten Köpfe werden, wenn diese Ideen ohne die engste Beziehung zu den Ereignissen erarbeitet werden, welche zu beschreiben und zu erklären sie vorgeben. Die herrschenden Ideen und Methoden der Humanwissenschaften sind heute ungefähr in dem gleichen Zustand. Sie werden auch auf der Grundlage früherer grober Beobachtungen entwickelt, ohne fortwährend in der Regulierung neuen Beobachtungsmaterials verwendet zu werden.

Der Glaube, das Denken und seine Kommunikation seien heute frei, bloß weil die einst bestehenden gesetzlichen Beschränkungen aufgehoben wurden, ist allerdings absurd. Seine Verbreitung verewigt den infantilen Zustand der Sozialwissenschaft. Denn er trübt die Erkenntnis unseres zentralen Erfordernisses, Begriffe zu besitzen, die als Werkzeuge gezielter Forschung verwendet und in wirklichem Gebrauch erprobt, korrigiert und entwickelt werden. Kein Mensch und kein Geist wurde jemals allein dadurch emanzipiert, daß er in Ruhe gelassen wurde. Die Beseitigung formaler Beschränkungen ist nur eine negative Bedingung; positive Freiheit ist kein Zustand, sondern ein Akt, der Methoden und Mittel zur Kontrolle von Bedingungen einschließt. Die Erfahrung zeigt, daß das Bewußtsein äußerer Unterdrückung – etwa durch Zensur – mitunter als eine Herausforderung wirkt und intellektuelle Energien und Mut erweckt. Aber dort an intellektuelle Freiheit zu glauben, wo sie nicht besteht, führt nur zu Selbstzufriedenheit in faktischer Versklavung, zu Nachlässigkeit und Oberflächlichkeit, und zum Rückgriff auf Sensationen als Ersatz für Ideen: den Kennzeichen unseres gegenwärtigen Besitzes an Sozialerkenntnis. Einerseits nimmt das seiner normalen Bahn beraubte Denken Zuflucht in akademischem Spezialistentum, das in gewisser Hinsicht dem ähnelt, was gemeinhin Scholastik genannt wird. Andererseits werden die so überreichlich vorhandenen technischen Mittel der Publizität in Formen genutzt, welche einen großen Teil der gegenwärtigen Bedeutung von Publizität ausmachen: Werbung, Propaganda, das Eindringen in das Privatleben, das „Featuren" von ablaufenden Ereignissen auf eine Art, die jedem logischen Handlungszusammenhang Gewalt antut und die uns mit jenen vereinzelten Zudringlichkeiten und Erschütterungen zurückläßt, in denen das Wesen von „Sensationen" besteht.

Es wäre falsch, die Bedingungen, welche die freie Kommunikation und Zirkulation von Ideen begrenzen und dadurch das soziale Denken oder die Sozialforschung behindern und entstellen, gänzlich mit äußeren, hemmenden Kräften gleichzusetzen. Es ist wahr, daß diejenigen, welche über die Fähigkeit verfügen, die sozialen Beziehungen zu ihrem eigenen Vorteil zu manipulieren, nicht zu unterschätzen sind. Sie besitzen einen unheimlichen Instinkt für das Aufspüren jeglicher intellektueller Tendenzen, die auch nur im entferntesten ihre Kontrolle zu schmälern drohen. Sie haben ein außerordentliches Geschick darin entwickelt, die Trägheit, die Vorurteile und die gefühlsmäßige Parteinahme der Massen durch die Verwendung von Methoden für sich zu gewinnen, die eine freie Forschung und Meinungsäußerung behindern. Wir scheinen einem Zustand des Regierens entgegenzugehen, der durch angestellte Meinungsmacher – sogenannte Werbeagenten – bestimmt wird. Aber der gefährlichere Feind ist tief in verborgenen Verschanzungen versteckt.

Die emotionalen Gewöhnungen und intellektuellen Angewohnheiten der Masse der Menschen schaffen die Bedingungen, welche von den Ausbeutern der Gesinnungen und Meinungen nur ausgenutzt werden. Die Menschen haben sich in physikalischen und technischen Dingen an die experimentelle Methode gewöhnt. In menschlichen Angelegenheiten fürchten sie diese noch immer. Die Angst ist um so wirkungsvoller, weil sie – wie alle tiefsitzenden Ängste – von allen möglichen Arten der Rationalisierung verdeckt und verkleidet wird. Eine ihrer häufigsten Formen ist die wahrhaft religiöse Idealisierung und Verehrung etablierter Institutionen, in unserer eigenen Politik zum Beispiel der Verfassung, des Obersten Gerichtshofs, des

Privateigentums, der Vertragsfreiheit und so fort. Die Wörter „heilig" und „Heiligkeit" kommen schnell über unsere Lippen, wenn diese Dinge zur Diskussion gestellt werden. Sie bezeugen den religiösen Nimbus, der diese Institutionen schützt. Wenn „heilig" etwas bezeichnet, dem weder nahegekommen noch das berührt werden darf, es sei denn mit zeremoniellen Vorkehrungen und durch gesalbte Beamte, dann sind solche Dinge im gegenwärtigen politischen Leben heilig. Da übernatürliche Dinge die Menschen zunehmend kalt ließen, hat die Wirklichkeit religiöser Tabus sich mehr und mehr auf weltliche Institutionen erstreckt, besonders auf jene, die mit dem nationalistischen Staat verbunden sind.[20] Psychiater haben entdeckt, daß eine der verbreitetsten Ursachen geistiger Störungen eine unterschwellige, dem Subjekt nicht bewußte Angst ist, die aber zu einem Rückzug aus der Realität und dem Widerwillen, Dinge zu durchdenken, führt. Es gibt auch eine soziale Pathologie, die der erfolgreichen Untersuchung sozialer Institutionen und Bedingungen machtvoll entgegenwirkt. Sie äußert sich auf vielerlei Arten: in Jammerei, in einem ohnmächtigen Sichtreibenlassen, in nervösem Greifen nach Zerstreuungen, in der Idealisierung des Alteingesessenen, in einem als Deckmantel dienenden seichten Optimismus, in der lärmenden Glorifizierung der Dinge „wie sie sind", in der Einschüchterung aller Andersdenkenden – das alles unterdrückt und zerstreut das Denken nur um so erfolgreicher, als es mit raffinierter und unbewußter Durchdringlichkeit wirkt.

Die Zurückgebliebenheit der Sozialerkenntnis ist an ihrer Teilung in unabhängige und voneinander abgeschirmte Wissenszweige ersichtlich. Anthropologie, Geschichte, Soziologie, Ethik, Ökonomie, politische Wissenschaft gehen ihrer eigenen Wege ohne ständiges und systematisch fruchtbares Zusammenwirken. Nur dem Anschein nach gibt es im physikalischen Wissen eine ähnliche Teilung. Hier findet eine gegenseitige Befruchtung zwischen Astronomie, Physik, Chemie und den biologischen Wissenschaften statt. Entdeckungen und verbesserte Methoden werden so aufgezeichnet und organisiert, daß

20 Der religiöse Charakter des Nationalismus ist von Carlton J. H. Hayes überzeugend herausgearbeitet worden, siehe seine *Essays on Nationalism*, New York, Macmillan Co., 1926, besonders Kapitel 4.

zwischen ihnen ein ständiger Austausch und eine stete Interkommunikation stattfinden. Die Isolierung der humanen Fächer voneinander hängt mit ihrer Entferntheit vom physikalischen Wissen zusammen. Der Geist zieht noch immer eine scharfe Grenze zwischen der Welt, in der der Mensch lebt, und dem menschlichen Leben in dieser und durch diese Welt, eine Kluft, die sich in der Teilung des Menschen selbst in einen Körper und einen Geist reflektiert, welche, so die gegenwärtige Annahme, getrennt erkannt und behandelt werden können. Daß in den vergangenen drei Jahrhunderten die Kräfte hauptsächlich für die physikalische Forschung verausgabt werden sollten und mit dem Menschen fernliegendsten Dingen wie den Himmelskörpern begonnen wurde, mußte man erwartet haben. Die Geschichte der physikalischen Wissenschaften offenbart eine bestimmte Ordnung ihrer Entwicklung. Die mathematischen Mittel mußten angewendet werden, bevor eine neue Astronomie entworfen werden konnte. Die Physik schritt voran, als Ideen, die in Verbindung mit dem Sonnensystem ausgearbeitet worden waren, für die Beschreibung von Vorgängen auf der Erde genutzt wurden. Die Chemie wartete auf den Fortschritt der Physik; die Wissenschaften von den lebenden Dingen brauchten das Material und die Methoden der Physik und der Chemie, um voranzukommen. Die Humanpsychologie hörte erst auf, hauptsächlich spekulative Anschauung zu sein, als biologische und physiologische Ergebnisse verfügbar waren. All das ist natürlich und anscheinend unvermeidlich. Dinge mit der entlegensten und am wenigsten direkten Beziehung zu den menschlichen Interessen mußten erst bis zu einem gewissen Grad gemeistert werden, bevor die Forschungen ganz im Menschen selbst zusammenlaufen konnten.

Trotzdem hat der Verlauf der Entwicklung uns für dieses Jahrhundert eine Misere hinterlassen. Wenn wir davon sprechen, ein Gegenstand der Wissenschaft sei technisch spezialisiert oder sehr „abstrakt", meinen wir genaugenommen, daß er nicht in seinen Auswirkungen auf das menschliche Leben begriffen wird. Alles *bloß* physikalische Wissen ist technisch, und eingekleidet in ein technisches Vokabular ist es nur einigen wenigen mitteilbar. Auch physikalisches Wissen, das menschliches Verhalten beeinflußt, das verändert, was wir tun und erleiden, ist ebenfalls technisch und in dem Grade abgelegen, in dem seine Auswirkungen nicht verstanden und genutzt werden. Das Sonnenlicht, Regen, Luft und Erde sind immer auf sichtbare Weise in die menschliche Erfahrung eingegangen; auch Atome und Moleküle und Zellen und die meisten anderen Dinge, mit denen die Wissenschaft befaßt ist, wirken auf uns, aber nicht sichtbar. Weil sie auf nicht wahrnehmbaren Wegen in das Leben eindringen und die Erfahrung verändern und ihre Folgen nicht erkannt werden, ist ihre Sprache technisch; Kommunikation vollzieht sich mittels besonderer Symbole. Man könnte hierauf annehmen, daß es ein grundsätzliches und immerwährendes Ziel wäre, das Wissen über den Gehalt physischer Bedingungen in allgemeinverständliche Ausdrücke zu übersetzen, in Zeichen, welche die vorteilhaften und nachteiligen menschlichen Folgen kennzeichnen. Denn letzten Endes hängen alle Folgen, die in das menschliche Leben eingreifen, von physischen Bedingungen ab: nur wenn letztere Berücksichtigung finden, können sie verstanden und bewältigt werden. Man könnte also annehmen, jeder Zustand, der bewirkt, daß den Menschen die Dinge der Umwelt hinsichtlich ihrer eigenen Tätigkeiten und Leiden fremd und nicht mitteilbar werden, würde als ein Unglück beklagt; daß er als unerträglich empfunden und immer nur solange ertragen würde, wie es unvermeidlich scheint.

Aber die Tatsachen besagen das Gegenteil. „Materie" und „materiell" sind Wörter, die in den Köpfen vieler einen verächtlichen Klang besitzen. Sie werden für die Feinde von allem gehalten, was im Leben von ideellem Wert ist, statt für Bedingungen seiner Äußerung und seines nachhaltigen Seins. Infolge dieser Teilung werden sie tatsächlich zu Feinden; denn alles, was ständig von den menschlichen Werten ferngehalten wird, hemmt das Denken und macht die Werte tatsächlich schwach und unsicher. Es gibt sogar einige, die den Materialismus und die Vorherrschaft des Handelsgeistes im modernen Leben als Früchte einer übermäßigen Hingabe an die physikalischen Wissenschaften betrachten, wobei sie übersehen, daß der eigentlich lähmende Faktor die Spaltung von Mensch und Natur ist, die künstlich von einer Tradition hervorgebracht wurde, die entstand, bevor die physischen Bedingungen verstanden wurden, welche das Medium der menschlichen Tätigkeiten bilden. Die einflußreichste Form dieser Trennung ist die Scheidung von reiner und angewandter Wissenschaft. Da „Anwendung" eine anerkannte Relevanz für die menschliche Erfahrung und das menschliche Wohl bedeutet, resultiert einerseits aus der Ehrerbietung für das, was „rein" ist, und aus der Verachtung dessen, was „angewandt" ist, eine Wissenschaft, die fremd und technisch und nur für Spezialisten mitteilbar ist; und andererseits folgt daraus eine Regelung der menschlichen Angelegenheiten, die planlos, voreingenommen und unfair in der Verteilung von Werten ist. Was bei der Lenkung der Gesellschaft als Alternative zum Wissen angewandt wird, sind Ignoranz, Vorurteil, Klasseninteresse und Zufall. Wissenschaft wird aber *nur* in der Anwendung zu Wissen – in seinem ehrenvollen und emphatischen Sinn – verwandelt. Andernfalls ist es gestutzt, blind, entstellt. Wenn es dann angewandt wird, geschieht es auf eine Weise, welche die unvorteilhafte Bedeutung erklärt, die so oft mit „Anwendung" und „utilitär" verbunden ist: nämlich die Verwendung für finanzielle Zwecke zum Gewinn einiger weniger.

Gegenwärtig erfolgt die Anwendung der physikalischen Wissenschaft eher *auf* die menschlichen Angelegenheiten als *in* ihnen. Das heißt, sie ist äußerlich, sie geschieht im Interesse ihrer Folgen für eine besitzende und gewinnsüchtige Klasse. Anwendung *im* Leben würde bedeuten, daß die Wissenschaft angeeignet und verbreitet würde; daß sie das Werkzeug jenes gemeinsamen Verstehens und jener umfassenden Kommunikation wäre, welche die Vorbedingung für die Existenz einer wahren und wirksamen Öffentlichkeit darstellen. Die Nutzung der Wissenschaft für die Lenkung von Industrie und Handel ist ständig gewachsen. Die wissenschaftliche Revolution des siebzehnten Jahrhunderts war der Vorbote der industriellen Revolution des achtzehnten und neunzehnten Jahrhunderts. In der Folge hat der Mensch die Auswirkungen einer enorm vergrößerten Kontrolle über physische Energien erlitten, ohne die entsprechende Fähigkeit zur Kontrolle seiner selbst und seiner eigenen Angelegenheiten zu erlangen. Das Wissen, das zu seinem eigenen Schaden geteilt ist, eine Wissenschaft, die nicht nur unvollständig, sondern auch noch künstlich gespalten ist, hat ihren Teil zur Versklavung von Männern, Frauen und Kindern in Fabriken, in denen sie belebte Maschinen zur Bedienung lebloser Maschinen sind, beigetragen. Sie hat schmutzige Slums, unruhige und unbefriedigende Karrieren, quälende Armut und luxuriösen Reichtum, brutale Ausbeutung von Natur und Mensch in Friedenszeiten und Sprengstoffe und verderbenbringende Gase in Kriegszeiten unterstützt. Der Mensch, ein Kind im Verstehen seiner selbst, hat physische Werkzeuge unberechenbarer Macht in die Hände genommen. Mit ihnen spielt er wie ein Kind, und ob sie Schaden oder Nutzen bringen, ist weitgehend eine Sache des Zufalls. Das Mittel wird zum Meister und hat verhängnisvolle Wirkungen, als ob es einen eigenen Willen besäße – nicht weil es einen Willen hat, sondern weil der Mensch keinen hat.

Unter solchen Bedingungen ist die Verherrlichung der „reinen" Wissenschaft die Rationalisierung einer Flucht; sie bezeichnet den Bau einer Zufluchtstätte, ein Ausweichen vor der Verantwortung. Die wahre Reinheit des Wissens liegt nicht darin, unbefleckt von Verwendung und Indienstnahme zu sein. Sie ist ganz und gar eine moralische Angelegenheit, eine Frage der Ehre, der Unparteilichkeit und der Breite der Zielsetzung beim Forschen und Kommunizieren. Die Verfälschung des Wissens rührt nicht aus seinem Gebrauch, sondern aus Voreingenommenheit und Vorurteil, aus der Einseitigkeit der Ansichten, aus der Eitelkeit, aus dem Glauben an Besitz und Autorität, aus der Vernachlässigung oder Mißachtung menschlicher Interessen bei seinem Gebrauch. Die Menschheit ist nicht, wie man einst dachte, der Zweck, für den alle Dinge erschaffen wurden; sie ist in der riesigen Ausdehnung des Universums nur eine schwache und unbedeutende, möglicherweise episodische Erscheinung. Doch für den Menschen bildet der Mensch den Mittelpunkt des Interesses und den Maßstab der Bedeutung. Die Ausweitung der physischen Sphäre auf Kosten des Menschen ist nur Verzicht und Flucht. Die physikalischen Wissenschaften zu einem Rivalen der menschlichen Interessen zu machen, ist schlimm genug, denn es stellt eine Kraftverschwendung dar, die man sich nicht leisten kann. Aber damit hat das Übel noch kein Ende. Der größte Schaden ist, daß das Verständnis des Menschen für seine eigenen Angelegenheiten und seine Fähigkeit, diese zu lenken, in ihren Wurzeln geschwächt werden, wenn das Wissen über die Natur von seiner menschlichen Funktion getrennt wird.

Es wurde durchgehend unterstellt, daß Wissen ebenso Kommunikation wie Verstehen ist. Ich erinnere mich gut an den Ausspruch eines – aus der Sicht der Schulen ungebildeten – Mannes, während er über bestimmte Dinge sprach: „Eines Tages werden sie entdeckt werden und nicht nur entdeckt, sondern auch bekannt sein." Die Schulen mögen denken, eine Sache ist bekannt, wenn sie entdeckt wurde. Mein alter Freund wußte, daß eine Sache erst dann richtig bekannt ist, wenn sie veröffentlicht ist, wenn sie gemeinsam besessen wird und gesellschaftlich zugänglich ist. Aufzeichnung und Mitteilung sind dem Wissen unentbehrlich. Ein in ein abgeschlossenes Bewußtsein eingesperrtes Wissen ist ein Mythos, und Wissen über soziale Phänomene ist ganz besonders von der Verbreitung abhängig, denn nur durch Verbreitung kann dieses Wissen entweder gewonnen oder geprüft werden. Eine Tatsache des Gemeinschaftslebens, die nicht überall verbreitet wird, um ein gemeinsamer Besitz zu werden, ist ein Widerspruch in sich. Verbreitung ist etwas anderes als zielloses Ausstreuen. Samen werden nicht gesät, indem sie aufs Geratewohl ausgeworfen werden, sondern indem sie so verteilt werden, daß sie Wurzeln schlagen und wachsen können. Die Kommunikation der Ergebnisse der Sozialforschung ist das gleiche wie die Bildung einer öffentlichen Meinung. Darin besteht eine der ersten, im Wachsen der politischen Demokratie formulierten Ideen, während es eine der letzten sein wird, die es zu erfüllen gilt. Denn die öffentliche Meinung ist das Urteil, das von denjenigen, welche die Öffentlichkeit bilden, gefällt und gestützt wird, und es betrifft die öffentlichen Angelegenheiten. Beide Aspekte verlangen zu ihrer Verwirklichung Bedingungen, die nur schwer zu erfüllen sind.

Die Öffentlichkeit angehende Meinungen und Überzeugungen setzen eine wirksame und organisierte Untersuchung voraus. Bevor nicht Methoden zur Aufdeckung der wirkenden Energien und zu ihrem Aufspüren durch ein verzweigtes Netzwerk von Interaktionen bis hin zu ihren Folgen verfügbar sind, wird das, was als öffentliche Meinung hingeht, eher „Meinung" in seiner abfälligen Bedeutung als wahrhaft öffentlich sein, gleich, wie verbreitet die Meinung ist. Die Zahl derer, die Irrtümer über Tatsachen teilen, und die einem falschen Glauben anhängen, hält sich die Waage mit ihrer Macht, Schaden anzurichten. Eine Meinung, die zufällig und unter Aufsicht jener gebildet wird, die ein Interesse daran haben, daß eine Lüge geglaubt wird, kann nur dem Namen nach eine *öffentliche* Meinung sein. Sie so zu nennen – die Akzeptanz dieser Bezeichnung als eine Art Garantie –

vergrößert ihre Fähigkeit, das Handeln in die Irre zu führen. Je mehr sie teilen, desto schädlicher ist ihr Einfluß. Öffentliche Meinung, selbst wenn sie korrekt sein sollte, ist intermittierend, wenn sie nicht das Ergebnis ständig angewandter Untersuchungs- und Aufzeichnungsmethoden ist. Sie taucht dann nur in Krisensituationen auf. Folglich gilt auch ihre „Richtigkeit" nur für einen unmittelbaren Notfall. Ihr Mangel an Kontinuität läßt sie vom Standpunkt des Ereignisverlaufs falsch werden. Es ist, als ob ein Arzt in der Lage wäre, bei einer Krankheit den Notfall für den Augenblick in den Griff zu bekommen, aber seine Behandlung nicht auf die zugrundeliegenden Bedingungen abstimmen kann, die sie hervorgerufen haben. Er mag dann die Krankheit „kurieren" – das heißt, ihre gegenwärtig alarmierenden Symptome zum Abklingen bringen können –, aber ihre Ursachen schwächt er nicht; seine Behandlung kann sie sogar verschlimmern. Nur eine kontinuierliche Untersuchung, kontinuierlich im Sinne von zusammenhängend und anhaltend, kann das Material für eine dauerhafte Meinung in öffentlichen Angelegenheiten liefern.

Es gibt einen Sinn, in dem – auch unter den allergünstigsten Umständen – „Meinung" eher als Wissen der passende Terminus ist, nämlich in der Bedeutung von Beurteilung, Einschätzung. Denn im strengen Sinne kann Wissen sich nur auf etwas beziehen, das *geschehen* und getan worden *ist*. Was erst noch *zu tun ist*, schließt die Vorhersage einer noch von Eventualitäten abhängigen Zukunft ein, und kann nicht dem Umstand entgehen, daß es wie jede Vorwegnahme von Wahrscheinlichkeiten dem Irrtum unterliegt. Es mag wohl vorkommen, daß hinsichtlich der zu verfolgenden politischen Linien ehrliche Divergenzen auftreten, auch wenn die Pläne der Kenntnis der gleichen Tatsachen entstammen. Aber eine wahrhaft öffentliche Politik kann nicht entstehen, wenn sie nicht durch Wissen gebildet wird, und dieses Wissen ist nur vorhanden, wenn eine systematische, gründliche und gut ausgerüstete Forschung und Aufzeichnung stattfindet.

Außerdem muß die Untersuchung so aktuell wie möglich sein, andernfalls ist sie nur von antiquarischem Interesse. Die Kenntnis der Geschichte ist für den logischen Zusammenhang des Wissens offensichtlich notwendig. Aber eine Geschichtsschreibung, die nicht bis dicht an den aktuellen Schauplatz der Ereignisse herangeführt wird, läßt eine Lücke und kann auf die Bildung von Urteilen über das öffentliche

Interesse nur durch Mutmaßungen über die dazwischenliegenden Ereignisse einen Einfluß ausüben. Hierin besteht eine nur zu offensichtliche Beschränktheit der bestehenden Sozialwissenschaften. Ihr Material kommt zu spät, zu lange nach dem Ereignis, um in die Formierung der öffentlichen Meinung über das unmittelbar öffentliche Interesse und was mit diesem geschehen soll, wirksam einzugehen.

Ein flüchtiger Blick auf die Situation zeigt, daß die physischen und äußeren Mittel zur Sammlung von Informationen über das, was in der Welt geschieht, die intellektuelle Seite der Forschung und die Organisation ihrer Resultate weit übertroffen haben. Telegraph, Telephon und nun das Radio, billige und schnelle Postsendungen, Druckerpressen, mit denen zu geringen Preisen eine rasche Reduplikation von Material möglich ist, haben einen bemerkenswerten Entwicklungsstand erreicht. Aber wenn wir fragen, welche Art von Material aufgezeichnet wird und wie es organisiert ist, wenn wir nach der intellektuellen Form fragen, in der das Material präsentiert wird, dann ist eine ganz andere Geschichte zu erzählen. „Neuigkeiten" bezeichnet etwas, das gerade erst geschehen ist, und was nur deshalb neu ist, weil es vom Alten und Gewohnten abweicht. Aber seine *Bedeutung* hängt davon ab, was es mit sich bringt, worin seine sozialen Folgen bestehen. Seine Tragweite kann nicht bestimmt werden, bevor nicht das Neue mit dem Alten, mit dem, was vorher geschehen ist, in Zusammenhang gebracht und in den Verlauf der Ereignisse eingeordnet wird. Ohne Zusammenfassung und Folgerichtigkeit sind Ereignisse keine Ereignisse, sondern bloße Vorkommnisse, Intrusionen; ein Ereignis schließt das ein, woraus ein Geschehen hervorgeht. Deshalb haben wir hier, selbst wenn wir den Einfluß von Privatinteressen beim Bewerkstelligen von Vertuschung, Verheimlichung und Verdrehung außer acht lassen, eine Erklärung für die Trivialität und „sensationelle" Qualität von so vielem, was uns als Neuigkeit begegnet. Das Katastrophale, nämlich Kriminalität, Unglücke, Familienskandale, persönliche Kollisionen und Konflikte sind die handgreiflichsten Formen; sie bieten das Element des Schocks, welches die genaueste Bedeutung von Sensation ist; sie sind das *Neue* par excellence, selbst wenn nur das Datum der Tageszeitung uns darüber unterrichten kann, ob sie vergangenes oder dieses Jahr geschehen sind, so vollständig isoliert sind sie von ihren Zusammenhängen.

Wir sind so an diese Methode der Sammlung, Aufzeichnung und

Darstellung gesellschaftlicher Veränderungen gewöhnt, daß es sehr wohl lächerlich klingen mag, wenn man sagt, eine wahre Sozialwissenschaft würde ihre Realität in der Tagespresse kundtun, während gelehrte Bücher und Artikel die Untersuchungswerkzeuge liefern und verfeinern. Aber nur eine Forschung, die zeitgenössisch und alltäglich ist, kann das den öffentlichen Urteilen vorausgesetzte Wissen bereitstellen. Auch wenn die Sozialwissenschaften als ein spezialisierter Untersuchungsapparat fortgeschrittener wären als sie sind, würden sie in der Funktion, die Ansichten über Angelegenheiten, die für die Öffentlichkeit von Interesse sind, zu lenken, relativ machtlos sein, solange sie nicht in der täglichen und beharrlichen Sammlung und Interpretation von „Neuigkeiten“ angewendet werden. Andererseits werden die Instrumente der Sozialforschung solange unbeholfen sein, wie sie an Orten und unter Bedingungen geschmiedet werden, die von den gegenwärtigen Ereignissen weit entfernt sind.

Was über die Bildung von Ideen und Urteilen, welche die Öffentlichkeit angehen, gesagt wurde, gilt auch für die Verbreitung des Wissens, durch die es zu einem effektiven Besitz der Mitglieder der Öffentlichkeit wird. Jede Trennung dieser beiden Seiten des Problems ist künstlich. Die Erörterung von Propaganda und Propagandawesen würde jedoch allein einen Band erfordern und könnte nur von einem erfahreneren als dem Verfasser dieser Zeilen geschrieben werden. Propaganda kann deshalb nur erwähnt werden, mit der Bemerkung, daß die jetzige Situation in der Geschichte beispiellos ist. Die politischen Formen der Demokratie und die quasi-demokratischen Gewohnheiten des Denkens über soziale Dinge haben ein gewisses Maß an öffentlicher Diskussion und zumindest die Simulation einer allgemeinen Beratschlagung beim Treffen politischer Entscheidungen erzwungen. Das Repräsentativsystem muß zumindest den Anschein besitzen, daß es auf die öffentlichen Interessen, wie sie der öffentlichen Überzeugung offenbart werden, gegründet ist. Die Zeit ist vorbei, in der die Herrschaft ohne jeden Anspruch auf eine Ermittlung der Wünsche der Beherrschten ausgeübt werden konnte. Der Theorie nach muß ihre Zustimmung eingeholt werden. Unter den älteren Formen war es nicht notwendig, die Quellen der Ansichten über politische Dinge zu trüben. Ihnen entströmten keine Kräfte. Heute sind die vom Volk über politische Dinge gebildeten Urteile, trotz aller entgegenstehenden Faktoren, so wichtig, daß alle Methoden, die ihre Bildung beeinflussen, hoch im Kurs stehen.

Der leichteste Weg zur Kontrolle des politischen Verhaltens führt über die Kontrolle der Meinungen. Solange die Profitinteressen mächtig sind, und keine Öffentlichkeit sich selbst gefunden und erkannt hat, werden die Träger dieses Interesses ungehindert danach streben, die Triebfedern des politischen Handelns, in allem, was diese beeinflussen kann, zu manipulieren. Genau wie in der Leitung von Industrie und Austausch der technologische Faktor im allgemeinen vom „Geschäft" geschwächt, entstellt und diesem unterworfen wird, so im Management der Publizität im besonderen. Das Erwerben und Verkaufen von Stoffen, denen öffentliche Bedeutung zukommt, ist ein Teil des bestehenden Geldsystems. Genau wie eine von Ingenieuren auf einer tatsächlich technologischen Basis geleitete Industrie eine von dem, was sie jetzt ist, sehr verschiedene Sache wäre, so wäre auch die Sammlung und Aufzeichnung von Neuigkeiten etwas ganz anderes, wenn den wirklichen Interessen der Berichterstatter freier Lauf gelassen würde.

Ein Aspekt der Frage betrifft besonders die Seite der Verbreitung. Es wird oft und mit einem starken Anschein von Wahrheit gesagt, daß die Befreiung und Vervollkommnung der Forschung keine wesentliche Wirkung haben würde. Denn, so wird argumentiert, die Masse der lesenden Öffentlichkeit hat kein Interesse, die Ergebnisse sorgfältiger Untersuchung zu erfahren und sich anzueignen. Wenn diese nicht studiert werden, können sie das Denken und Handeln der Öffentlichkeit nicht ernsthaft beeinflussen; sie verbleiben in abgelegenen Bibliotheksnischen und werden nur von wenigen Intellektuellen studiert und verstanden. Der Einwand ist berechtigt, abgesehen davon, daß er die Macht der Kunst nicht in Betracht zieht. Eine technisch anspruchsvolle Präsentation würde auch nur bei den technisch Anspruchsvollen Anklang finden; für die Massen wären es keine Neuigkeiten. Präsentation ist von grundlegender Bedeutung und Präsentation ist eine Frage der Kunst. Eine Zeitung, die nur eine Tagesausgabe einer Vierteljahreszeitschrift für Soziologie oder Politikwissenschaft ist, würde zweifellos nur begrenzten Absatz finden und nur geringen Einfluß besitzen. Aber selbst damit würde die bloße Existenz und Zugänglichkeit eines solchen Materials eine gewisse regulierende Wirkung haben. Wir können jedoch viel weiter blicken. Das Material würde eine derartig große und weite menschliche Bedeutung haben, daß allein seine Existenz eine unwiderstehliche Einladung darstellte, es auch auf eine Weise zu präsentieren, die direkte populäre Anziehungskraft besäße. Die Befreiung des Künstlers in der literarischen Darstellung ist, mit anderen Worten, ebensosehr eine Vorbedingung für die wünschenswerte Erzeugung einer angemessenen Ansicht über öffentliche Dinge wie es die Befreiung der Sozialforschung ist. Der Menschen bewußtes Leben von Meinung und Urteil verläuft oft auf einer oberflächlichen und trivialen Ebene. Ihre Leben erreichen aber ein tiefere Stufe. Es war immer die Funktion der Kunst, die Kruste des konventionalisierten und routinierten Bewußtseins zu durchbrechen. Bekannte Dinge, eine Blume, der Mondschein, der Gesang eines Vogels, nicht seltene und abgelegene Dinge, sind die Mittel, mit denen die tieferen Ebenen des Lebens berührt werden, so daß sie als Begehren und Denken auftauchen. Dieser Prozess ist Kunst. Dichtung, das Schauspiel, der Roman sind Beweise dafür, daß das Problem der Präsentation nicht unlösbar ist. Die Künstler waren immer die wirklichen Boten von Neuigkeiten, denn nicht die äußere Begebenheit an sich ist das Neue, sondern die Gefühle, die Wahrnehmungen und die Erkenntnisse, die durch sie entfacht werden.

Wir haben die Bedingungen nur leicht und flüchtig berührt, welche erfüllt sein müssen, wenn die *Große Gesellschaft* eine *Große Gemeinschaft* werden soll; eine Gesellschaft, in der die sich immer weiter ausdehnenden und kompliziert verzweigenden Folgen assoziierter Tätigkeiten im vollen Sinne dieses Wortes bekannt sein sollen, so daß eine organisierte, artikulierte *Öffentlichkeit* entsteht. Die höchste und allerschwierigste Form der Untersuchung und eine subtile, empfindsame, lebendige und empfängliche Kunst der Kommunikation müssen von der physischen Apparatur der Übertragung und Verbreitung Besitz ergreifen und ihr Leben einhauchen. Wenn das Maschinenzeitalter seine Maschinerie auf diese Weise vervollkommnet, wird sie ein Mittel des Lebens und nicht sein despotischer Gebieter sein. Die Demokratie wird dann zeigen, was in ihr steckt, denn Demokratie ist ein Name für ein Leben in freier und bereichernder Kommunion. Sie hatte ihren Seher in Walt Whitman. Sie wird ihre Erfüllung finden, wenn die freie Sozialforschung unauflöslich mit der Kunst unumschränkter und ergreifender Kommunikation vermählt ist.

6. Das Problem der Methode

Die Schlußfolgerungen hinsichtlich der Bedingungen, von denen das Auftauchen *der* Öffentlichkeit aus ihrer Versenkung abhängt, werden vielleicht den meisten, wahrscheinlich vielen, beinahe wie eine Leugnung der Realisierbarkeit der Idee einer demokratischen Öffentlichkeit vorkommen. Wenn man wollte, könnte man allerdings auf die gewaltigen Hindernisse verweisen, die dem Aufstieg der Wissenschaft von den physischen Dingen noch vor wenigen Jahrhunderten entgegenstanden, – als Beweis, daß weder die Hoffnung völlig verzweifelt noch der Glauben völlig blind sein muß. Wir befassen uns aber nicht mit Prophetie, sondern mit Analyse. Für die vorliegenden Zwecke reicht es hin, wenn das Problem verdeutlicht worden ist: – wenn wir erkannt haben, daß das unerledigte Problem *der* Öffentlichkeit die Entdeckung und Identifizierung ihrer selbst ist, und wenn es uns, auf welch tastende Weise auch immer, gelungen ist, die Bedingungen zu erfassen, von denen die Lösung des Problems abhängt. Wir sollten zum Schluß einige die Methode betreffende Implikationen und Folgerungen ausführen, allerdings nicht im Sinne der Methode der Problemlösung selbst, sondern wiederum der intellektuellen Voraussetzungen einer solchen Methode.

Das Präliminare einer fruchtbaren Diskussion über soziale Angelegenheiten ist, daß bestimmte Hindernisse überwunden werden, Hindernisse, die in unserer derzeitigen Auffassung der Methode der Sozialforschung bestehen. Eines ist die offenbar tief verwurzelte Vorstellung, nach der das Problem, welches vor allen Dingen gelöst werden muß, das Verhältnis von Individuellem und Sozialem ist: – oder, daß die unerledigte Frage darin besteht, die relativen Vorzüge des Individualismus und des Kollektiven oder eines Kompromisses zwischen ihnen zu bestimmen. Tatsächlich sind beide Wörter, individuell und sozial, hoffnungslos vieldeutig, und die Vieldeutigkeit wird niemals verschwinden, solange wir sie in Form eines Gegensatzes denken.

In gewissem Sinne ist alles individuell, was sich als ein einheitliches Ding bewegt und als solches agiert. Für den Alltagsverstand ist ein bestimmtes räumliches Abgetrenntsein das Zeichen dieser Individualität. Ein Ding ist eins, wenn es unabhängig von anderen Dingen als eine Einheit steht, liegt oder sich bewegt, ganz gleich, ob es ein Stein, ein Baum, ein Molekül, ein Wassertropfen oder ein menschliches Wesen ist. Aber auch der gewöhnliche Alltagsverstand führt sogleich bestimmte Einschränkungen ein. Der Baum steht nur, wenn er in der Erde verwurzelt ist; er lebt oder stirbt in Abhängigkeit von der Beschaffenheit seines Zusammenhanges mit dem Sonnenlicht, der Luft oder dem Wasser. Dann ist auch der Baum eine Anhäufung aufeinandereinwirkender Teile; ist der Baum mehr ein einzelnes Ganzes als seine Zellen? Ein Stein bewegt sich, scheinbar allein. Er wird aber durch etwas anderes bewegt und seine Flugbahn hängt nicht allein vom anfänglichen Anstoß ab, sondern auch vom Wind und der Schwerkraft. Ein Hammer fällt, und das, was ein Stein war, wird zu einem Haufen staubiger Teilchen. Ein Chemiker wirkt auf eines der Staubkörner ein und sofort verschwindet es in Molekülen, Atomen und Elektronen – und dann? Sind wir nun bei einem einzelnen – aber nicht einsamen – Individuum angelangt? Oder hängt ein Elektron in seiner einzelnen und einheitlichen Aktionsweise vielleicht von seinen Verbindungen ab, ebensosehr wie der Stein, mit dem wir begannen? Ist seine Aktivität ebenfalls eine Funktion einer umfassenderen und in noch mehr Wechselwirkungen stehenden Handlung?

Wir müssen unsere annähernde Vorstellung vom Individuum als etwas, das als ein einheitliches Ding agiert und sich bewegt, aus einem anderen Blickwinkel qualifizieren. Wir haben nicht nur seine Beziehungen und Bindungen zu berücksichtigen, sondern auch die Folgen, in bezug auf die es agiert und sich bewegt. Wir sind gezwungen zu sagen, daß für einige Zwecke, für einige Folgen, der Baum ein Individuum ist, für andere – die Zelle, für einen dritten – der Wald oder die Landschaft. Ist ein Buch oder ein Blatt oder ein Folio oder ein Absatz oder das M des Druckers *das* Individuum? Ist es der Einband oder der enthaltene Gedanke, der dem Buch eine individuelle Einheit verleiht? Oder sind – entsprechend den Folgen, die in einer einzelnen Situation von Belang sind – alle diese Dinge die Bestimmer eines Individuums? Sofern wir nicht zum stets verfügbaren Rettungsanker des Alltagsverstandes greifen und *alle* Fragen als unnütze Haarspalterei verwerfen, scheint es, daß wir ein Individuum nicht bestimmen können, ohne sowohl einen Bezug zu den bewirkten Veränderungen, als auch zu den vorangehenden Zusammenhängen und gegenwärtigen Bedingungen herzustellen. Wenn dem so ist, dann ist ein Individuum, was immer es sonst noch ist oder nicht ist, nicht einfach das räumlich isolierte Ding, für das es unsere Einbildungskraft gern halten möchte.

Eine derartige Erörterung verläuft weder auf einem besonders hohen Niveau noch ist sie besonders tiefgründig. Aber sie kann uns zumindest vorsichtig machen gegenüber jeder Definition eines Individuums, die mit dem Begriff der Abgetrenntheit operiert. Eine *distinktive* Art des Verhaltens in Vereinigung und *Verbindung* mit anderen distinktiven Handlungsweisen, nicht eine in sich abgeschlossene, von allem unabhängige Art des Handelns ist es, worauf wir gelenkt werden. Jedes menschliche Wesen ist in einer Beziehung eine Assoziation, die aus einer Vielzahl von Zellen besteht, von denen jede einzelne ihr eigenes Leben lebt. Und so, wie die Aktivität jeder Zelle durch diejenigen bedingt und gelenkt wird, mit denen sie interagiert, so wird auch das menschliche Wesen, das wir als das Individuum *par excellence* ins Auge gefaßt haben, von seinen Assoziationen mit anderen bewegt und gelenkt; was es tut und welche Folgen sein Verhalten hat, woraus seine Erfahrung besteht, kann nicht einmal isoliert beschrieben, noch weniger erklärt werden.

Aber während assoziiertes Verhalten, wie wir bereits bemerkten, ein universelles Gesetz ist, macht die Tatsache der Assoziation an sich noch keine Gesellschaft. Dafür ist, wie wir auch gesehen haben, die Wahrnehmung der Folgen einer vereinten Tätigkeit und des spezifischen Anteils eines jeden Elements an ihrer Erzeugung erforderlich. Eine derartige Wahrnehmung erzeugt ein gemeinsames Interesse, das heißt, seitens eines jeden ihrer Mitglieder ein Interesse am vereinten Handeln und am Mitwirken an diesem. Dann ist etwas wahrhaft Soziales und nicht bloß Assoziiertes vorhanden. Es ist aber absurd anzunehmen, daß eine Gesellschaft die Merkmale ihrer eigenen Bestandteile aufhebt, so daß sie diesen entgegengesetzt werden kann. Sie kann nur den Merkmalen entgegengesetzt werden, welche diese und ihnen ähnliche in *anderen* Kombinationen zeigen. Ein Sauerstoffmolekül kann sich in Wasser in mancher Hinsicht anders verhalten als in einer anderen chemischen Verbindung. Aber *als* ein Bestandteil von Wasser verhält es sich wie Wasser solange das Wasser Wasser ist. Der einzig sinnvolle Unterschied, der gemacht werden kann, ist der zwischen dem Verhalten von Sauerstoff in *seinen* verschiedenen Beziehungen, und zwischen dem von Wasser in *seinen* Beziehungen zu verschiedenen Bedingungen, nicht zwischen dem von Wasser und dem Sauerstoff, der mit Wasserstoff in Wasser verbunden ist.

Ein einzelner Mann ist, wenn er verheiratet ist, in dieser Verbindung ein anderer als der er alleinstehend war oder der er in irgendeiner anderen Vereinigung, als Mitglied zum Beispiel eines Klubs ist. Er hat nun neue Kräfte und Freiheiten, neue Verantwortungen. Er kann *sich selbst*, wie er sich in anderen Verbindungen verhält, gegenübergestellt werden. Er kann mit seiner Frau in ihrer beider spezifischen Rollen innerhalb der Verbindung verglichen und ihr gegenübergestellt werden. Aber *als* Mitglied der Verbindung kann er nicht als im Gegensatz zu der Einheit stehend, zu der er gehört, betrachtet werden. *Als* ein Mitglied der Verbindung sind seine Eigenschaften und Handlungen offensichtlich jene, die er kraft ihrer besitzt, während jene der integrierten Assoziation das, was sie sind, kraft seiner Stellung in der Verbindung sind. Der einzige Grund, weshalb wir das nicht erkennen oder warum uns diese Behauptung irritiert, ist, daß wir so leicht von dem Mann in einer Verbindung zu dem Mann in einer anderen Verbindung übergehen, zum Mann nicht als Ehemann, sondern als Geschäftsmann, wissenschaftlicher Forscher, Kirchenmitglied oder Staatsbürger, zu Verbindungen, in denen seine Handlungen und deren Folgen sich offensichtlich von denen unterscheiden, die seiner ehelichen Bindung zuzuschreiben sind.

Ein gutes Beispiel für diese Tatsache und die gegenwärtige Verwirrung hinsichtlich ihrer Interpretation findet sich im Fall der Assoziationen, die als Aktiengesellschaften mit beschränkter Haftung bekannt sind. Eine Körperschaft dieser Art ist eine integrierte kollektive Form des Handelns, die Macht, Rechte, Pflichten und Immunitäten besitzt, die von denen ihrer einzelnen Mitglieder *in deren anderen Verbindungen* verschieden sind. Ihre verschiedenen Teilhaber haben auch verschiedene Stellungen – zum Beispiel die Aktienbesitzer in bestimmten Geschäftsangelegenheiten andere als die Angestellten und Direktoren. Wenn wir diesen Sachverhalt nicht ständig im Auge behalten, ist es leicht – wie es oft geschieht – ein künstliches Problem zu schaffen. Da die Körperschaft Dinge tun kann, welche ihre individuellen Mitglieder, *in ihren vielen Beziehungen außerhalb ihrer Verbindungen in der Körperschaft* nicht tun können, wird das Problem als das des Verhältnisses der korporativen kollektiven Einheit zur Einheit der Individuen *als solcher* gestellt. Es wird vergessen, daß die Individuen als Mitglieder der Körperschaft selbst verschieden sind, andere Eigenschaften, Rechte und Pflichten haben als sie besäßen, wenn sie ihr nicht angehörten, und andere als jene, die sie in anderen Formen vereinten Verhaltens besitzen. Was aber die Individuen *als* Mitglieder der Körperschaft in ihren entsprechenden korporativen Rollen – legal – tun können, tut die Körperschaft, und umgekehrt. Eine kollektive Einheit kann *entweder* distributiv *oder* kollektiv verstanden werden, aber wenn sie als Ganzes betrachtet wird, ist sie die Vereinigung ihrer einzelnen Bestandteile, und wenn sie im einzelnen betrachtet wird, ist sie eine Aufteilung des und innerhalb des Ganzen. Es ist Unsinn, zwischen der distributiven und der kollektiven Erscheinungsform einen Gegensatz aufzubauen. Ein Individuum kann der Assoziation, deren integraler Teil es ist, nicht gegenübergestellt werden, noch kann die Assoziation ihren integrierten Mitgliedern entgegengesetzt werden.

Aber Gruppen können einander gegenübergestellt werden und Individuen können einander gegenübergestellt werden; und ein Individuum als ein Mitglied verschiedener Gruppen kann in sich selbst geteilt sein und im wahren Sinne widerstreitende Ichs besitzen oder ein vergleichsweise desintegriertes Individuum sein. Ein Mann kann als ein Kirchenmitglied eines sein und etwas anderes als ein Mitglied einer Geschäftsgemeinschaft. Der Unterschied kann ausgehalten werden, als ob beides nichts miteinander zu tun hätte, oder zu einer solchen Trennung werden, daß er zum inneren Konflikt führt. In diesen Tatsachen finden wir den Grund für die verbreitete Entgegensetzung von Gesellschaft und Individuum. „Gesellschaft" wird dann eine gehaltlose Abstraktion und „*das* Individuum" ebenso. Weil *ein* Individuum von dieser, jener und auch einer anderen Gruppierung getrennt werden kann, da es nicht verheiratet zu sein oder ein Kirchenmitglied oder ein Wähler zu sein braucht oder zu einem Klub oder einer wissenschaftlichen Organisation gehören muß, entsteht im Kopf das Bild eines Restindividuums, das überhaupt keiner Assoziation angehört. Aus dieser Prämisse, und nur aus dieser, erwächst die Scheinfrage, wie Individuen dazu kommen, in Gesellschaften und Gruppen vereint zu sein: *das* Individuum und *das* Soziale werden nun einander entgegengesetzt und es besteht das Problem ihrer „Wiederversöhnung". Das wirkliche Problem ist unterdessen, die Gruppen und Individuen aufeinander einzustellen.

Das Scheinproblem wird, wie wir bereits in einem anderen Zusammenhang angemerkt haben, in Zeiten jäher sozialer Veränderungen besonders akut, wenn eine sich neu formierende industrielle Gruppierung mit ihren spezifischen Bedürfnissen und Energien in Konflikt mit alteingesessenen politischen Institutionen und deren Forderungen gerät. Dann wird leicht vergessen, daß in der Rekonstruktion der Methoden und Formen, mit bzw. in denen Menschen sich zu assoziierter Tätigkeit vereinen, das wirkliche Problem liegt. Der Anblick, der sich uns bietet, ist der des Kampfes des Individuums als solches, das sich von der Gesellschaft als solcher befreien will und seine ureigenen oder „natürlichen" selbstverfügten und selbstgenügsamen Rechte beansprucht. Wenn die neue Form der wirtschaftlichen Vereinigung an Stärke gewonnen hat und über andere Gruppierungen eine anmaßende und drückende Macht ausübt, bleibt der alte Irrtum doch bestehen. Das Problem wird nun darin erblickt, die Individuen als solche unter die Kontrolle der Gesellschaft als Ganzes zu bringen. Es sollte aber als Problem der Neuanpassung der sozialen Beziehungen gestellt werden; oder, von der distributiven Seite her, als das der Sicherstellung einer ausgewogeneren Befreiung der Anlagen aller individuellen Mitglieder aller Gruppierungen.

So hat uns der Exkurs zurück zum Thema der Methode geführt, um dessentwillen der Abstecher unternommen wurde. Einer der Gründe für die relative Sterilität der Diskussionen über soziale Angelegenheiten liegt darin, daß so viel intellektuelle Energie in das vorgebliche Problem der Beziehungen von Individualismus und Kollektivismus im allgemeinen – pauschal – geflossen ist, und weil das Bild dieses Gegensatzes so viele spezifische Fragen auslöst. Dadurch wird das Denken von den allein fruchtbaren Fragen abgelenkt, jenen der Untersuchung von tatsächlichen Inhalten, und wird so zu einer Diskussion von Begriffen. Das „Problem" des Verhältnisses des Begriffs der Autorität zu dem der Freiheit, der Persönlichkeitsrechte zu den gesellschaftlichen Verpflichtungen, das nur mit einer beiläufigen, illustrativen Bezugnahme auf die empirischen Tatsachen verbunden ist, hat die Untersuchung der *Folgen* einer besonderen, unter bestimmten Bedingungen stattfindenden Verteilung, die Untersuchung spezifischer Freiheiten und Autoritäten, und die Untersuchung dessen, welche Veränderung der Verteilung wünschenswertere Folgen ergeben würde, ersetzt.

Wie wir bei unseren früheren Überlegungen zum Thema der Öffentlichkeit gesehen haben, ist die Frage, welche Transaktionen soweit wie möglich der freiwilligen Initiative und Vereinbarung überlassen bleiben und was von der Öffentlichkeit geregelt werden sollte, eine Frage des Zeitpunktes, des Ortes und der konkreten Bedingungen, die nur durch genaue Beobachtung und reflektierende Nachforschung erkannt werden können. Denn sie zielt auf die Folgen; und die Natur von Folgen und die Fähigkeit, diese wahrzunehmen und nach ihnen zu handeln, variiert mit den wirkenden technischen und intellektuellen Agenzien. Eine Lösung oder ein distributiver Ausgleich, der zu einem Zeitpunkt erforderlich ist, paßt für eine andere Situation überhaupt nicht. Daß die soziale „Evolution" entweder vom Kollektivismus zum Individualismus oder umgekehrt verläuft, ist reiner Aberglaube. Sie hat in einer fortwährenden Neuaufteilung der sozialen Zusammenschlüsse einerseits und der Fähigkeiten und Energien der Individuen andererseits bestanden. Die Individuen sehen sich eingeengt und unterdrückt durch das Aufzehren ihrer inneren Kräfte in einer Form von Assoziation, die institutionalisiert wurde und dominant geworden ist. Sie mögen glauben, daß sie nach einer ganz persönlichen Freiheit schreien, was sie aber tatsächlich hervorbringen, ist eine größere Freiheit zur Beteiligung an anderen Assoziationen, so daß mehr von ihren individuellen Möglichkeiten freigesetzt werden und ihre persönliche Erfahrung bereichert wird. Das Leben ist nicht durch die Vormachtstellung der „Gesellschaft" im allgemeinen gegenüber der Individualität verarmt worden, sondern durch die Herrschaft einer Assoziationsform – der Familie, des Clans, der Kirche, wirtschaftlicher Einrichtungen – über andere wirkliche und mögliche Formen. Andererseits besteht das Problem der Ausübung „sozialer Kontrolle" über die Individuen in Wirklichkeit in der Regulierung der Taten einiger Individuen und deren Ergebnisse, damit eine größere Zahl von Individuen eine reichere und tiefere Erfahrung machen kann. Da beide Ziele auf intelligente Art nur durch die Kenntnis der tatsächlichen Bedingungen in ihrer Wirkungsweise und ihren Folgen erreicht werden können, darf mit einiger Sicherheit behauptet werden, daß der Hauptfeind eines sozialen Denkens, das in öffentlichen Angelegenheiten ins Gewicht fiele, die sterilen und impotenten, weil völlig irrelevanten Kanäle sind, in die soviel intellektuelle Energie verschwendet wurde.

Der zweite, in bezug auf die Methode zu erwähnende Punkt hängt damit eng zusammen. Die politischen Theorien sind allgemein dem absolutistischen Charakter der Philosophie verfallen. Damit ist noch etwas ganz anderes als die Philosophien des Absoluten gemeint. Sogar erklärte empirische Philosophien haben in ihren Theorien eine gewisse Endgültigkeit und Ewigkeit angenommen, welche zum Ausdruck gebracht werden kann, indem man sagt, daß sie ihrem Charakter nach unhistorisch sind. Sie haben ihre Gegenstände aus ihren Zusammenhängen gelöst, und je weiter ein Gegenstand isoliert wird, desto unbrauchbarer wird er. In der Sozialtheorie, die von der menschlichen Natur handelt, ist ein bestimmtes fixes und standardisiertes „Individuum" postuliert worden, aus dessen angenommenen Merkmalen soziale Phänomene deduziert werden konnten. So sagt Mill in seiner Erörterung über die Logik der moralischen und sozialen Wissenschaften: „Die Gesetze der Phänomene der Gesellschaft sind und können nur die Gesetze der Handlungen und der Leidenschaften menschlicher Wesen sein, die zu einem socialen Zustande vereinigt sind. Menschen in einem gesellschaftlichen Zustande sind indessen immer noch Menschen; ihre Handlungen und Leidenschaften gehorchen den Gesetzen der *individuellen* Menschennatur."[21] Was mit einer solchen Aussage offensichtlich übersehen wird, ist, daß „die Handlungen und Leidenschaften" individueller Menschen das, was sie *in concreto* sind, ihre Überzeugungen und Absichten eingeschlossen, dem sozialen Milieu, in dem sie leben, verdanken; daß sie durch und durch unter dem Einfluß zeitgenössischer und überlieferter Kultur stehen, gleich,

21 J. S. Mill, *System der Deductiven und Inductiven Logik; Eine Darlegung der Principien wissenschaftlicher Forschung, insbesondere der Naturforschung*, 2. Theil, Braunschweig, Verlag Friedrich Vieweg und Sohn, 1877, VI. Buch, Siebentes Capitel, 1. Die Hervorhebung ist von mir.

ob in Übereinstimmung oder im Widerspruch. Was generisch ist und überall gleich, ist bestenfalls die organische Struktur des Menschen, seine biologische Beschaffenheit. Während es zweifellos wichtig ist, dies in Betracht zu ziehen, ist es ebenso unzweifelhaft, daß keines der *spezifischen* Merkmale *menschlicher* Assoziation aus ihr abgeleitet werden kann. Daher waren Mills wichtigste Sozialauffassungen trotz seines Horrors vor dem metaphysischen Absoluten, logischerweise, absolutistisch. Von bestimmten sozialen Gesetzen des richtigen sozialen Lebens, normativen und regulativen, wurde angenommen, daß sie zu allen Zeiten und unter allen Umständen existieren.

Die Evolutionslehre hat diese Methodenvorstellung nur oberflächlich modifiziert. Denn „Evolution“ wurde oft selbst unhistorisch verstanden. Das heißt, es wurde eine vorbestimmte Abfolge feststehender Stufen angenommen, durch welche die soziale Entwicklung hindurchgehen muß. Unter dem Einfluß von Begriffen, die der zeitgenössischen physikalischen Wissenschaft entliehen wurden, galt als erwiesen, daß allein schon die Möglichkeit einer Sozialwissenschaft mit der Feststellung feststehender Regelmäßigkeiten stand oder fiel. Nun ist aber eine derartige Logik für die freie experimentelle Sozialforschung immer fatal. Untersuchungen von empirischen Tatsachen fanden natürlich statt, aber ihre Ergebnisse mußten sich in bestimmte vorgefertigte und abgenutzte Rubriken fügen. Wenn selbst *physikalische* Tatsachen und Gesetze wahrgenommen und zur Anwendung gebracht werden, stellt sich ein sozialer Wandel ein. Die Phänomene und Gesetze werden nicht verändert, aber die auf ihnen beruhenden Erfindungen modifizieren die Situation des Menschen. Denn hier wird auf einmal der Versuch unternommen, ihren Einfluß auf das Leben zu regulieren. Die Entdeckung des Malariaerregers verändert, intellektuell gesehen, nicht die existentielle Verursachung der Malaria, aber letztlich verändert sie die Tatsachen, aus denen sie entsteht, – durch das Trockenlegen und Ölen von Sümpfen etc., und indem andere Vorsichtsmaßnahmen getroffen werden. Wenn die Gesetze der Konjunkturzyklen von Depression und Expansion verstanden würden, würde zugleich nach Mitteln gesucht werden, die Konjunkturperioden zu mildern, wenn nicht ganz aufzuheben. Wenn die Menschen eine Vorstellung davon gewonnen haben, wie die sozialen Kräfte wirken und wie ihre Folgen hervorgebracht werden, streben sie auch sogleich danach, sich der Folgen zu versichern, soweit sie wünschenswert sind, oder sie abzuwenden, wenn sie unerwünscht sind. Dies sind Tatsachen, die auch der gewöhnlichsten Beobachtung zugänglich sind. Es wird aber nur selten beachtet, wie schwerwiegend sie für die Gleichsetzung von sozialen und physischen Regelmäßigkeiten sind. Die „Gesetze" des Soziallebens sind, wenn es genuin menschlich ist, wie die Gesetze des Maschinenbaus. Wenn man bestimmte Ergebnisse benötigt, müssen bestimmte Mittel gefunden und angewendet werden. Der Schlüssel zur Situation liegt in einer klaren Vorstellung von den verlangten Folgen und der Technik, mit der diese erzielt werden sollen, sowie natürlich auch der Beschaffenheit der Wünsche und Abneigungen, welche einige Folgen willkommener sein läßt als andere. Alle diese Dinge sind Funktionen der in einem Zeitabschnitt vorherrschenden Kultur.

Obgleich natürlich die Rückständigkeit der Sozialerkenntnis und der Kunst mit der zurückgebliebenen Kenntnis der menschlichen Natur oder Psychologie zusammenhängt, ist es gleichfalls absurd zu meinen, daß eine angemessene psychologische Wissenschaft zu einer Kontrolle der menschlichen Tätigkeiten führen würde, ähnlich der Kontrolle, welche die physikalische Wissenschaft für die physischen Energien bewirkt hat. Denn das vermehrte Wissen über die menschliche Natur würde die Beschaffenheit der menschlichen Natur direkt und auf unvorhersehbare Weise verändern und zur Notwendigkeit neuer Regulierungsmethoden führen, und so fort in alle Ewigkeit. Zu sagen, daß der erste und wichtigste Effekt einer besseren Psychologie in der Erziehung zu finden wäre, ist eher eine Frage der Analyse denn der Prophezeiung. Das Wachstum und die Krankheiten von Korn und Vieh sind heute als angemessene Gegenstände staatlicher Beihilfe und Aufsicht anerkannt. Die instrumentellen Mittel für eine ähnliche Erforschung der für die physische und moralische Hygiene des Nachwuchses verantwortlichen Bedingungen stecken noch in den Kinderschuhen. Für Schulgebäude und deren materielle Ausstattung geben wir große Summen aus. Aber die systematische Aufwendung öffentlicher Gelder für die wissenschaftliche Untersuchung der Bedingungen, welche die mentale und moralische Entwicklung von Kindern beeinflussen, steht erst am Anfang, und Forderungen nach einer beträchtlichen Erhöhung in dieser Richtung werden schief angesehen.

Es wird auch berichtet, daß es in Krankenhäusern und Heimen mehr Betten für Fälle mit mentalen Störungen und von Unterentwicklung als für alle Krankheiten zusammen gibt. Die Öffentlichkeit zahlt großzügig, um sich der Folgen schlechter Bedingungen anzunehmen. Aber es gibt keine vergleichbare Aufmerksamkeit und Bereitschaft, Mittel für die Erforschung der Ursachen dieser Leiden aufzubringen. Die Gründe für diese Ungereimtheiten sind klar genug. Es fehlt an der Überzeugung, daß die Wissenschaften über die menschliche Natur weit genug fortgeschritten sind, um die öffentliche Unterstützung solcher Tätigkeiten zu lohnen. Eine merkliche Entwicklung der Psychologie und verwandter Fächer würde die Situation verändern. Und dabei haben wir nur über die vorausgehenden Bedingungen der Erziehung gesprochen. Um das Bild zu vervollständigen, haben wir uns auch den Unterschied zu vergegenwärtigen, der durch ein adäquates und von allen geteiltes Wissen über die menschliche Natur in den Erziehungsmethoden der Eltern und Lehrer bewirkt würde.

Aber auch eine derartige Erziehungsentwicklung, obgleich sie wirklich in höchstem Maße wertvoll wäre, würde nicht eine Kontrolle der menschlichen Energien zur Folge haben, die mit jener vergleichbar wäre, welche bereits für die physischen Energien erreicht wurde. Sich vorzustellen, daß sie das würde, heißt einfach, menschliche Wesen auf das Niveau lebloser Dinge herabzusetzen, die von außen mechanisch manipuliert werden; das macht die menschliche Erziehung zu etwas wie das Training von Fliegen, Hunden und Pferden. Was dem im Wege steht ist nicht der sogenannte „freie Wille“, sondern die Tatsache, daß eine derartige Wandlung in den Erziehungsmethoden neue Potenzen freisetzen würde, die zu allen Arten von Permutationen und Kombinationen fähig wären, welche dann die sozialen Phänomene modifizieren würden, während diese Modifikation wiederum die menschliche Natur und deren Transformation durch Erziehung in einer fortlaufenden und endlosen Reihe beeinflussen würde.

Die Angleichung der Humanwissenschaft an die physikalischen Wissenschaften stellt, mit anderen Worten, nur eine andere Form absolutistischer Logik dar, eine Art physikalischer Absolutismus. Wir stehen mit unseren Möglichkeiten der Kontrolle über die physischen Bedingungen des mentalen und moralischen Lebens zweifellos erst am Anfang. Physiologische Chemie, größeres Wissen über das Nervensystem, die Prozesse und Funktionen der Drüsensekretion können uns mit der Zeit in den Stand setzen, mit Erscheinungen emotionaler und intellektueller Störungen fertigzuwerden, denen die Menschheit bisher hilflos gegenüberstand. Die Kontrolle dieser Bedingungen wird jedoch nicht den Gebrauch bestimmen, den die Menschen von ihren normalisierten Möglichkeiten machen werden. Wenn irgend jemand meint, daß sie das wird, dann vergleiche er einmal die Anwendungen solch heilender oder verhütender Maßnahmen auf einen Menschen im Zustand einer primitiven Kultur und einen in einer modernen Gesellschaft. Solange die Bedingungen des sozialen Mediums im wesentlichen unverändert blieben, werden dennoch beider Erfahrung und Verfügung über ihre wiederhergestellten Kräfte von den Gegenständen und instrumentellen Beziehungen der menschlichen Umwelt und von dem beeinflußt werden, was die Menschen zu ihrer Zeit allgemein hochschätzen und was ihnen lieb und teuer ist. Der Krieger und der Kaufmann würden ein besserer Krieger und Kaufmann sein, tüchtiger, aber immer noch Krieger und Kaufmann.

Diese Überlegungen legen eine kurze Erörterung über die Auswirkung der gegenwärtigen absolutistischen Logik auf die Methode und die Ziele der Erziehung nahe, nicht nur im Sinne von Ausbildung, sondern in bezug auf alle Wege, auf denen Gemeinschaften die Dispositionen und Überzeugungen ihrer Mitglieder zu prägen versuchen. Selbst wenn die Erziehungsprozesse nicht die unveränderte Aufrechterhaltung bestehender Einrichtungen bezwecken, wird angenommen, daß es ein geistiges Bild von einem erwünschten, persönlichen oder gesellschaftlichen Ziel geben muß, das zu erreichen ist, und daß diese Auffassung eines fest umrissenen Zieles den Erziehungsprozeß lenken sollte. Diese Überzeugung teilen die Reformer mit den Konservativen. Die Schüler von Lenin und Mussolini wetteifern mit den Kapitänen der kapitalistischen Gesellschaft in dem Bestreben, eine Formung von Dispositionen und Ideen hervorzubringen, welche zu einem vorgefaßten Ziel führen wird. Wenn es einen Unterschied gibt, dann den, daß erstere dabei bewußter vorgehen. Eine experimentelle Sozialmethode würde sich wahrscheinlich zuallererst in der Aufgabe dieser Vorstellung manifestieren. Es würde alles unternommen, um den Nachwuchs mit den physischen und sozialen Bedingungen zu umgeben, die, soweit das befreite Wissen reicht, der Entbindung der individuellen Möglichkeiten am dienlichsten sind. Den so gebildeten Gewohnheiten würde dann die Erfüllung der zukünftigen sozialen Anforderungen und die Entwicklung des zukünftigen Gesellschaftszustandes anvertraut. Dann und nur dann würden alle verfügbaren sozialen Kräfte als Ressourcen eines verbesserten Gemeinschaftslebens wirken.

Was wir die absolutistische Logik genannt haben, endet, soweit es um die Methode in sozialen Angelegenheiten geht, darin, daß die Untersuchung durch die Diskussion von Begriffen und ihres Verhältnisses zueinander ersetzt wird. Welche Form diese auch immer annimmt, sie verstärkt die Herrschaft des Dogmas. Die Inhalte mögen wechseln, aber das Dogma bleibt. Eingangs erwähnten wir in der Erörterung über den Staat den Einfluß von Methoden, die nach kausalen Kräften forschen. Die physikalische Wissenschaft hat diese Methode vor langer Zeit verworfen und sich der Ermittlung von Wechselbeziehungen von Ereignissen zugewandt. Unsere Sprache und unser Denken sind noch immer von der Idee durchdrungen, daß Phänomene Gesetzen „gehorchen". Aber in seinem tatsächlichen Vorgehen versteht ein wissenschaftlich Forschender ein Gesetz einfach als einen stabilen wechselseitigen Zusammenhang von Veränderungen in dem, was geschieht, als eine Aussage über die Art und Weise, in der eine Erscheinung oder eine ihrer Aspekte oder Gestalten sich verändert, wenn eine andere spezifizierte Erscheinung sich verändert. „Verursachung" ist eine Angelegenheit der historischen Aufeinanderfolge, der Ordnung, in welcher eine Reihe von Veränderungen stattfindet. Ursache und Wirkung zu kennen, heißt im abstrakten Sinn, die Formel des wechselseitigen Zusammenhanges in der Veränderung, und im konkreten, eine bestimmte historische Laufbahn aufeinanderfolgender Ereignisse zu kennen. Die pauschale Berufung auf kausale Kräfte führt nicht nur die Untersuchung sozialer Tatsachen in die Irre, sie hat auch eine gleichermaßen nachteilige Wirkung auf die Bildung von Zielen und Programmen. Für den Menschen, der an die Doktrin von „Individualismus" und „Kollektivismus" glaubt, steht sein Programm schon im voraus fest. Es ist nicht an ihm herauszufinden, welche besondere Sache erledigt werden muß und wie sie unter den gegebenen Umständen am besten erledigt werden kann. Es geht darum, eine unabänderliche Doktrin anzuwenden, die sich logisch aus seinem Vorurteil über die Natur letzter Ursachen ergibt. Er ist befreit von der Verantwortung, die konkrete Wechselbeziehung von Veränderungen herauszufinden, von der Notwendigkeit, einzelnen Reihen oder Geschichten von Ereignissen durch ihre komplizierten Verläufe hindurch nachzugehen. Er weiß im voraus, was getan werden muß, gerade so, wie der antike Naturphilosoph im voraus wußte, was geschehen muß, so daß er nichts weiter zu tun hatte, als das logische Gerüst aus Definitionen und Klassifikationen zu besorgen.

Wenn wir sagen, das Denken und die Überzeugungen sollten experimentell und nicht absolutistisch sein, dann denken wir an eine bestimmte Logik der Methode, nicht in erster Linie an Experimente wie sie in Laboratorien durchgeführt werden. Eine derartige Logik schließt die folgenden Faktoren ein: Erstens, diejenigen Begriffe, allgemeinen Grundsätze, Theorien und dialektischen Entwicklungen, die für jedes systematische Wissen unentbehrlich sind, werden als Werkzeuge der Untersuchung formuliert und geprüft. Zweitens, die Politiken und Vorschläge für gesellschaftliche Maßnahmen werden als Arbeitshypothesen betrachtet, nicht als Programme, die streng zu befolgen und durchzuführen sind. Sie werden in dem Sinn experimentell sein, wie sie in die ständige und wohlversehene Beobachtung der Folgen, die ihre Umsetzung verursachte, einbezogen und im Lichte der beobachteten Folgen einer schnellen und flexiblen Revision unterzogen werden. Wenn diese zwei Bedingungen erfüllt sind, werden die Sozialwissenschaften ein Apparat zur Anleitung von Untersuchungen und zum Aufzeichnen und Interpretieren (Organisieren) von deren Ergebnissen sein. Der Apparat wird dann nicht länger selbst als das Wissen betrachtet, sondern als ein intellektuelles Mittel zum Entdecken sozialer Phänomene von sozialer Wichtigkeit und zum Verstehen ihrer Bedeutung angesehen. Meinungsverschiedenheiten im Sinne unterschiedlicher Urteile darüber, wie am günstigsten vorgegangen, welche Politik am besten ausprobiert werden soll, wird es immer noch geben. Aber Meinung im Sinne von Glaubenssätzen, die ohne Beweise gebildet und aufrechterhalten wurden, werden an Zahl und Einfluß reduziert. Ansichten, die in Anbetracht besonderer Situationen entstehen, werden nicht mehr zu absoluten Standards gefroren und als ewige Wahrheiten verkleidet werden.

Dieser Teil der Erörterung kann mit einer Überlegung zum Verhältnis der Experten gegenüber einer demokratischen Öffentlichkeit beschlossen werden. Einer der negativen Aspekte des früheren Arguments für die politische Demokratie hat seine Kraft heute weitgehend eingebüßt. Denn er beruhte auf der Feindschaft gegen dynastische und oligarchische Aristokratien, und diesen ist die Macht zum größten Teil entrissen worden. Die heute herrschende Oligarchie ist die einer ökonomischen Klasse. Sie beansprucht die Herrschaft nicht auf Grund von Geburt oder ererbter Stellung, sondern auf Grund ihres Führungsvermögens und der Last ihrer sozialen Verantwortung, auf Grund der Position, welche überlegene Fähigkeiten ihr verliehen haben. Sie ist auf alle Fälle eine veränderliche, unbeständige Oligarchie, die ihre Wählerschaft schnell wechselt, welche mehr oder weniger der Gnade technologischer Erfindungen und zufälliger Ereignisse, die sie nicht kontrollieren kann, ausgeliefert ist. Folglich drückt der Schuh nun am anderen Ende. Daraus schließen manche, daß die Kontrolle dieser besonderen Oligarchie bei einer intellektuellen Aristokratie liegt, nicht im Appell an eine unwissende und launische Masse, deren Interessen oberflächlich und trivial sind, und deren Urteile nur durch starke Vorurteile vor unglaublicher Leichtfertigkeit bewahrt werden.

Es mag behauptet werden, daß die demokratische Bewegung im wesentlichen eine Übergangsbewegung war. Sie prägte den Übergang von den feudalen Institutionen zum Industrialismus und fiel mit dem Machtwechsel von den Landbesitzern, die mit den kirchlichen Autoritäten verbunden waren, zu den Industriekapitänen zusammen, unter Bedingungen, die eine Emanzipation der Massen von den sie bis dahin einengenden Rechtsbeschränkungen zur Folge hatten. Aber, so wird im wesentlichen behauptet, es ist absurd, diese rechtliche Befreiung in ein Dogma zu verwandeln, dem zufolge die Befreiung von alter Unterdrückung den Befreiten die intellektuellen und moralischen Qualitäten verleiht, die sie zur Beteiligung an den Staatsangelegenheiten befähigen. Der entscheidende Trugschluß des demokratischen Glaubensbekenntnisses ist, so wird betont, die Vorstellung, daß eine geschichtliche Bewegung, die eine bedeutende und wünschenswerte Aufhebung von Beschränkungen bewirkte, entweder eine Quelle oder ein Beweis für die Herrschaftsfähigkeit der so Befreiten ist, wo doch beide Dinge in Wirklichkeit nichts Gemeinsames haben. Die naheliegende Alternative besteht in der Ausübung der Herrschaft durch die intellektuell Qualifizierten, durch Fachintellektuelle.

Diese Wiederbelebung von Platons Idee der Philosophenherrschaft ist um so anziehender, weil die Idee der Philosophen durch die der Experten ersetzt wird, da die Philosophie so etwas wie ein Witz geworden ist, während das Bild des Spezialisten, des Experten in Aktion, durch den Aufstieg der physikalischen Wissenschaften und die Leitung der Industrie vertraut und sympathisch gemacht worden ist. Ein Zyniker könnte in der Tat sagen, diese Vorstellung sei eine Chimäre, ein von der intellektuellen Klasse genährter Traum, der ihr als Entschädigung für die aus der Trennung von Theorie und Praxis, aus der Entferntheit der spezialisierten Wissenschaft von den Dingen des Lebens resultierende Machtlosigkeit dient: der Abgrund wird nicht von den Intellektuellen, sondern von den Erfindern und Ingenieuren überbrückt, die von den Industriekapitänen angestellt werden. Näher kommt man der Wahrheit, wenn man sagt, daß das Argument sich selbst widerlegt. Wenn die Massen nämlich intellektuell so unverbesserlich sind, wie seine Voraussetzung unterstellt, dann haben sie in jedem Fall sowohl zu viele Wünsche als auch zuviel Macht, um die von den Experten zu erlangende Herrschaft zuzulassen. Gerade die Einfältigkeit, die Voreingenommenheit, die Frivolität, der Neid und die Unbeständigkeit, die sie angeblich von der Teilnahme an politischen Angelegenheiten disqualifizieren, machen sie noch untauglicher für eine passive Unterwerfung unter die Herrschaft der Intellektuellen. Die Herrschaft einer ökonomischen Klasse kann vor den Massen verborgen werden, die Herrschaft von Experten könnte nicht verheimlicht werden. Sie könnte nur funktionieren, wenn die Intellektuellen sich zu willfährigen Werkzeugen mächtiger wirtschaftlicher Interessen machen ließen. Andernfalls müßten sie sich mit den Massen verbinden, und das bedeutet wiederum deren Beteiligung an der Regierung.

Schwerwiegender ist der Einwand, daß Sachkenntnis am leichtesten in spezialisierten technischen Dingen zu erwerben ist, in Fragen der Verwaltung und Vollstreckung, welche bereits eine befriedigende Formulierung der allgemeinen Politiken voraussetzen. Es wird angenommen, die Programme der Experten seien meistens sowohl weise als auch wohltätig, d.h. zur Wahrung der unverfälschten Interessen der Gesellschaft verfaßt. Das letzte Hindernis auf dem Weg zu einer aristokratischen Herrschaft besteht darin, daß infolge des Fehlens einer vernehmlichen Stimme auf seiten der Massen die Besten nicht die Besten bleiben, es auch nicht bleiben können, und die Weisen aufhören, weise zu sein. Es ist den intellektuellen Eliten unmöglich, sich ein Monopol auf jenes Wissen zu sichern, wie es für die Regelung der gemeinschaftlichen Angelegenheiten notwendig ist. In dem Maße, in dem sie eine spezialisierte Klasse werden, sind sie vom Wissen über die Bedürfnisse, denen sie dienen sollen, abgeschnitten.

Das stärkste Argument, das zugunsten selbst so rudimentärer politischer Formen, wie sie die Demokratie bereits erreicht hat – allgemeine Wahlen, Mehrheitsprinzip und so weiter – angeführt werden kann, ist, daß sie bis zu einem gewissen Grade Beratung und Diskussion mit sich bringen, wodurch soziale Bedürfnisse und Nöte aufgedeckt werden. Diese Tatsache ist der große Aktivposten im politischen Hauptbuch. De Tocqueville hat ihn vor beinahe einem Jahrhundert in seinem Bericht über die Aussichten der Demokratie in den Vereinigten Staaten verzeichnet. Indem er die Demokratie beschuldigte, bei ihren gewählten Regenten zur Bevorzugung von Mittelmaß zu neigen und zuzulassen, daß sie Ausbrüchen von Leidenschaften ausgesetzt und vor Torheiten ungeschützt ist, zeigte er in Wirklichkeit, daß die Volksherrschaft in einem Maße erzieherisch wirkt, wie es andere Formen politischer Regulierung nicht tun. Sie zwingt zu der Erkenntnis, daß es gemeinsame Interessen gibt, auch wenn die Erkenntnis, *worin* sie bestehen, wirr ist; und das Verlangen nach Diskussion und Publizität, dem sie Geltung verschafft, führen zu einiger Klarheit darüber, worin sie bestehen. Der Mann, der die Schuhe trägt, weiß am besten, daß und wo sie drücken, auch wenn der fachkundige Schuhmacher am besten beurteilen kann, wie den Beschwerden abzuhelfen ist. Die Volksherrschaft hat zumindest Gemeingeist erzeugt, wenn sie auch bei der Unterrichtung dieses Geistes nicht sehr erfolgreich war.

Eine Klasse von Experten ist den gemeinsamen Interessen unvermeidlich so entrückt, daß sie zu einer Klasse mit Privatinteressen und Privatwissen wird, welches in sozialen Angelegenheiten überhaupt kein Wissen ist. Der Stimmzettel, so heißt es oft, ist ein Ersatz für Kugeln. Bedeutsamer aber ist, daß das Auszählen von Stimmen den vorausgehenden Rückgriff auf Methoden der Diskussion, Beratung und Überzeugung erzwingt, während das Wesen der Androhung von Gewalt ist, den Rückgriff auf solche Methoden auszuschließen. Das Mehrheitsprinzip, rein als Mehrheitsprinzip, ist so lächerlich wie seine Kritiker es zu sein bezichtigen. Aber es ist niemals *nur* Mehrheitsprinzip. Wie ein praktischer Politiker, Samuel J. Tilden, vor langer Zeit sagte: „Die Mittel, mit denen eine Mehrheit zur Mehrheit wird, sind das Wichtigere": vorangehende Debatten, die Veränderung von Ansichten, um den Bedürfnissen von Minderheiten nachzukommen, die relative Genugtuung, die letztere aus der Tatsache erfahren, daß sie eine Chance hatten und daß sie beim nächsten Mal darin Erfolg haben können, eine Mehrheit zu werden. Man bedenke die Bedeutung des „Problems der Minderheiten" in bestimmten europäischen Ländern und vergleiche es mit der Lage von Minderheiten in Ländern mit einer Volksregierung. Es ist wahr, daß alle wertvollen wie auch alle neuen Ideen mit Minderheiten anfingen, vielleicht mit der Minderheit eines einzelnen. Die wichtige Überlegung besteht darin, daß der Idee Gelegenheit gegeben wird, sich auszubreiten und zum Besitz der Masse zu werden. Keine Expertenherrschaft, in der die Massen nicht die Chance besitzen, die Experten über ihre Bedürfnisse zu informieren, kann irgend etwas anderes sein als eine Oligarchie, die im Interesse einiger weniger ausgeübt wird. Und die Aufklärung muß in einer Form erfolgen, welche die Verwaltungsspezialisten zwingt, diese Bedürfnisse in Betracht zu ziehen. Der Welt ist mehr Leid durch Führer und Autoritäten zugefügt worden als durch die Massen.

Das wesentliche Erfordernis besteht, mit anderen Worten, in der Verbesserung der Methoden und Bedingungen des Debattierens, Diskutierens und Überzeugens. Das ist *das* Problem der Öffentlichkeit. Wir haben erklärt, daß diese Verbesserung wesentlich von der Befreiung und Vervollkommnung der Forschungsprozesse und der Verbreitung ihrer Ergebnisse abhängt. Die Forschung ist tatsächlich eine Arbeit, die den Experten zufällt. Aber ihr Expertentum zeigt sich nicht in der Entwicklung und Ausführung politischer Programme, sondern im Entdecken und Bekanntmachen von Tatsachen, auf welche jene angewiesen sind. Sie sind technische Sachverständige in dem Sinn, daß wissenschaftliche Untersucher und Künstler *Sachkenntnis* beweisen. Es ist nicht notwendig, daß die Menge über das Wissen und die Fertigkeiten verfügen muß, um die erforderlichen Untersuchungen durchzuführen; was von ihr verlangt wird, ist die Fähigkeit, die Auswirkungen des von anderen zur Verfügung gestellten Wissens auf die gemeinsamen Angelegenheiten zu beurteilen.

Es ist leicht, das Maß an Intelligenz und Fähigkeiten zu übertreiben, das nötig ist, um solche Urteile an ihre Zwecke anzupassen. Erstens werden wir unsere Einschätzungen mit Wahrscheinlichkeit auf der Grundlage der gegebenen Bedingungen treffen. Aber eine große Schwierigkeit liegt zur Zeit sicher darin, daß die Daten für ein zuverlässiges Urteil fehlen; und das Fehlen von Fakten kann keine angeborene geistige Fähigkeit wettmachen. Solange Geheimhaltung, Vorurteil, Befangenheit, Verdrehung und Propaganda sowie bloße Unwissenheit nicht durch Untersuchung und Publizität ersetzt worden sind, können wir nicht wissen, wie sehr die vorhandene Intelligenz der Massen für die Beurteilung gesellschaftlicher Politiken geeignet sein mag. Sie würde mit Sicherheit weiter reichen als jetzt. Zweitens, *effektive* Intelligenz ist keine ursprüngliche, angeborene Gabe. Gleich, worin die Unterschiede in der angeborenen Intelligenz bestehen (wenn wir für einen Augenblick gelten lassen, daß Intelligenz angeboren sein kann), die Wirklichkeit des Geistes ist von der Erziehung abhängig, welche die sozialen Bedingungen hervorbringen. Genau wie das spezialisierte Denken und Wissen der Vergangenheit verkörpert ist in den Werkzeugen, Gerätschaften, Apparaten und Technologien, welche jene heute intelligent nutzen können, die sie nicht hätten hervorbringen können, so wird es sein, wenn die Winde des öffentlichen Wissens durch die sozialen Angelegenheiten wehen.

Es kommt immer auf das in der *verkörperten* Intelligenz fixierte Tätigkeitsniveau an. Ein in einer primitiven Kultur überlegener Mann wird seinen Gefährten überlegen sein, aber sein Wissen und Urteilsvermögen werden in vieler Hinsicht hinter dem eines weniger begabten Menschen in einer fortgeschrittenen Zivilisation zurückbleiben. Fähigkeiten werden durch die zur Verfügung stehenden Gegenstände und Werkzeuge begrenzt. Noch viel mehr hängen sie von den vorherrschenden Gewohnheiten der Aufmerksamkeit und des Interesses ab, die durch Tradition und institutionelle Bräuche bestimmt sind. Bedeutungen fließen durch Kanäle, die von Werkzeugen geformt werden, von denen die Sprache, das Vehikel des Denkens als auch der

Kommunikation, am Ende das wichtigste ist. Heute kann ein Mechaniker über Ohm und Ampere diskurrieren wie es Sir Isaac Newton zu seiner Zeit nicht konnte. So mancher Mann, der an Radios herumgebastelt hat, kann über Dinge urteilen, von denen Faraday nicht einmal träumte. Es tut nichts zur Sache, daß, wenn Newton und Faraday heute hier wären, der Amateur und der Mechaniker dann wie Anfänger neben ihnen ständen. Erst die Erwiderung bringt den Kern der Sache zum Vorschein: den Unterschied, der durch die unterschiedlichen Gegenstände des Denkens und die unterschiedlichen Bedeutungen, die in Umlauf sind, verursacht wird. Ein intelligenterer Stand der sozialen Angelegenheiten, einer, der mehr durch Wissen geprägt, mehr von Intelligenz geleitet wäre, würde die ursprünglichen Anlagen nicht um einen Deut verbessern, aber er würde das Niveau erhöhen, auf dem die Intelligenz aller operierte. Die Höhe dieses Niveaus ist für die Beurteilung öffentlicher Angelegenheiten viel wichtiger als die Unterschiede in den Intelligenzquotienten. Wie Santayana sagte: „Könnte in unserem Leben ein besseres System die Oberhand gewinnen, würde sich auch in unserem Denken eine bessere Ordnung einstellen. Es lag nicht am Mangel an Feinsinnigkeit, persönlichem Talent, oder einer unveränderlichen Ordnung in der Außenwelt, daß die Menschheit immer wieder in Barbarei und Aberglauben zurückgefallen ist. Es lag am Mangel an gutem Charakter, gutem Beispiel und guter Regierung.“[22] Die Vorstellung, Intelligenz sei eine persönliche Begabung oder eine persönliche Errungenschaft, ist der große Dünkel der intellektuellen Klasse, so wie derjenige des Handelsstandes darin besteht, daß Reichtum etwas ist, was er persönlich erarbeitet hat und besitzt.

Der Punkt, der uns zum Abschluß beschäftigt, geht über das Feld der intellektuellen Methode hinaus und greift über auf die Frage der praktischen Reformierung der sozialen Bedingungen. In ihrem tiefsten und reichsten Sinn muß eine Gemeinschaft immer eine Sache des Verkehrs von Angesicht zu Angesicht bleiben. Das ist der Grund, weshalb die Familie und die Nachbarschaft, bei all ihren Fehlern, immer die Hauptkräfte der Erziehung geblieben sind, – die Mittel, durch

22 George Santayana, *The Life of Reason or The Phases of Human Progress. Vol. 5, Reason in Science*, New York, Charles Scribner's Sons, 1906, S. 320. [A. d. Ü.]

die Anlagen ausgeprägt und Ideen erworben werden, welche Wurzeln im Charakter schlagen. Die *Große Gemeinschaft* im Sinne eines freien und erfüllten wechselseitigen Verkehrs ist vorstellbar. Aber sie kann niemals über alle jene Qualitäten verfügen, die eine lokale Gemeinschaft auszeichnen. Ihr letztes Werk wird die Regulierung der Beziehungen und die Bereicherung der Erfahrung der lokalen Assoziationen sein. Die Invasion und teilweise Zerstörung des Lebens letzterer durch von außen kommende unkontrollierte Mächte ist die unmittelbare Quelle für die Unbeständigkeit, Desintegration und Rastlosigkeit, welche die gegenwärtige Epoche charakterisieren. Jene Übel, die unkritisch und wahllos dem Industrialismus und der Demokratie in die Schuhe geschoben werden, könnten bei mehr Verstand der Entwurzelung und Unbeständigkeit der lokalen Gemeinschaften zugeschrieben werden. Lebendige und feste Bindungen werden nur in der Vertrautheit eines wechselseitigen Verkehrs erzeugt, dessen Reichweite zwangsläufig begrenzt sein muß.

Ist es den lokalen Gemeinschaften möglich, stabil ohne statisch, fortschrittlich ohne bloß mobil zu sein? Können die gewaltigen, unzähligen und verzweigten Ströme der translokalen Assoziationen so eingedämmt und gelenkt werden, daß sie ihre vielen und reichen Bedeutungen, deren potentielle Träger sie sind, über die kleineren intimen Einheiten von Menschen ausgießen, die in unmittelbarem Kontakt miteinander leben? Ist es möglich, die Wirklichkeit der weniger kommunalen Organisationen wiederherzustellen und ihre Mitglieder mit einem Sinn für das lokale Gemeinschaftsleben zu durchdringen und zu erfüllen? Es gibt gegenwärtig, zumindest in der Theorie, eine Bewegung weg vom Prinzip der territorialen Organisation hin zu dem der „funktionalen", das heißt, der Berufsorganisation. Es ist nur zu wahr, daß die älteren Formen territorialer Assoziation den derzeitigen Bedürfnissen nicht entsprechen. Es ist richtig, Bindungen, die durch Teilnahme an gemeinsamer Arbeit gebildet werden – entweder in dem, was Industrie genannt wird oder was Beruf heißt – besitzen heute eine Macht, die sie früher nicht hatten. Aber eine dauerhafte und stabile Organisation, welche zugleich anpassungsfähig und beweglich ist, kann sich auf diese Bindungen nur verlassen, wenn sie aus unmittelbarem Verkehr und unmittelbarer Verbundenheit erwachsen. Diese Theorie, soweit sie auf Assoziationen baut, die weit und indirekt sind, würde, wenn ausgeführt, in einer verwandelten Form schon bald mit all den Schwierigkeiten und Übeln der gegenwärtigen Situation konfrontiert sein. Für die Vitalität und Tiefe eines engen und direkten Verkehrs und einer ebensolchen Bindung gibt es keinen Ersatz.

Es heißt, und zwar zu Recht, für den Weltfrieden sei es notwendig, daß wir die Völker fremder Länder verstehen. Doch wie gut, frage ich mich, verstehen wir unsere Nachbarn von nebenan? Es hieß auch, wenn ein Mensch nicht seinen Nächsten liebt, den er gesehen hat, dann kann er nicht den Gott lieben, den er nicht gesehen hat. Die Chancen, daß die Achtung für entfernte Völker aufgebracht wird, solange es keine innige Nachbarschaftserfahrung gibt, die Kenntnisse über die Nachbarn und Verständnis für sie mit sich bringt, scheinen nicht besser zu sein. Ein Mensch, der nicht in den täglichen Lebensverhältnissen erlebt wurde, mag Bewunderung, Nacheiferung, sklavische Unterwerfung, fanatische Anhängerschaft, Heldenverehrung auslösen; aber nicht die Liebe und das Verständnis, wie sie nur die Verbundenheiten einer nachbarlichen Vereinigung ausstrahlen. Die Demokratie muß zu Hause beginnen, und ihr Zuhause ist die nachbarliche Gemeinschaft.

Die Aussichten für die Wiederherstellung der von Angesicht zu Angesicht bestehenden Gemeinschaften zu untersuchen, überschreitet den Rahmen unserer Erörterung. Es liegt aber etwas tief in der menschlichen Natur selbst, das in die Richtung beständiger Beziehungen zieht. Trägheit und die Tendenz zur Stabilität sind Gefühlen und Wünschen ebenso eigen wie Massen und Molekülen. Jenes Glück, das voller Zufriedenheit und Ruhe ist, findet sich nur in dauerhaften Verbindungen mit anderen, die so tief reichen, daß sie unter die Oberfläche der bewußten Erfahrung gehen, um deren unerschütterliches Fundament zu bilden. Keiner weiß, wieviel von der schäumenden Aufgeregtheit des Lebens, der Bewegungsmanie, von der mürrischen Unzufriedenheit, dem Verlangen nach künstlichen Reizen der Ausdruck einer wilden Suche nach etwas ist, das die Leere füllen soll, welche durch die Lockerung der Bande verursacht wurde, die Menschen in der unmittelbaren Gemeinschaft der Erfahrung zusammenhalten. Wenn es irgend etwas in der menschlichen Psychologie gibt, worauf man zählen kann, dann vordringlich dies: wenn der Mensch vom rastlosen Suchen nach dem Fernen, das keine dauerhafte Befriedigung gewährt, übersättigt ist, wird der menschliche Geist umkehren, um Ruhe und Ordnung in sich selbst zu finden. Das, wir wiederholen es, kann allein in den lebendigen, beständigen und tiefen Beziehungen gefunden werden, die nur in der unmittelbaren Gemeinschaft gegenwärtig sind.

Diese psychologische Tendenz kann sich indessen nur manifestieren, wenn sie auf harmonische Weise mit dem objektiven Lauf der Ereignisse verbunden ist. Die Analyse gerät in unruhige Gewässer, falls sie herauszufinden versucht, ob der Strom der Ereignisse sich tatsächlich von der Zerstreuung der Energien und der Beschleunigung der Bewegung abwendet. Physisch und äußerlich steuerten die Bedingungen natürlich auf eine Konzentration zu; die Entwicklung der städtischen auf Kosten der ländlichen Bevölkerung, die korporative Organisation des angehäuften Reichtums, die Zunahme aller Arten von Organisationen sind dafür Beweis genug. Aber gewaltige Organisation ist vereinbar mit dem Sprengen der Bindungen, welche die lokalen Gemeinschaften ausmachen, und mit dem Ersetzen persönlicher Verbindungen durch unpersönliche Bande, mit einem der Stabilität feindlichen ständigen Wechsel. Der Charakter unserer Städte, des organisierten Geschäftslebens und die Natur der umfassenden Assoziationen, in denen das Individuum verlorengeht, bezeugen diese Tatsache ebenfalls. Es gibt aber auch gegenteilige Zeichen. „Gemeinschaft" und Gemeinschaftstätigkeiten werden zu Wörtern von beschwörender Kraft. Das Lokale ist das letztlich Universale, und so nah, wie ein Absolutes nur sein kann. Es ist leicht, auf die vielen Zeichen zu weisen, die darauf hindeuten, daß unbewußte Kräfte wie auch überlegtes Planen eine solche Bereicherung der Erfahrung der lokalen Gemeinschaften bewirken, eine Bereicherung, die sie für ihre konstituierenden Mitglieder zu wahren Zentren der Aufmerksamkeit, des Interesses und der Hingabe macht.

Unbeantwortet ist die Frage, wie weit diese Tendenzen die Lücke wiederauffüllen werden, die von der Auflösung der Familie, der Kirche und der Nachbarschaft hinterlassen wurde. Wir können das Ergebnis nicht vorhersagen. Wir können aber mit Zuversicht behaupten, daß die Kräfte, welche die eintönige Standardisierung, die Mobilität und die indirekten unsichtbaren Beziehungen verursachen, nichts an sich haben, was das Zurückfließen ihrer Folgen in die lokalen Heime der Menschheit unvermeidlicherweise verhindern muß. Uniformität und Standardisierung können eine Grundlage für die Differenzierung und Freisetzung der individuellen Potenzen bilden. Sie können auf die Ebene unbewußter Gewöhnung sinken, wie sie für die mechanischen Phasen des Lebens selbstverständlich ist, und einen Boden bereiten, auf dem die individuellen Neigungen und Begabungen üppig und dauerhaft blühen können. Die Mobilität könnte schließlich die Mittel liefern, mit denen die Erträge aus den fernen und indirekten Interaktionen und Abhängigkeiten zurück in das lokale Leben fließen, indem sie es beweglich hält und vor der Stagnation bewahrt, welche in der Vergangenheit die Stabilität begleitet hat, und es mit den Elementen einer bunten und abwechslungsreichen Erfahrung versieht. Organisation braucht dann nicht mehr als Selbstzweck betrachtet zu werden. Sie wird nicht länger mechanisch und äußerlich sein, das freie Spiel künstlerischer Talente hemmen, Männer und Frauen mit den Ketten der Konformität fesseln, zum Verzicht auf all das führen, was nicht in die automatische Bewegung der Organisation als einer sich selbst genügenden Sache paßt. Organisation als ein Mittel zum Zweck würde die Individualität stärken und sie befähigen, sorglos sie selbst zu sein, indem sie sie mit Ressourcen ausstattet, die ohne diese Unterstützung außerhalb ihrer Reichweite lägen.

Was immer die Zukunft bereithält, eines ist sicher. Solange das lokale Gemeinschaftsleben nicht wiederhergestellt ist, kann die Öffentlichkeit ihr dringendstes Problem nicht angemessen lösen: sich selbst zu finden und zu identifizieren. Aber wenn es wiedererstehen sollte, wird es eine Fülle, eine Mannigfaltigkeit und Freiheit des Besitzes und Genusses an Bedeutungen und Gütern offenbaren, wie sie die nachbarlichen Assoziationen der Vergangenheit nicht kannten. Denn es wird sowohl lebendig und beweglich als auch stabil sein, aufgeschlossen gegenüber dem verwickelten und weltweiten Schauspiel, in das es verstrickt ist. Obgleich lokal wird es nicht isoliert sein. Seine weiterreichenden Beziehungen werden einen unerschöpflich fließenden Fonds an Bedeutungen bereitstellen, von dem mit der Versicherung abgehoben werden kann, daß die Abhebungen sich bezahlt machen werden. Territorialstaaten und politische Grenzen werden bestehen bleiben; sie werden jedoch nicht Barrieren sein, welche die Erfahrung verarmen, indem sie den Menschen von seinem Nebenmenschen abschließen; sie werden keine unabänderlichen Teilungen sein, durch welche die äußere Trennung in Neid, Angst, Mißtrauen und Feindschaft im Inneren umgewandelt wird. Der Wettbewerb wird weitergehen, aber er wird weniger eine Konkurrenz um materielle Güter und mehr ein Wetteifern lokaler Gruppen um die Bereicherung der direkten Erfahrung mit einem verständnisinnig genossenen intellektuellen und künstlerischen Reichtum sein. Wenn das technologische Zeitalter der Menschheit eine feste und allgemeine Basis materieller Sicherheit geben kann, wird es in einem menschlichen Zeitalter aufgehen. Es wird seinen Platz als ein Mittel geteilter und mitgeteilter Erfahrung einnehmen. Aber ohne das Durchlaufen des Maschinenzeitalters wird der Menschheit Besitz dessen, was als Voraussetzung für ein freies, bewegliches und vielfarbiges Leben notwendig ist, so unsicher und ungerecht sein, daß das Wettrennen um den Erwerb und die wahnsinnige Nutzung des Erworbenen zum Zwecke der Erregung und Zurschaustellung fortgesetzt werden wird.

Wir haben gesagt, die Erwägung dieser besonderen Bedingung für die Hervorbringung demokratischer Gemeinschaften und einer artikulierten demokratischen Öffentlichkeit führt uns über die Frage der intellektuellen Methode hinaus zu der des praktischen Verfahrens. Die zwei Fragen sind aber nicht ohne Zusammenhang. Das Problem der Beschaffung schöpferischer und sich verbreitender Intelligenz kann nur in dem Grade gelöst werden, in dem das lokale Gemeinschaftsleben Wirklichkeit wird. Zeichen und Symbole, Sprache, sind die Mittel der Kommunikation, durch die eine brüderlich geteilte Erfahrung erworben und erhalten wird. Aber die geflügelten Worte des Gesprächs, welche im unmittelbaren Verkehr miteinander geäußert werden, haben eine belebende Wirkung, die den starren und leidenschaftslosen Wörtern der Schriftsprache fehlt. Die systematische und kontinuierliche Untersuchung aller die Assoziation beeinflussenden Bedingungen und ihre gedruckte Verbreitung sind eine Voraussetzung für die Erzeugung einer wirklichen Öffentlichkeit. Aber sie und ihre Ergebnisse sind am Ende doch nur Werkzeuge. Ihre letzte Wirklichkeit erlangen sie in den Beziehungen von Angesicht zu Angesicht durch ein direktes Geben und Nehmen. In ihrer Vollendung kehrt die Logik zu ihrem einfachen Sinn zurück: zum Dialog. Ideen, die nicht kommuniziert, geteilt und in der Äußerung wiedergeboren werden, sind nur Selbstgespräch, und das

Selbstgespräch ist nichts als lückenhaftes, unvollkommenes Denken. Wie die Vermehrung materiellen Reichtums steht es für die Verwendung eines durch assoziierte Anstrengung und Austauschprozesse geschaffenen Reichtums zu privaten Zwecken. Es ist feiner und es trägt einen nobleren Namen. Aber in der Sache besteht kein Unterschied.

Mit einem Wort, jene Ausweitung und Stärkung des individuellen Verständnisses und Urteils durch den kumulativen und weitergegebenen intellektuellen Reichtum der Gemeinschaft, welche die auf den Leichtsinn, die Unwissenheit und Voreingenommenheit der Massen gestützte Anklage der Demokratie entkräften könnten, kann nur in den Beziehungen des persönlichen Verkehrs in der lokalen Gemeinschaft vollbracht werden. Die Verbindungen des Ohres mit dem vitalen und expressiven Denken und Fühlen sind unendlich enger und vielfältiger als die des Auges. Das Gesicht ist ein Zuschauer, das Gehör ist ein Teilnehmer. Die Veröffentlichung bleibt unvollständig und die Öffentlichkeit, die daraus resultiert, ist nur teilweise informiert und geformt, bevor nicht die von ihr gelieferten Bedeutungen von Mund zu Mund gehen. Die freie Erweiterung und Stärkung der beschränkten individuellen intellektuellen Gaben, die aus dem Strömen sozialer Intelligenz folgen kann, kennt keine Grenze, wenn diese mündlich von einem zum anderen in den Kommunikationen der lokalen Gemeinschaft zirkuliert. Das und nur das verleiht der öffentlichen Meinung Realität. Wie Emerson sagte, wir liegen im Schoße einer unermeßlichen Intelligenz. Aber die Intelligenz schläft und ihre Kommunikation ist bruchstückhaft, unvernehmlich und matt, solange sie nicht die lokale Gemeinschaft als ihr Medium besitzt.

Einleitung von 1946

Dieses Buch wurde vor etwa zwanzig Jahren geschrieben. Es ist meine Überzeugung, daß die dazwischenliegenden Ereignisse die damals vorgetragene Position zur Öffentlichkeit und zu ihrem Zusammenhang mit dem Staat als der politischen Organisation menschlicher Beziehungen bestätigen. Die naheliegendste Überlegung betrifft die durch den Zweiten Weltkrieg bewirkte Schwächung der Bedingungen, die wir als „Isolationismus" bezeichnen. Schon der Erste Weltkrieg hatte genug von dieser Wirkung, um den Völkerbund ins Leben zu rufen. Aber die Vereinigten Staaten lehnten eine Teilnahme ab. Und obgleich eingefleischter Nationalismus einer der wesentlichen Faktoren für die Verweigerung war, wurde sie durch die starke Überzeugung untermauert, daß der Hauptzweck des Bundes doch schließlich darin bestand, den europäischen Nationen, die auf der Gewinnerseite standen, die Früchte des Sieges zu sichern. Es gibt keinen Grund, die alten Kontroversen wiederzubeleben, indem man diskutiert, inwieweit diese Überzeugung gerechtfertigt war. Für die hier erörterte Frage ist allein von Bedeutung, daß die *Überzeugung*, daß dies so war, eine ausschlaggebende Überlegung für die Weigerung der Vereinigten Staaten bildete, dem Bund beizutreten. Nach dem Zweiten Weltkrieg hat sich diese Einstellung geändert und das Land ist den Vereinten Nationen beigetreten.

Welchen Einfluß hat diese Tatsache auf den Standpunkt, der im Buch hinsichtlich der Öffentlichkeit und ihres Zusammenhanges mit den politischen Aspekten des gesellschaftlichen Lebens vertreten wird? Er ist, kurz gesagt, folgender: Der Niedergang des Isolationismus (der aber noch sehr lange hin nicht sein Verschwinden bedeutet) beweist, daß sich ein Bewußtsein dafür entwickelt, daß die Beziehungen zwischen den Nationen Eigenschaften annehmen, die eine Öffentlichkeit bilden und deshalb ein gewisses Maß an politischer Organisation verlangen. Wie dieses Maß genau bestimmt ist, wie weit die politische Autorität ausgedehnt werden muß, ist eine Frage, über die noch gestritten wird. Manche möchten sie auf die strengstmögliche Auslegung des Kodex der Vereinten Nationen, wie er in San Francisco angenommen wurde, beschränkt wissen. Andere betonen die Notwendigkeit einer Veränderung des Kodex, damit er einer Weltföderation mit weitreichender politischer Autorität genügt.

Für den hier erwogenen Punkt wäre es abwegig, darüber zu diskutieren, welche Partei recht hat. Allein die Tatsache, daß es zwei Parteien gibt und eine aktive Auseinandersetzung stattfindet, beweist, daß die Frage der Beziehungen zwischen Nationen, die in der Vergangenheit gesonderte Souveränität beanspruchten und ausübten, nun endgültig die Arena der politischen Probleme betreten hat. Im Text dieses Buches wird deutlich gemacht, daß der Zuständigkeitsbereich, die Reichweite der Öffentlichkeit, d. h. die Frage, wo das Öffentliche aufhört und das Private beginnt, in der Innenpolitik schon lange ein wichtiges politisches Problem war. Endlich wird die gleiche Frage auch für die Beziehungen zwischen den nationalen Einheiten nachdrücklich aufgeworfen, von denen in der Vergangenheit keine eine *politische* Verantwortung in der Verfolgung ihrer Politik gegenüber anderen nationalen Einheiten anerkannte. Nur eine *moralische* Verantwortung war anerkannt worden. Aber das gleiche gilt auch für Beziehungen, die privat und nicht-politisch sind; der Hauptunterschied liegt in der größeren Leichtigkeit, mit der die Verantwortung im Falle der Nationenbeziehungen fallengelassen wurde. Die ganze Doktrin der „Souveränität“ ist lediglich eine vollständige Leugnung politischer Verantwortung.

Die Tatsache, daß dieses Problem nun zum aktiven Themenbereich der politischen Diskussion gehört, stützt auch eine andere im Text dargelegte Ansicht. Die strittige Frage ist keineswegs eine zwischen dem „Sozialen“ und dem „Nicht-Sozialen“ oder zwischen dem, was moralisch, und dem, was unmoralisch ist. Zweifellos hat die Überzeugung einiger, welche die moralische Verantwortlichkeit in den Nationenbeziehungen ernster genommen wissen wollen, mit dazu beigetragen, der Tatsache, daß die Folgen dieser Beziehungen irgendeine Art politischer Organisation erfordern, mehr Nachdruck zu verleihen. Doch nur Ultra-Zyniker haben in der Vergangenheit das Bestehen einer bestimmten moralischen Verantwortlichkeit überhaupt geleugnet. Das ist hinreichend bewiesen durch die Tatsache, daß es, um die Bürger eines wirklich modernen Volkes für einen aktuellen Krieg zu gewinnen, notwendig war, eine Kampagne zu führen, die vorführte, daß die *überlegenen* moralischen Ansprüche auf seiten der Kriegspolitik lagen. Der Einstellungswechsel ist im wesentlichen nicht eine Sache moralischer Bekehrung, eines Wandels von verstockter Sittenlosigkeit zur Wahrnehmung der Forderungen nach Rechtschaffenheit. Er resultiert aus der außerordentlich verstärkten Erkenntnis der tatsächlichen Kriegsfolgen. Und diese gesteigerte Wahrnehmung rührt wiederum aus der Tatsache, daß die modernen Kriege unaussprechlich zerstörerischer sind, und daß die Zerstörung viel größere Gebiete als in der Vergangenheit trifft. Es kann nun nicht länger behauptet werden, der Krieg bringe etwas wirklich Gutes mit sich. Das Äußerste, was gesagt werden kann, ist, daß er eine Wahl des kleineren moralischen Übels ist.

Die Tatsache, daß das Problem des Rahmens der politischen Nationenbeziehungen nun zu einem Feld politischer Diskussion geworden ist, ist geeignet, einen weiteren im Buch betonten Gesichtspunkt zu bestätigen. Das gleiche Problem der Grenzziehung zwischen den Angelegenheiten, die dem privaten Ermessen überlassen bleiben, und denen, die Gegenstand politischer Entscheidung sind, ist *formal* ein universelles Problem. Doch in bezug auf den wirklichen Inhalt des Problems ist die Frage immer eine *konkrete*. Das heißt, es ist eine Frage der spezifizierenden tatsächlichen Folgen, welche niemals von sich aus feststehen, noch der Determination im Sinne einer abstrakten Theorie unterliegen. Wie alle Tatsachen, die zum Gegenstand von Beobachtung und Spezifizierung werden, sind sie zeitlich-räumlich bestimmt, nicht ewig. *Der Staat* ist reiner Mythos. Und, wie im Text unterstrichen wird, die ganze Vorstellung vom Staat als einem universellen Ideal und einer universellen Norm tauchte an einem besonderen Raum-Zeit-Punkt auf, um ziemlich konkreten Zielen zu dienen.

Man nehme zum Beispiel an, die Idee der Föderation – im Unterschied sowohl zur Isolation als auch zur imperialen Herrschaft – wird als Arbeitsprinzip akzeptiert. Einige Dinge sind geregelt, aber nicht, welche Angelegenheiten genau in die Hoheitsgewalt der Bundesregierung fallen und welche davon ausgeschlossen sind und der Entscheidung durch die nationalen Einheiten als solchen vorbehalten bleiben. Das Problem, was in die föderierte Autorität eingeschlossen und was von ihr ausgeschlossen werden soll, würde dann akut werden. Und in dem Grad, in dem die Entscheidung dieser Frage auf intelligente Weise getroffen wird, fällt sie auf der Grundlage vorhergesehener, konkreter Folgen, die mit Wahrscheinlichkeit aus dem Befolgen einer alternativen Politik resultieren würden. Und genau wie im Fall der innenpolitischen Angelegenheiten wird dabei das Problem entstehen, inmitten des Konflikts zwischen den verschiedenen Interessen der besonderen Einheiten so etwas wie ein gemeinsames Interesse zu entdecken. Freundschaft ist nicht die Ursache für Abkommen, die den gemeinsamen Interessen verschiedener Einheiten dienen, sondern das Resultat der Abkommen. Allgemeine Theorie kann in der Tat hilfreich sein; aber einer intelligenten Entscheidung diente sie nur, wenn sie als ein Hilfsmittel zum Voraussehen tatsächlicher Folgen benutzt würde, nicht direkt, *per se*.

Bis hierher habe ich die Erörterung in den Grenzen dessen gehalten, was ich für das Feld der Tatsachen ansehe, die hinreichend klar sind, so daß jeder, der es wünscht, sie zur Kenntnis nehmen kann. Ich komme nun zu einer Frage, die von sich aus auf das Feld wichtiger, unsicherer Hypothesen übergreift. Im zweiten Kapitel des Textes werden Veränderungen in der „materiellen Kultur“ als ein wichtiger Faktor in der Gestaltung der konkreten Bedingungen erwähnt, welche die Folgen bestimmen, die zu der als „öffentlich“ bezeichneten Art gehören und die zu irgendeiner Form politischer Intervention führen. Wenn es jemals einen begründeten Zweifel am Einfluß des technologischen Faktors auf sozial signifikante menschliche Folgen gab, so ist diese Zeit längst vorbei. Die Bedeutung der technologischen Entwicklung ist auch nicht auf die innenpolitischen Angelegenheiten beschränkt, so groß sie auf diesem Gebiet auch ist. Die bereits erwähnte ungeheuer gewachsene Zerstörungskraft des Krieges ist das unmittelbare Produkt moderner technologischer Entwicklungen. Und die Reibungen und Konflikte, die unmittelbare Kriegsursache sind, rühren aus den unendlich vermehrten und viel verschlungeneren Berührungspunkten zwischen den Völkern, die wiederum das direkte Ergebnis technologischer Entwicklungen sind.

Soweit befinden wir uns immer noch in den Grenzen der beobachtbaren Tatsachen von Transaktionen, die zwischen den nationalen Einheiten auf die gleiche Weise wie zwischen den Angehörigen einer gegebenen Binneneinheit stattfinden. Die ungeklärte Frage, die nun als der ununterdrückbare Konflikt der Zukunft auftaucht, betrifft die wirkliche Reichweite des ökonomischen Faktors in der Determination spezifischer Folgen. Wie man beim Nachschlagen im Register sehen kann, s.v. „Ökonomische Kräfte und Politik“, findet der gewaltige Einfluß, den die wirtschaftlichen Aspekte des modernen Lebens ausüben, Berücksichtigung. Was aber die politischen Beziehungen zwischen nationalen Einheiten angeht, so standen damals hauptsächlich spezielle Themen wie Zölle, Meistbegünstigung, Vergeltungsmaßnahmen etc. zur Debatte. Die Ansicht, daß die Ökonomie die *einzige* Bedingung ist, die den ganzen Bereich der politischen Organisation beeinflußt, und daß die heutige Industrie zwingend nur einen, bestimmten Typ sozialer Organisation erfordert, war auf Grund des Einflusses der Schriften von Marx eine *theoretische* Frage. Aber, trotz der Revolution in Sowjetrußland, war es kaum eine unmittelbar *praktische* Frage der internationalen Politik. Nun wird sie endgültig zu einer solchen, und es gibt Anzeichen dafür, daß sie für die Bestimmung der Zukunft der internationalen politischen Beziehungen eine *beherrschende* Frage ist.

Der Standpunkt, nach dem die Ökonomie der einzig bedingende Faktor der politischen Organisation ist – zusammen mit dem Standpunkt, daß alle Phasen und Aspekte des sozialen Lebens, Wissenschaft, Kunst, Erziehung und alle Einrichtungen der öffentlichen Kommunikationen eingeschlossen, durch den vorherrschenden Wirtschaftstyp bestimmt sind –, ist identisch mit dem Lebenstyp, der zu Recht die Bezeichnung „totalitär“ trägt. Angesichts der Auffassung, es gäbe nur eine Form der Wirtschaftsorganisation, welche die sozialen Bedingungen richtig erfüllt, und unter allen Völkern der Erde habe nur ein Land diesen Zustand in einem angemessenen Grad erreicht, besteht ein außerordentliches, lange Schatten werfendes praktisches Problem.

Denn Rußland hat nun einen Stand von Macht und Einfluß erlangt, mit dem eine in ihrem Wesen totalitäre Philosophie aus dem Reich der Theorie in das praktischer politischer Beziehungen zwischen den Nationalstaaten der Erde übergegangen ist. Es ist nun ein lebenswichtiges Problem geworden, die Beziehungen derjenigen Staaten, die ausreichend demokratisch sind, um ein beträchtliches Maß an Vertrauen in freie Forschung und offene Diskussion als einer fundamentalen Methode für die friedliche Aushandlung sozialer Konflikte zu setzen, auf den Standpunkt einzustellen, daß es nur die eine, feststehende und absolute Wahrheit gibt, die folglich der Erforschung und öffentlichen Diskussion nicht offensteht. Obwohl meine eigene Meinung darüber, wo die Grenzlinie des sozialen Fortschritts zwischen den beiden Positionen zu ziehen ist, sich in fester Übereinstimmung mit den Ansichten der großen Mehrheit der Angehörigen demokratischer Staaten befindet, stelle ich hier keine Betrachtungen über Recht und Unrecht, Wahrheit oder Falschheit an. Ich kann mich jedoch nicht enthalten, darauf hinzuweisen, wie die Weltlage die Hypothese bestätigt, der zufolge das Ausmaß oder die Reichweite sowie die Schwere der tatsächlichen Folgen assoziierter menschlicher Transaktionen den bestimmenden Faktor dafür bilden, daß soziales Verhalten *politische* Eigenschaften erhält, die zu offenkundig sind, um ignoriert werden zu können. Von nun an ist das Problem, Felder gemeinsamen Interesses zu entdecken und auszufüllen, zwingend.

Es ist noch ein anderer Punkt zu beachten. Im Text wird an mehreren Stellen zweierlei unterstrichen: Erstens, über ihr bloßes Eintreten hinaus ist das *Bemerken* der Folgen eine unerläßliche Bedingung, und zweitens, dieses Bemerken (auf einem annähernd adäquaten Niveau) hängt vom Wissensstand der Zeit ab, besonders von dem Grad, in dem die Art von Methode, die als wissenschaftlich bezeichnet wird, auf die gesellschaftlichen Angelegenheiten Anwendung findet. Einige von uns haben eine Zeitlang nachdrücklich hervorgehoben, daß die Wissenschaft in genau demselben Verhältnis zum Fortschritt der Kultur steht wie die anerkanntermaßen technologischen Dinge (wie der Erfindungsstand bei, zum Beispiel, Werkzeugen und Maschinen, oder der in den Künsten erzielte Fortschritt, zum Beispiel in der Medizin). Wir vertraten zudem die Ansicht, daß ein beträchtlicher Teil der abstellbaren Übel des gegenwärtigen Lebens dem unausgewogenen Zustand der wissenschaftlichen Methode hinsichtlich ihrer Anwendung auf physische Tatsachen einerseits und auf spezifisch menschliche Tatsachen andererseits geschuldet ist; und daß der direkteste und effektivste Weg zur Behebung dieser Übel in dem fortwährenden und systematischen Bemühen um die Entwicklung derjenigen effektiven Intelligenz liegt, die als wissenschaftliche Methode in Sachen menschlicher Transaktionen bezeichnet wird.

Es kann nicht behauptet werden, unser Theoretisieren über diesen

Punkt hätte viel Wirkung erzielt. Die relative Bedeutung der Folgen von Ereignissen, die in das Gebiet der Theorie fallen, und von Ereignissen, welche offenkundig genug sind, um die Aufmerksamkeit von selbst auf sich zu lenken, ist hinreichend an dem deutlich geworden, was auf die Spaltung des Atomkerns folgte. Ihre Folgen sind so eindrucksvoll, daß sie nicht nur eine nahezu babylonische Verwirrung über Nutzen und Schaden der physikalischen Wissenschaften hervorriefen, vielmehr haben einige Aspekte der Wissenschaftskontrolle im Interesse der sozialen Wohlfahrt die Arena der Politik betreten – der staatlichen Beratungen und Maßnahmen. Zum Beweis genügt es, auf die Kontroverse zu verweisen, die, während diese Zeilen geschrieben werden, im Kongreß der Vereinigten Staaten zur zivilen und militärischen Beteiligung an dieser Kontrolle stattfindet, und die in den Vereinten Nationen über die beste Methode zur Durchführung der notwendigen Kontrolle im allgemeinen geführt wird.

Aspekte des mit dem Status der physikalischen Wissenschaft verbundenen *moralischen* Problems haben uns schon seit langem beschäftigt. Aber die Folgen der physikalischen Wissenschaften, obwohl sie für die Industrie so wichtig sind und durch die Industrie für die Gesellschaft im allgemeinen, haben nicht die Art von Beobachtung erfahren, die den Betrieb und den Stand der Wissenschaft in das spezifisch *politische* Feld bringen würde. Die Verwendung dieser Wissenschaften zur Erhöhung der Zerstörungsgewalt des Krieges wurde mit der Kernspaltung in ein so sensationell grelles Licht gestellt, daß wir es jetzt auf jeden Fall auch mit dem politischen Problem zu tun haben.

Da gibt es jene, die nicht nur auf einer auschließlich moralistischen Betrachtung der Wissenschaft beharren, sondern dies auch noch auf eine äußerst einseitige Weise tun. Sie geben der physikalischen Wissenschaft die Schuld an den gegenwärtigen Übeln, als ob sie *per se* eine kausale Entität wäre und nicht ein menschliches Produkt, das bewirkt, was die herrschenden menschlichen Einrichtungen ihm abverlangen. Sie benutzen die unübersehbaren Übel als Grund, die Wissenschaft dem zu unterwerfen, was sie für moralische Ideale und Standards ansehen, und mißachten dabei die Tatsache, daß es, von ermahnenden Predigten abgesehen, keinen anderen Weg gibt, diese Unterordnung zu erreichen, als eine Institution mit absoluter Autorität zu errichten – der sichere Weg zur Wiederbelebung jener Art von Konflikt, die einst den Versuch der Kirche, die wissenschaftliche Forschung zu kontrollieren, kennzeichnete. Der Reinertrag ihrer Position, wenn sie umgesetzt würde, wäre nicht die Unterordnung der Wissenschaft unter ideale moralische Ziele – unter Mißachtung politischer oder öffentlicher Interessen – , sondern die Erzeugung eines politischen Despotismus mit all den moralischen Übeln, welche dieser Form der sozialen Organisation anhängen.

Insofern die Wissenschaft eine Konstruktion des Menschen ist, unterliegt sie dem menschlichen Gebrauch ebensosehr wie jede andere technologische Entwicklung. Aber „Gebrauch" bringt, leider, Mißbrauch und Mißhandlung mit sich. Die Wissenschaft als eine besondere Wesenheit zu betrachten, wie es in den meisten der verbreiteten Unterscheidungen zwischen „reiner" und „angewandter" Wissenschaft geschieht, und sie dann, in der Absicht, sie moralischen Idealen zu unterwerfen, für soziale Mißstände wie wirtschaftliche Diskrepanzen und Kriegszerstörung verantwortlich zu machen, bringt keinen wirklichen Gewinn. Im Gegenteil, es hält uns davon ab, unser Wissen und unsere tüchtigsten Beobachtungsmethoden für die Erledigung der Arbeit zu gebrauchen, die zu verrichten sie imstande sind. Diese Arbeit besteht in der Förderung einer wirkungsvollen Voraussicht der Folgen gesellschaftlicher Politiken und institutioneller Arrangements.

Literaturverzeichnis

Ayres, Clarence Edwin. Science: The False Messiah. Indianapolis: Bobbs-Merrill Co., 1927.

Carlyle, Thomas. The Works of Thomas Carlyle. Vols. 1 and 8. New York: John B. Alden, 1885.

Cooley, Charles Horton. Social Organization: A Study of the Larger Mind. New York: Charles Scribner's Sons, 1909.

Hayes, Carlton J. H. Essays on Nationalism. New York: Macmillan Co., 1926.

Hocking, William Ernest. Man and the State. New Haven: Yale University Press, 1926.

Hudson, William Henry. A Traveller in Little Things. New York: E. P. Dutton and Co., 1921.

Hume, David. A Treatise of Human Nature: Beeing an Attempt to Introduce the Experimental Method of Reasoning into Moral Subjects. London: John Noon, 1739.

James, William. The Principles of Psychology. 2 vols. New York: Henry Holt and Co., 1893.

Lippmann, Walter. The Phantom Public. New York: Harcourt, Brace and Co., 1925.

Lippmann, Walter. Public Opinion. New York: Harcourt, Brace and Co., 1922.

Locke, John. An Essay concerning Human Understanding. 2 vols. Oxford: At the Clarendon Press–, 1894.

Macaulay, Thomas Babington. Essays, Critical and Miscellaneous. New York: D. Appleton and Co., 1879.

Mill, James. Essays on Government, Jurisprudence, Liberty of the Press, and Law of Nations. London: J. Innes, 1825.

Mill, John Stuart. A System of Logic, Ratiocinative and Inductive; Being a Connected View of the Principles of Evidence, and the Methods of Scientific Investigation. New York: Harper and Bros., 1850.

Santayana, George. The Life of Reason; or, The Phases of Human Progress. Vol. 5. New York: Charles Scribner's Sons, 1905.

Smith, Adam. The Wealth of Nations. New York: P. F. Collier, 1902.

Smith, Thomas Vernor. The Democratic Way of Life. Chicago: University of Chicago Press, 1926.

Tocqueville, Alexis de. Democracy in America. Translated by Henry Reeve. New York: Adlard and Saunders, 1838.

Wallas, Graham. The Great Society: A Psychological Analysis. New York: Macmillan Co., 1914.

Wilson, Woodrow. The New Freedom: A Call for the Emancipation of the Generous Energies of a People. New York: Doubleday, Page and Co., 1913.

Editorische Notiz

Die Übersetzung von *Practical Democracy* und *The Public and Its Problems*, einschließlich der *Introduction* von 1946, beruht auf der Gesamtausgabe: John Dewey, *The Later Works*, 1925-1953, Vol. 2: 1925–1927. Edited by Jo Ann Boydston. Carbondale and Edwardsville, Southern Illinois University Press, 1984.

Der Übersetzung des Vorwortes von 1927, des detaillierten Inhaltsverzeichnisses und des Registers lag der Reprint John Dewey: *The Public and Its Problems*, Swallow Press (1927, 1946), Ohio University Press, Athens 1991 zugrunde. Das Register erfaßt nur den Text von *The Public and Its Problems*, ausschließlich der Einleitung von 1946; es ist nicht identisch mit den Registern von 1927 und 1984. Deweys Quellenangaben sind an Hand der Zitierliste der Gesamtausgabe ergänzt; soweit ermittelbar wurden vorliegende deutsche Übersetzungen verwendet. Die in der Gesamtausgabe (S. 480–481) verzeichneten abweichenden Zitierungen Deweys sind zum Teil durch eckige Klammern bzw. Fußnoten ausgewiesen. Das Literaturverzeichnis beruht auf der „Checklist of Dewey's References" (ebenda S. 405 – 410).

Die Texte der Gesamtausgabe und des Reprints gehen auf folgende Erstveröffentlichungen zurück:

Practical Democracy in: *The New Republic*, 45 (2 December 1925): 52-54.

The Public and Its Problems: New York, Henry Holt and Company, 1927.

Introduction [1946] in: *The Public and Its Problems: An Essay in Political Inquiry*, Chicago, Getaway Books, 1946: iii-xi.

Nachwort

Begegnet einem heute im Alltag das Stichwort der Öffentlichkeit, fallen einem zunächst Massenmedien wie der Rundfunk, das Fernsehen und die Druckmedien der Bücher und Zeitungen ein. Diese Medien ermöglichen eine Kommunikation, die anderenfalls infolge räumlicher und zeitlicher Distanzen nicht zustande käme. Die Abwesenden werden dank technischer und symbolisch wirksamer Mittel in Anwesende verwandelt. Auch assoziieren wir mit dem Schlagwort der Öffentlichkeit den Unterschied zwischen Öffentlichem und Privatem. Manchmal wünschte man sich, daß dieser oder jener Korruptionsverdacht im privaten Bereich einer öffentlichen Person besser recherchiert worden wäre. Bei der nächsten Sendung, die jemanden der Werbequote zuliebe in einen gläsernen Menschen verwandelt, ahnt man aber auch, wie würdelos dies ist.

Gab es Öffentlichkeit vor der Verbreitung der Massenmedien, und wird es sie nach dem absehbaren Rückgang des Einflusses der bisher bekannten Formen solcher Medien noch geben? Öffentlichkeit könnte im Internet der Datenautobahnen verschwinden oder in ungekanntem Maße auferstehen. Und vor der Einführung der Massenmedien scheint Öffentlichkeit daran gebunden gewesen zu sein, daß sich ihre Akteure zur gleichen Zeit an ein und demselben Ort mit Haut und Haaren versammelt haben, sei es im Amphitheater oder auf dem Marktplatz, sei es im Rathaus, der Kirche oder in einem Salon. Heute werden selbst die Rudimente solcher räumlich-zeitlichen Anwesenheit häufig für das Fernsehen inszeniert, sei es als Krieg oder Naturkatastrophe, sei es als Gerichtsverhandlung, Parlamentssitzung oder Demonstration. Hat all dies in der ersten Realität, der von Angesicht zu Angesicht, tatsächlich stattgefunden, oder wurde es – noch keimfrei und geruchlos – nur in der zweiten Realität symbolischer Medien simuliert?

Ebenso wie der mediale Inhalt der Vorstellung von Öffentlichkeit unterliegt auch die Unterscheidung zwischen Öffentlichem und Privatem in der Geschichte starken Veränderungen. Gab es diesen Unterschied überhaupt schon für Menschen, die in sakralen Zeremonien vergangener Kulturen als Opfer dargebracht wurden oder im Römischen Reich als Sklaven zur Unterhaltung launischer Tyrannen in den Löwenkäfig mußten? Und, um einen umgekehrten Extremfall zu erwähnen: An wieviel Öffentlichkeit müßten noch ökonomisch reiche und informell mächtige Menschen, die alle möglichen Bedürfnisse durch ihre Privatisierung äußerer Ressourcen befriedigen können, interessiert sein? – Wie jung doch die heute vertraute Vorstellung ist, die Öffentlichkeit könnte und müßte als eine der gewaltenteiligen Mächte der modernen Gesellschaft fungieren! Und offenbar gerade dann, wenn diese Erwartung an die Öffentlichkeit stabilisiert wurde, werden die Grenzen zwischen Öffentlichem und Privatem höchst umstritten:

Eine neue Verteilung der Beweislasten wird gefordert, um den Umweltschutz effektiv betreiben, eine soziale Grundsicherung für alle einführen oder die kulturelle Identität von Gemeinschaften bewahren zu können. Für neue Wachstumsindustrien, Verfahren und Produkte soll möglichst vor deren Einführung, d. h. bevor ihre möglichen Konsequenzen in der Zukunft eingetreten sein können, der Beweis ihrer ökologischen, sozialen und kulturellen Verträglichkeit erbracht werden. Da die Realisierung dieser Forderung Innovationen unmöglich machen könnte, gibt es seit den 80er Jahren neue Gegenbewegungen für Deregulierungen, Privatisierungen und Innovationsförderungen. Worin besteht historisch das richtige Maß, Vorgänge als private oder öffentliche zu begreifen und damit in der Konsequenz die Verteilung von Beweislasten, Freiheiten und Pflichten, Steuerungsgrenzen und Regulierungsnöten zu ordnen?

Stehen wir womöglich an einer grundsätzlichen Schwelle zu einer neuen Gesellschaft, da nicht nur die technologischen Vermittlungspotentiale zur Erzeugung neuer Realitäten taugen, sondern auch noch die Referenz von Steuern und Abgaben, dem traditionell wichtigsten Umverteilungsmittel, geändert werden könnte? Die Umstellung dieser Referenz von Arbeit und Kapital auf ökologisch und soziokulturell wahrscheinliche Folgekosten klingt so utopisch nicht. Angenommen, eine derart strukturelle Vorsorge für die künftige Reproduzierbarkeit menschlicher Lebenswelten sei nötig, wie läßt sie sich so implementieren, daß nicht die heute nötige Neuproduktion in lauter bürokratischer Fürsorge für eine vermeintliche Zukunft untergeht?

John Dewey[1] (1859–1952), der nach Charles Sanders Peirce (1839-1914) und William James (1842–1910) bekannteste Vertreter der amerikanischen Philosophie des Pragmatismus, stand in den 20er Jahren vor einer ähnlichen Herausforderung, wie sie die oben, wohl in seinem Geiste formulierten Fragen heute beinhalten. Die Vereinigten Staaten von Amerika waren nach dem ersten Weltkrieg zur führenden Industriemacht und dem mächtigsten Staat der Erde aufgestiegen. Das weltgeschichtlich unglaubliche Experiment, Abermillionen von Einwanderern aus verschiedenen Gesellschaften und Kulturen in zweiter und dritter Generation zu integrieren, war gelungen, allerdings um den Preis der Gefahr, daß die Pluralität der Kulturen im Schmelztiegel des Marktes untergehen würde. Im Vergleich mit Europa und insbesondere Deutschland hatten sich die amerikanische Demokratie und kulturelle Vielfalt bewährt, wenngleich um den Preis des Rückgangs der früher stark dezentralen Selbstverwaltung von lokalen Gemeinschaften zugunsten der Zentralisierung des Bundesstaates, der außenpolitisch gesehen dem gegründeten Völkerbund nicht beitrat und eine Politik des sogenannten „Isolationismus“ einschlug. Obgleich das Jahrhundert bereits amerikanisch zu werden versprach, waren die Vereinigten Staaten selbst mit den sozial und kulturell kontrastreichen Folgen ihrer Industrialisierung und ihrer inzwischen immer repräsentativer werdenden Demokratie konfrontiert. Der „New Deal“ im Sinne des Übergangs zum wohlfahrtsstaatlichen Regulierungsversuch der Marktwirtschaft begann erst in den 30er Jahren.

Dewey hatte schon 1894 bis 1904 an der Universität von Chicago die teilweise katastrophalen Folgen der kapitalistischen Urbanisierung in diesem industriellen Ballungsgebiet kennengelernt und eine umfassende Bildungsreform konzipiert, darunter dort mit der nach ihm benannten neuen Schulform experimentiert. 1904 bis 1930, dem

1 Vgl. zum historischen Kontext von Deweys Arbeit an *The Public and Its Problems* die auch insgesamt vorzügliche Intellektualgeschichte von Robert B. Westbrook, *John Dewey and American Democracy*, Ithaca/London, Cornell University Press, 1991, S. 293-321. Vgl. zur systematischen Bedeutung von Deweys Werk Hans Joas, *Die Kreativität des Handelns*, Frankfurt a. M., 1992, S. 203-230

Jahr seiner Emeritierung, hatte er den Lehrstuhl für Philosophie an der Columbia University in New York City inne. Sein Ruf als Sozialreformer und liberal engagierter Intellektueller verbreitete sich über die akademischen Grenzen hinaus. Nachdem sich Dewey längst auch als Erkenntnistheoretiker, Ethiker und Sozialphilosoph einen Namen gemacht hatte, bündelte sich für ihn die Reflexion auf die Folgen der amerikanischen Industrialisierung und Demokratisierung in der Problematik moderner Öffentlichkeit.

Auslöser war das von Walter Lippmann 1925 publizierte Buch *Das Phantom Öffentlichkeit*, das eine Generalabrechnung mit den bisherigen Demokratietheorien enthielt. Diese mußten laut Lippmann, um an dem legendären Gedanken der Volksherrschaft festhalten zu können, unrealistisch eine Art „omnikompetentes Individuum“ als modernen Bürger unterstellen und der Öffentlichkeit die Verwirklichung des Demokratieideals aufbürden. Die idealisierte Öffentlichkeit würde aber zu einer Art Phantom, während die empirisch vorhandene Vielzahl von Öffentlichkeiten lokal zerstäubte oder real anders als vom Ideal gefordert funktionierte. Dewey respektierte Ende 1925 in seiner Rezension dieses Buches alle wesentlichen Einwände Lippmanns gegen die bisherigen Demokratietheorien und hielt bereits im Januar 1926 am Kenyon College, Ohio, eine Reihe von Vorlesungen, die er zu dem Buch *Die Öffentlichkeit und ihre Probleme* überarbeitete, das er 1927 publizierte.

Es war ein für die moderne Sozial-, Politik- und Kulturphilosophie schon klassisch zu nennender Text entstanden, der hier in deutscher Erstausgabe erscheint. Problemgeschichtlich ist Deweys Ansatz am ehesten mit Helmuth Plessners Buch *Grenzen der Gemeinschaft. Eine Kritik des sozialen Radikalismus* (1924) vergleichbar. An Plessner knüpften auf verschiedene Weise die beiden nach dem zweiten Weltkrieg in der Philosophie bekanntesten Bücher zum Thema moderner Öffentlichkeit an, nämlich einerseits Jürgen Habermas' *Strukturwandel der Öffentlichkeit. Untersuchungen zu einer Kategorie der bürgerlichen Gesellschaft* (1962), und andererseits Richard Sennetts *Verfall und Ende des öffentlichen Lebens. Die Tyrannei der Intimität* (1974). Die beiden umstrittensten Wiederbelebungsversuche der Philosophie Deweys stammen in den USA seit den 80er Jahren von Richard Rorty und Hilary Putnam, die aber bisher weder Deweys Öffentlichkeitskonzeption elaborieren noch Plessners Parallelwerk kennen.

Dewey und Plessner inaugurierten – unabhängig voneinander und doch in einer Art von amerikanisch-europäischer Komplementarität – bereits in den 20er Jahren einen neuen philosophischen Liberalismus. Dieser Liberalismus historisiert den ökonomischen Besitzindividualismus und die negativen Freiheitsrechte des Bürgers im rechtsformalen Sinne. An die Stelle der Konstruktion eines Naturzustandes und von Naturrechten in der Entstehung der Moderne tritt der Fokus des Öffentlichkeitsproblems, wie es sich anhand der Folgen einer nationalstaatlich bereits modernisierten Industriegesellschaft darstellt. Dewey zieht diese kritische Lektion aus der die lokalen Gemeinschaften zerstörenden Kehrseite der Erfolgsstory amerikanischer Vergesellschaftung, Plessner in Verteidigung der westlich zivilisierten Gesellschaft und personalen Würde vor dem in Europa, vor allem in Deutschland, im Namen von Existenzgemeinschaften tobenden Weltanschauungskrieg.

Sieht Dewey den Ausgangspunkt von Öffentlichkeit im Problem indirekter Handlungsfolgen anderer für einen selbst, so Plessner in gesellschaftlichen (wertfernen) im Unterschied zu gemeinschaftlichen (wertnahen) Interaktionen. Hatte Hegel noch *Geist* genannt, was im Anderssein bei sich selbst zu bleiben vermag, und für das Gelingen dieser Versöhnung die kulturgeschichtliche Tradition des Absoluten bemüht, war nun statt der identitätssichernden Zuordnung die Differenz zwischen menschlichen Individuen, Gemeinschaften und Gesellschaften unaufhebbar geworden. Der offene Ausgang solcher Differenzen verlangt nach ihrer Bestimmbarkeit und Bestimmung in Prozessen öffentlicher Kommunikation. Das menschliche Individuum wird so nicht mehr als eines gedacht, das seine Identität durch ausschließende Subsumtion entweder unter diese Vergemeinschaftungsform oder jene Vergesellschaftungsform gewinnt. Vielmehr gerät es im Maße seiner Möglichkeiten, an verschiedenen Interaktionsformen partizipieren zu können, in eine plurale Herausforderung, die seine lebensgeschichtliche Selbstbildung ständig problematisiert, wofür es der stets erneuten Ausbalancierung seiner privaten und öffentlichen Selbstverständigung bedarf. Ebenso wie das Individuum mehrfach in verschiedenen Rollen, Funktionen oder Interaktionsformen als Problem seiner selbst vorkommt, wird die Gesellschaft als eine Wesens- oder Substanzbestimmung aufgelöst in eine prinzipiell unaufhebbare Vielfalt von Vergemeinschaftungs- und Vergesellschaftungsformen. Deren prozessuale Zuordnung hört nicht auf, sondern hält durch allen pragmatischen Aufschub hindurch als das wieder zu eröffnende Problem die Moderne in Gang.

Die amerikanische Philosophie des Pragmatismus bricht mit den absolutistischen Positionen der Weltauslegung, die in einer plural zu verfassenden Gesellschaft einen monopolisierenden Effekt zeitigen können, der praktisch die Gefahr heraufbeschwört, den alttestamentarischen Kampf des *Aug' um Auge* und des *Zahn um Zahn* von neuem in Gang zu setzen. Eine sich von vornherein selbst privilegierende Interpretation der Welt mag ihren Anhängern die Existenz auserwählter Gesinnungstiefe versprechen, aber sie entbehrt der Eröffnung von Lernschleifen mit fremden Weltzugängen; und am fremdesten können wir uns bekanntlich selbst werden. Pragmatistische Philosophie kritisiert den traditionellen Standpunkt, daß unsere Begriffe das historisch unveränderliche Wesen der bloß empirisch wechselnden Erscheinungen widerzuspiegeln hätten. Verstehe man dieses Wesen nun materialistisch oder idealistisch: Es ist in der Vergangenheit oder bestenfalls vollendeten Gegenwart schon immer *gewesen*, wie bereits Hegel schrieb. Die gemeinsame Zukunft der für einander Fremden, die sich nicht assimilieren müssen, also Andere bleiben dürfen, müsse pragmatistisch gesehen keiner Vergangenheit geopfert werden. Menschliches Leben habe – gerade eingedenk seiner Endlichkeit und Fehlbarkeit – die Würde zum Neuanfang.

Als Begriff zählt im pragmatistischen Sinne, was in der künftigen Praxis heute abschätzbar einen Unterschied machen wird. Dieser Umgang mit Begriffen, so Peirce, erfordere die Entdeckung und Erfindung eines *konjunktivischen Seins*, das kein platonischer Ideenhimmel im gewöhnlichen Sinne ist. Im Unterschied zu dem, was ist, welches im Indikativ ausgedrückt wird, und dem, was getan werden muß, welches im Imperativ gefordert wird, erschließen wir im Konjunktiv der Sprache die Möglichkeiten, die unter bestimmten Bedingungen sein würden, müßten, sollten oder könnten. Das konjunktivische Sein fungiert im Pragmatismus als Mittel, um die in der Zukunft verwirklichbaren Kontingenzen aufdecken zu können, deren Realisierbarkeit sich aber heute erst mit bestimmter Wahrscheinlichkeit schätzen läßt. Damit grenzt sich die von Peirce entwickelte pragmatistische Methode doppelt ab: Der alte mechanische Determinismus kannte nicht das pragmatistische Problem, mit Kontingenzen antizipatorisch umgehen zu müssen, um eine keineswegs gleichgültige Zukunft gestalten zu können. Für ihn war die Welt noch immer vorherbestimmt. Aber andererseits meint der pragmatistische Konjunktiv auch kein ohnmächtiges Sollen und keine rein gedankenspekulative Möglichkeit ohne Rücksicht auf die wirkungsmächtigen Handlungsbedingungen. Vielmehr geht es im Pragmatismus um eine moderne Fassung des biblischen Spruches *An ihren Früchten werdet Ihr sie erkennen*, um im Turmbau zu Babel dem Sprachgewirr entkommen zu können.

Begriffe im pragmatistischen Sinne eröffnen solche Handlungsmöglichkeiten, die künftig allgemein beobachtbare und daher auch allgemein beurteilbare Resultate zeitigen. Es geht in der pragmatistischen Orientierung um die Konsequenz des Handelns, auch zu tatsächlichen Resultaten in der widerständigen Wirklichkeit zu führen. Die im Pragmatismus enthaltene Kritik an idealistischer Selbstbestätigung, an der Immanenz des Bewußtseins, ist häufig als Behaviorismus mißverstanden worden. Durch die Betonung der für alle beobachtbaren und daher auch für alle beurteilbaren Handlungsresultate optiert der Pragmatismus dafür, sich dem hermeneutischen Zirkel des sich schon immer selbst verstehenden Akteurs zu entwinden. Solange der Handelnde dem Zirkel seines Selbstverständnisses ausgeliefert bleibt, kann er sich für fremde Handlungsgewohnheiten nur beschränkt öffnen und insofern auch seine eigenen Handlungsgewohnheiten nur schwer als auch anders mögliche begreifen. Führen Handlungen jedoch zu öffentlich austauschbaren Konsequenzen, die auch für Fremde wahrnehmbar, ausprobierbar und damit beurteilbar werden, eröffnen sich für Andere nicht minder als für einen selbst neue Möglichkeiten, ein an Erfahrungen reicheres Selbst ausbilden zu können.

Dewey nannte seine Variante der pragmatistischen Methode in Ermangelung eines besseren Wortes *Instrumentalismus* oder zuweilen auch *Experimentalismus*, was leider die häufige Fehlinterpretation begünstigte, es handele sich beim Pragmatismus um eine utilitaristische Instrumentierung oder Experimentalisierung von allem. Von Dewey gemeint war indessen, aus der Erfolgsgeschichte der modernen Naturwissenschaft einen Aspekt für die Gestaltung anderer soziokultureller Prozesse zu lernen. Die moderne Naturwissenschaft beobachtet zwar, aber nicht mehr auf die passive und in sich selbst versunkene Weise früherer Kontemplation, sondern auf die aktive Weise, ihre eigenen Ideen als Hypothesen zu instrumentieren, bis sich die Konsequenzen dieser Hypothesen auch in der technologisch vermittelten Interaktion mit Gegenständen experimentell überprüfen lassen. So könne bloßer Meinungs- oder Glaubensstreit immerhin zum Streit zwischen Überzeugungen in der Prozedur der Wissenschaft qualifiziert werden, ohne diesem methodischen Vorbild der Wissenschaft die Rolle Gottes zu übertragen. Bereits Peirce hatte auch für die *scientific community* grundsätzlich Fehlbarkeit in Anschlag gebracht, ohne deshalb die prozedurale Überlegenheit der Wissenschaft über traditionale Meinungs- und Glaubenskämpfe zu übersehen, eine Überlegenheit, die gerade in der innovationsfördernden Verteilung von Anspruchsmöglichkeiten und Beweislasten besteht.

Die Übertragbarkeit des methodischen Vorbilds der Naturwissenschaften hat Grenzen. Dewey selbst kritisiert den physikalischen Absolutismus auf das schärfste. Natürlich wußte er, zumal als früher und guter Kenner der Philosophien von Kant, Schelling und Hegel, um die Schwierigkeiten der Humanwissenschaften im Unterschied zu den klassischen Wissenschaften von der äußeren unbelebten Natur. Die Erkenntnisobjekte der Humanwissenschaften haben selbst auch Subjektcharakter, d. h. ein Freiheitsmaß, das kulturell zu standardisieren und sozialwissenschaftlich zu berechnen Grenzen hat, und eine Würde, die es zu respektieren gilt. Dewey war klar, daß sich Kultur für ihre Teilnehmer nicht vollständig hypothetisieren oder Geschichte und Gesellschaft nicht realiter für die Betroffenen einfach wie ein Laborexperiment einrichten lassen, es sei denn zeitweilig um den Preis einer totalitären Ordnung, den zu zahlen Dewey zeitlebens bekämpft hat.

Die funktionale Rolle des Experiments übernimmt in den Sozial- und Geisteswissenschaften die *Kommunikation*, weshalb man Deweys Pragmatismus besser einen *kommunikationsorientierten Funktionalismus* von innovativen Zwecksetzungen heißen sollte. Funktionalisiert wird nach Zwecksetzungen, die selbst erst im Kommunikationsprozeß entstehen und Menschen letztlich nach ästhetischen Kriterien erfahrungsreicher machen (vgl. sein Buch *Experience and Nature* von 1925). Deweys Instrumentalismus wäre ohne Peirces Semiologie eines konjunktivischen Seins oder ohne die Kommunikationskonzeption von Deweys langjährigem Freund George Herbert Mead (1863–1931), die er beide wie selbstverständlich voraussetzt, leicht in einen Selbstwiderspruch geraten. Dank der Kommunikation können Kultur- und Sozialwissenschaften historische Kultur- und Sozialprozesse so untersuchen, als *ob es* sich um die Hypothetisierung einer kulturellen Ideenwelt handeln *würde* und *als ob* es sich um die technologische Erzeugung neuer Dimensionen der Beobachtbarkeit und Überprüfbarkeit drehen *würde*. Die Realisierung solcher im Konjunktiv erschlossenen Potentiale hängt dann vom öffentlichen Prozedere einer stets von neuem zu demokratisierenden Gesellschaft ab, weder also vom Populismus massenhafter Vorurteile noch von einer Expertokratie.

Ist funktional an die Stelle des naturwissenschaftlichen Experimentes in den Kultur- und Sozialprozessen erst einmal die Kommunikation getreten, wird der Unterschied zwischen privater und öffentlicher Kommunikation zur Kardinalfrage moderner Gesellschaften und Kulturen einschließlich aller Wissenschaftszweige. Deweys Büchlein über die *Öffentlichkeit und ihre Probleme* ist auch in der Entwicklung seiner eigenen Philosophie zu einem Meilenstein geworden. Es bereitet sein größtes und noch immer kaum beachtetes Spätwerk *Logic. The Theory of Inquiry* (1938) vor, in welchem keine formale Logik behandelt wird. Dewey entfaltet hier die pragmatistische Methode für die Lösung problematischer Situationen auf seine reifste Weise, nämlich als einen historisch in Phasen und sachlich nach Funktionen gegliederten Prozeß der öffentlichen Untersuchung. Sein neues Paradigma der Untersuchung (Inquiry) vereinigt den alten Gedanken vom funktionalen Muster naturwissenschaftlicher Verfahren mit den äquivalenten Vorzügen öffentlicher Untersuchungen, wie sie in der Legislative Juridikative und Exekutive einer modernen gewaltenteiligen Demokratie möglich werden, sofern diese durch eine öffentliche Kommunikation vermittelt würde.

Was bleibt aus Deweys Problematisierung der Öffentlichkeit nach sieben Jahrzehnten für die heutige Diskussion aktuell? Seine Originalität besteht in der Art und Weise, wie er die Unterscheidung zwischen Öffentlichem und Privatem ansetzt und mit welchen Konsequenzen er sie, vor allem im Hinblick auf das Staatsverständnis, durchführt.

Für Dewey können sich all jene zu einer Öffentlichkeit assoziieren, die von indirekten Handlungsfolgen auf eine problematische Weise betroffen werden, sei es in dem Sinne problematisch, daß diese indirekten Folgen einer systematischen Förderung, sei es in dem Sinne, daß sie einer systematischen Hemmung bedürfen. Damit scheiden zunächst die direkten Handlungsfolgen als thematische Kandidaten für die Bildung von Öffentlichkeit aus. Was zwischen den Partnern von Interaktionen direkt zu beobachten, zu beurteilen und im Bedarfsfalle auch zu regulieren ist, kann und sollte ihnen privat anheimgestellt bleiben, also keiner öffentlichen Vermittlung unterworfen werden. Indirekte Folgen können nicht nur Handlungen im engeren Sinne haben, bei denen dem Akteur Ziel Mittel und wenigstens die direkten Folgen bewußt sind, sondern auch Inaktivität und Unachtsamkeit bis zur Fahrlässigkeit. Da im Falle indirekter Folgen die Betroffenen nicht direkte Interaktionspartner der Handelnden sind, besteht das erste Problem einer Öffentlichkeit für Dewey darin, die indirekten Konsequenzen als solche überhaupt erst wahrnehmbar zu machen. Ihre Wahrnehmung eröffne die Möglichkeit, sie auch beurteilen, vor allem das Ausmaß ihrer Problematik für die Betroffenen abschätzen und damit deren gemeinsames Interesse definieren zu können. Die indirekt und problematisch Betroffenen beobachten die Folgen zunächst jedoch als solche eines Verhaltens. Es gibt also eine – für die Entstehung von Öffentlichkeit charakteristische – Schere zwischen Verhalten und Handeln, bis die beobachtbar gemachte Problematik von Verhaltensresultaten durch den öffentlichen Prozeß der Beurteilung hindurch als indirekte Handlungsweise bestimmten Akteuren zugeordnet werden kann.

Man könnte diesen Aspekt in Deweys Konzeption der Öffentlichkeit ihre aufklärerische Funktion nennen, die darin besteht, die für Betroffene problematischen Phänomene beobachtbar und wenigstens hypothetisch als indirekte Konsequenzen zuordenbar werden zu lassen. Dabei hebt Dewey hervor, daß eine derartige Aufklärung in modernen funktionsteiligen Gesellschaften nur unter Einschluß expertenkultureller Beratung, insbesondere wissenschaftlicher Expertisen, für die öffentlich assoziierten Bürger erfolgen kann. Deweys moderner Öffentlichkeitsbegriff bedeutet einen Austauschprozeß zwischen Laien- und Expertenkulturen, der der Auflösung von Privatem in eine vorurteilsreiche Scheinöffentlichkeit vorbeugt und der mehr als die Äußerung bloßer Vermutungen, Verdächtigungen oder Bekenntnisse ermöglicht, nämlich die Erfüllung der genannten aufklärerischen Nachweispflicht.

Verlangt das problematische Ausmaß indirekter Folgen deren systematische Behandlung, sei es ihre Förderung oder sei es ihre Unterbindung, muß sich für Dewey die Öffentlichkeit selber praktisch organisieren, um praktisch etwas bewirken zu können. Sie nehme erst insofern einen *politischen* Charakter an. Eine derart praktisch effektive Organisationsform von Öffentlichkeit, die sowohl nach innen im Hinblick auf die Betroffenen als auch nach außen hinsichtlich anderer regelorientiert, d. h. systematisch, zu wirken vermag, nennt Dewey *Staat*, den er keineswegs mit *Regierung* verwechselt. Die im weiten Sinne staatliche Organisationsform der Öffentlichkeit stelle in sich ein Problem sui generis dar, dem man nach den bisherigen Quasi-Experimenten am besten durch Gewaltenteilung begegnen könne, in deren Rahmen dann eine Regierung die Funktion der Exekutive ausübt.

In diesem Übergang von der Öffentlichkeit zum Staat im weiten Sinne des überhaupt Politisierbaren, nicht im engeren Sinne einer bestimmten Politik, liegt Deweys wichtigste theoriestrategische Innovation. Der Übergang von der Öffentlichkeit zum Staat ermöglicht Dewey eine durchgängige Kritik an anderen Zugängen zum Staatsthema, nämlich einerseits an theorielosen empiristischen Zugriffen und andererseits an den Ableitungen des Staates – im schon engeren Sinne einer das Gewaltmonopol exekutierenden Regierung – aus einem *Naturzustand*. Empirisch wird häufig von dem Handgreiflichsten ausgegangen, eben den bereits staatlich institutionalisierten Formen des Regierens, die sich allerdings räumlich und zeitlich ändern, wodurch die ihnen angedichtete Selbstverständlichkeit problematisch werde. Wolle man nicht nur von einer historisch-empirischen Beschreibung zur nächsten eilen, sondern auch erklären, warum und wie der historisch-empirisch beschreibbare Wechsel statthat, müsse man rekonstruieren, auf welches Problem indirekter Folgen (Konstitutionsproblem der Öffentlichkeit) und in welchem historisch-praktischen Bewertungsgefüge (Problem der politischen Selbstidentifikation der Öffentlichkeit) die empirisch beschriebenen Institutionen antworten. Die Naturrechtstheorien stellen für Dewey eine vorschnelle und zudem scheinbare Antwort auf die Frage dar, welcher Problemlösung die empirisch immer gerade vorgefundenen Regierungsinstitutionen dienen. Gleich, ob der Naturzustand wie in der Tradition von Thomas Hobbes nach dem Muster einer pessimistischen oder in der Tradition von Jean-Jacques Rousseau nach dem Muster einer optimistischen Anthropologie konstruiert werde, die Annahme eines Naturzustandes verdeckt für Dewey die Frage, welchem Problem indirekter Folgen in welchem historischen Urteilsgefüge die Regierungseinrichtungen entsprechen oder widersprechen.

In der Organisation der Öffentlichkeit als Staat erkennt Dewey das zweite große Problem moderner Öffentlichkeiten. Einerseits könne die Legitimität staatlicher Einrichtungen, ihrer Befugnisse und Grenzen, ihrer Angemessenheit für nur regelungsbedürftige und zugleich nur regelungsfähige Probleme indirekter Art, unter modernen, d. h. kulturell pluralen Bedingungen allein durch Öffentlichkeit entstehen und bestimmt werden. Aber andererseits bedürfe die Öffentlichkeit, um sich über kulturellen Austausch und opake Formen der Bürgerassoziation hinausgehend stabilisieren zu können, staatlicher Organisationsformen, die die Identifikation der Öffentlichkeit auf dem Umweg der Differenz zu anderen mit sich selbst gestatten, praktische Effizienz erlauben und eine *Interkommunikation* mit Außenstehenden ermöglichen, wodurch ein weiterer Lernprozeß einsetzen kann.

Dewey interpretierend könnte man sagen, daß eine Öffentlichkeit die Schwelle ihrer Politisierung insofern erreicht, als die Zwischenresultate ihrer aufklärerischen Funktion praktisch bewertet werden müssen, wofür es eines Streites über die angemessenen Kriterien bedarf. Und sie erreicht die Schwelle ihrer im weitesten Sinne staatsförmigen Organisation insofern, als die strittigen Politiken wie experimentell-hypothetische Lösungsvorschläge für das anstehende Problem behandelt werden, wofür ein institutionell geregeltes Verfahren von Möglichkeiten zur praktischen Selbstkorrektur nötig ist.

Die unvermeidliche Institutionalisierung der Öffentlichkeit berge die bekannten Gefahren in sich, den Selbstlauf der Institutionen gegenüber ihrem öffentlichen Auftrag und die Bildung der Eigeninteressen staatlicher Vertreter gegenüber allen anderen Bürgern. Bei der Bewältigung dieser Gefahren helfen gewöhnlich die Gewaltenteilung zwischen Gesetzgebung, Regierung und Rechtssprechung, wodurch sich die verschiedenen Staatsorgane gegenseitig kontrollieren können, der Druck zur Rechenschaftslegung dieser Organisationen in der Öffentlichkeit und die politische Selbstorganisation der Öffentlichkeit im Hinblick auf die Besetzung repräsentativer Funktionen.

Originell wird Dewey hier erst wieder dadurch, daß er diese Vermittlungsschritte als Formierungsphasen eines öffentlichen Experimentalprozesses versteht, in welchem das, was man in der Öffentlichkeit legitimerweise Staat nennen kann, stets von neuem entdeckt und erfunden werden muß, um als Mittel für die Lösung des Problems indirekter Konsequenzen taugen zu können. Ließen sich die schon regulierenden Aktivitäten des Staates nicht nochmals ihrerseits im Prozeß moderner Demokratie als einer Serie öffentlicher Experimente regulieren, könnten laut Dewey keine Gewohnheiten der Loyalität und Folgsamkeit legitimiert und habitualisiert werden. Es müßte ein dementsprechend im Ganzen blinder, letztlich auf vergängliche Gewalt setzender Naturprozeß entstehen, wie wir ihn aus der Geschichte von Stagnationen und Untergängen, Revolutionen und Konterrevolutionen zur Genüge kennen.

Wir haben nunmehr jenen Punkt erreicht, an welchem es gilt, Deweys bislang funktionale – oder wie er auch sagt: formale – Bestimmung von Öffentlichkeit und Staat als Hypothese am historischen Material zu erproben und auszuarbeiten. Dewey kritisiert gleich zu Anfang seines Büchleins den Fehler, Hypothesen in metaphysische Wesenheiten zu verwandeln, also im vorliegenden Falle etwa zu meinen, *das* Wesen *der* Öffentlichkeit und *des* Staates schlechthin bestimmt zu haben. Dies verleite zu endlosen und fruchtlosen Diskussionen darüber, ob dieses Wesen denn nun bestimme, wie die Öffentlichkeit und der Staat sein *sollen*, oder ob es bestimme, wie die Öffentlichkeit und der Staat im kausalen Sinne die historischen Erscheinungen bewirkend *sind*. Man habe dadurch, daß man dem zu beurteilenden Phänomen eine Wesenheit unterstelle, nichts gewonnen, solange sich dadurch nicht die Erfahrung des Phänomens ändere. Zudem glaubt Dewey nicht an die *Trennbarkeit* normativer und kausalontologischer Fragen im Falle sozialwissenschaftlicher und insbesondere politischer Fakten, die wir unvermeidlich schon immer im Lichte unserer Wünsche wahrnehmen und unserer Werte beurteilen. Insofern sich beide Fragen *unterscheiden* lassen, so nicht metaphysisch *vor der* Erfahrung, sondern im vorläufigen *Resultat* von Untersuchungen.

Statt dem genannten metaphysischen *Dualismus* zu folgen, geht Dewey von einer historischen Erfahrung aus, um einen begrifflich mitteilbaren Aspekt derselben zu hypothetisieren und diese Hypothese in der Beschreibung und Erklärung einer *Pluralität* von historischen Erfahrungen zu erproben, d. h. auch gegebenenfalls zu korrigieren. Im vorliegenden Falle startete Dewey von dem noch heute mit ihm begrifflich teilbaren Aspekt einer historischen Erfahrung, daß wir uns nämlich selbst durch den Unterschied zwischen Handlungen und deren direkte oder indirekte Folgen verstehen, wobei wir uns im Falle eines problematischen Betroffenseins durch indirekte Konsequenzen auf eine öffentliche Suche nach ähnlich Betroffenen und nach Beobachtbarem begeben, um Beobachtetes hypothetisch zuordnen und gegebenenfalls durch eine politische, darunter staatsvermittelte Praxis als Problem lösen zu können. Dewey lehnt ein Apriori in dem Sinne von *vor aller und jeder Erfahrung* ab, respektiert es jedoch der Sache nach sehr wohl in dem historisch-genetischen Sinne, daß ein beschreibbarer Aspekt einer historischen Erfahrung zu einer Ermöglichungsbedingung weiterer historischer Erfahrung werden kann. Darin besteht der Sinn seiner Hypothetisierungen und Funktionalisierungen.

Was ermöglicht nun endlich Deweys Hypothese zu den Schwellen des Öffentlichen, Politischen und Staatlichen in der Erfahrung der ihm zeitgenössischen USA? – Auf den ersten Blick konnte der Kontrast zwischen begrifflicher Hypothese und dem, was vom Zeitgeist für empirisch plausibel gehalten wurde, kaum größer sein, und Dewey selbst arbeitet diesen Kontrast heraus:

Nichts stand nach Lippmanns zusammenfassendem Buch fester, als daß die Öffentlichkeit längst verschwunden sei, falls es sie je in Übergangszeiten gegeben habe. Vielleicht hatte sie nur in der dezentralen lokalen Entstehung der amerikanischen Demokratie eine Funktion, die nach der Durchsetzung der *Großen Gesellschaft* erloschen sei. Jedenfalls habe, und diese Zeitdiagnose stellt Dewey in den Vordergrund, die technologische Revolution aller Produktions- und Handelszweige im Gefolge der Dampfmaschine und der Einführung von Elektrizität und Telegraphie zu einer Gesellschaft industrieller

Massenproduktion und Massenkonsumtion einschließlich aller möglichen Unterhaltungsindustrien geführt. Die Öffentlichkeit der *lokalen Gemeinschaften* unterliege der Invasion durch die neuen, relativ unpersönlichen und mechanischen Kombinationsarten von Verhalteneinheiten. Die traditionalen Gemeinschaften zerstäubten in Individualatome, die in anonymen Großorganisationen auf funktionale Weise neu kombiniert würden, um im gesellschaftlichen Austausch profitable Resultate zu erzielen. Das früher lokale und darin selbstbestimmte Assoziationsniveau der Bürger werde gleichsam ersetzt durch ein mechanisch funktionales und darin fremdbestimmtes Kombinationsniveau in Wirtschaftsunternehmen. Letztere müßten sich auf dem nationalen, und dies heißt im Falle der USA: auf einem kontinentalen und globalen Markt behaupten, weshalb sie korporativ und informell an der nationalstaatlichen Machtkonzentration teilhaben wollten. Der Demokratie drohe nicht nur Gefahr von Diktaturen der Art Mussolinis oder Stalins her, sondern auch seitens eines Kapitalismus, der ohne öffentliche Kontrolle auch noch die Staatsvertreter korrumpiere.

Insofern schien empirisch keine Lösung in Sicht, die in der Richtung von Deweys Hypothese einer öffentlichen Regulierung der *Großen Gesellschaft* durch eine *Große Gemeinschaft* lag. Immerhin verdeutlicht Dewey zunächst aber, daß alles, was man diese *Große Gesellschaft* nenne, als das beste und massenhaft verbreitetste Exempel für das gelten könne, worin der Hypothese nach das Problem indirekter Handlungskonsequenzen und ihrer bloßen Beobachtbarkeit als Verhaltensresultate anderer bestehe. Als ein wichtiges Vermittlungsglied lasse sich inzwischen die mechanische Funktionalisierung von Handlungen als Verhaltenseinheiten in anonymen Großunternehmen ausmachen, was später auch Fordismus genannt wurde. Dewey gibt – über jüngste Wirtschafts- und Staatskrisen hinausgehend – den ersten Weltkrieg als das empirisch schlagendste Beispiel dafür an, wie die Schere zwischen dem selbstbestimmten Handlungsmodell (von Teilnehmern an einer Öffentlichkeit) und dem bloßen Verhaltensmodell (von institutionell fremdbestimmten Beobachtern) gesamtgesellschaftlich zu naturartigen Katastrophen bislang unbekannten Ausmaßes führt. Dewey fühlt sich auch im Vorwort zur zweiten Auflage seines Buches von 1946 in seiner Problemstellung des Defizits einer gesellschaftlich relevanten Öffentlichkeit durch den zweiten Weltkrieg bestätigt.

Es ist offenbar, und hier, in dieser negativen Formulierung, beginnt Deweys Hypothese wieder zu arbeiten, gerade das *Defizit* an öffentlicher Vermittlung zwischen Handeln und Verhalten, das die Empirie der Katastrophen erklärbar werden lassen könnte. Dabei weiß Dewey, daß es nach der großindustriellen Vergesellschaftung keine einfache Rückkehr zu *lokalen Gemeinschaften* mit vorindustrieller Agrarwirtschaft und Handwerk mehr geben kann, wovon, wie er kritisch bemerkt, die philosophische Tradition von Platon bis Rousseau träumte. Seine Hypothese gestattet es ihm, den Öffentlichkeitsbegriff nicht in lokaler Öffentlichkeit aufgehen zu lassen, obgleich er die Kommunikation von Angesicht zu Angesicht für anthropologisch unersetzbar hält. Er nennt diejenige Öffentlichkeit, die funktional äquivalent mit der *Großen Gesellschaft* Schritt halten könnte, die *Große Gemeinschaft*. Um diese als reale Möglichkeit aufweisen zu können, stützt er sich auf nicht dominante, aber gleichwohl empirische Gegentendenzen.

Erstens hält sich Dewey nicht mit der vor allem in der deutschen Geistesgeschichte verbreiteten Technikkritik auf. Ihn interessieren die realen Möglichkeiten, wie neue Technologien (so die Telegraphie, industrielle Techniken der Produktion und Verbreitung von Druckerzeugnissen und das Radio; das Fernsehen konnte er historisch noch nicht vor Augen haben) von ihrem einseitig ökonomischen Gebrauch für den Aufbau neuer Öffentlichkeiten umfunktioniert werden, d. h. der interkulturellen Kommunikation dienen können. Zweitens ist Dewey als Pragmatisten die absolutistische Verteidigung einer Monokultur aus sich selbst heraus fremd. Was sich wie von den einzelnen Kulturen in ihrer Pluralität als sinnvoll erweisen wird, sie mögen als Tradition vorkommen oder bereits funktional erzeugte Kulturen von bestimmten Experten sein, könne nicht vor und nicht außerhalb des Prozesses der interkulturellen Kommunikation erfahren, sondern vor und außerhalb dieses Prozesses allein lamentiert werden. Dewey versteht die durch Massenmedien populär gewordene Kunst und Literatur als positives Beispiel für die reale Möglichkeit der Interkommunikation zwischen Laien- und Expertenkulturen, dem die Natur-, Technik- und Humanwissenschaften längst folgen könnten. Drittens deutet Dewey neue Formen der Institutionalisierung von Übersetzungspotentialen zwischen Handlungs- und Verhaltensnetzen an, die in seinem Buch von der Humanisierung des Arbeits- und Wirtschaftslebens bis in dem Vorwort von 1946 zu der Internationalisierung von Öffentlichem und Politischem reichen. Viertens setzt Dewey auf die Entwicklung und gesellschaftliche Anwendung der Humanwissenschaften, darunter insbesondere interdisziplinärer Sozialforschung, in der öffentlichen politischen Beratung, wofür er das experimentell-methodische Vorbild der Naturwissenschaften anhand der Besonderheiten von Kommunikationsprozessen spezifiziert. Man stelle sich vor, die Modernisierung erfolge nicht mehr wie bisher auf nur halbem Wege, d. h. durch Entwicklung und Anwendung der physikalisch-technischen Wissenschaften im Kontext der wirtschaftlichen Reproduktion, sondern auch durch die öffentliche Ausschöpfung des Potentials der Humanwissenschaften, die bei Dewey an die Stelle des die Schäden der halben Modernisierung kompensierenden Gebrauchs der Geisteswissenschaften treten.

Fünftens richtet Dewey sein Hauptaugenmerk auf die Kritik an dem in der amerikanischen Modernisierung mißverstandenen Individualismus, der sich historisch zu einer Fehlorientierung verfestigt habe, die der Innovation des öffentlichen Lebens entgegenstünde. Die Konstruktion der von Natur aus gleichen, vor allem negativen Freiheitsrechte für alle Individuen habe historisch die berechtigte Funktion gehabt, die Auflösung feudaler Abhängigkeitsverhältnisse zu legitimieren. Diese sozial- und kulturgeschichtliche Konstruktion habe sich aber im Kontext der *Großen Gesellschaft* zu einer zweiten Natur des Menschen verkehrt, dem es an einer reichen Individualisierung mangele, weil er sie immer weniger in gemeinschaftlichen Praktiken erfahren könne. Der negativen Freiheit von äußeren Zwängen hätte sich eine positive Freiheit beizugesellen, die chancengleiche Partizipation an soziokulturellen Prozessen bedeute, aus welchen gemeinschaftlich geteilte und kulturell innovative Zwecksetzungen hervorgehen können.

Demgegenüber habe im Kontext der *Großen Gesellschaft* die Atomisierung der Individuen zu dieser falschen Auffasung geführt: Statt das Private als den Reichtum an Assoziationen mit anderen Individuen zu erfahren, sei es wie *von Natur aus* als das Asoziale mißverstanden worden. Und statt das Gesellschaftliche als einen politisch-öffentlichen Prozeß des Experimentierens mit sozialen Gesetzen zu begreifen, die nicht wie vermeintlich Naturgesetze wirken, sondern wie technologische Regeln für soziokulturelle Zwecksetzungen instrumentiert werden können, wurde das Gesellschaftliche wie *von Natur aus* als eine Mechanik aufgefaßt. Dewey kritisiert den aus beiden Fehlidentifikationen resultierenden Dualismus zwischen Individuum und Gesellschaft vom Standpunkt eines sozialen Kontinuums, das von privaten bis zu öffentlichen, in jedem Falle durch symbolische Kommunikation vermittelten Assoziationen reicht, wobei assoziiertes Verhalten auch schon Naturphänomenen zukomme.

Dewey macht in der Verdeutlichung des Problems, was im historischen Fluß unter dem Privaten und dem Öffentlichen verstanden werden könne, auch nicht Halt vor der Hypothetisierung so gleichsam heiliger Institutionen wie der des Privateigentums an Produktionsmitteln, allerdings nicht, um das Private abzuschaffen, sondern um die Domänen des nicht zu Regelnden und des zu Regelnden gesellschaftlich neu verteilen zu können. Dewey verteidigt das Private gegen den Druck zur Mittelmäßigkeit und Gleichmacherei als den unersetzbaren Ausgangspunkt von Innovationen. Seine Kritik an radikalsozialistischen Forderungen nach der Vergesellschaftung von möglichst allen Produktionsmitteln ist ebenso kurz wie überzeugend. Diese Denkweise sei selbst noch ganz und gar von der *Großen Gesellschaft* gefangen, nur daß in ihrem Falle an die zentrale Stelle kapitalistischer Wirtschaftsunternehmen der Staat trete. Dewey erlöst den dogmatischen Prinzipienstreit darüber, ob alles entweder privatisiert oder verstaatlicht werden müsse, durch die pragmatische Frage, welche Produktionsmittel im historischen Kontext indirekter Folgen besser in private oder besser in öffentliche Hand gehören. Ob Apologie des Kapitalismus oder scheinbar radikale Kritik desselben, beide Standpunkte seien in der ihnen verwandten mechanischen Denkweise bei dem kardinalen Problem moderner Gesellschaften, eben bei der stets von neuem nötigen, erst experimentell zu erprobenden, gerade nicht ohne Katastrophen auflösbaren Unterscheidung zwischen Privatem und Öffentlichem noch gar nicht angekommen.

Bei allen Modifikationen von Deweys Hypothese bleibt am Ende seines Buches doch der Kontrast zwischen Begrifflichem und Empirischem, der jede Problem*stellung* auszeichnet, stehen. Diese philosophische Kontrastierung spricht nicht gegen Deweys Pragmatismus. Dewey plädiert für Erfahrungswissenschaft, bleibt aber Philosoph, d. h. ein mutiger Freund belastender, weil offener Fragen. Schließlich befreit die pragmatistische Philosophie wie bereits erwähnt Begriffe davon, die gerade gegebene Empirie als deren Repräsentation nur verdoppeln zu müssen. Dewey geht es nicht um rechthaberische Selbstbestätigungen, die von der Verdoppelung leben, sei es der Verdoppelung von Empirie in Theorie oder umgekehrt von Theorie in Empirie. Er interessiert sich im Gegensatz zu derart empiristischen oder idealistischen Lernblockaden für die Spannung zwischen theoretischen und empirischen Mustern, um aus deren Unterscheidung heraus konsequenzenorientiertes Handeln in der Zukunft zu ermöglichen.

Es ist der von Dewey ausgekostete und ausgearbeitete Kontrast zwischen Begrifflichem und Empirischem, der es ihm erlaubt, die Problematik des Öffentlichen in der Moderne zu beschreiben und zu Problemstellungen zu verdichten, die selbst einer öffentlichen Untersuchung würdig, bedürftig und fähig wären. Mehr geleistet zu haben, beansprucht Dewey nicht, wie bereits der Titel seines Buches ausweist: *Die Öffentlichkeit und ihre Probleme.* Anderen Philosophen mag diese Aufgabe der Philosophie im interdisziplinären und interkommunikativen Konzert von Öffentlichkeiten zu wenig oder zu viel sein. Sie können ja eine künftig bessere Unterscheidung treffen.

Potsdam, im Januar 1996
Hans-Peter Krüger

Register

F

G

H

I